U0074164

108課綱
★最新版★

補教名師 **張翔** / 著

精準命中！ Entering College!
The Quickest Review for English.

學測英單，

15級分 速讀本

滿級分攻略

高頻率單字隨身冊

重點強化＆方便攜帶，學測高分字帶著走！

> 強推 **1** 重中之重！學測精華一次看
>
> 精選學測高頻率單字，學習效率 NO.1。

> 強推 **2** 複習首選！關鍵字 100% 強化
>
> 看完全書＋別冊複習，重點單字不再忘。

> 強推 **3** 考場救援！抱佛腳的最強援軍
>
> 考前 10 分鐘，也能攻克學測熱門單字。

A～B字頭

abbreviate 動縮寫；縮短
abnormal 形反常的；不正常的
aboard 副介在飛機（船、火車）上
abolish 動廢止；革除
aboriginal 形原始的 名原住民
abortion 名墮胎
abrupt 形突然的
absorb 動吸收；汲取
abstract 形抽象的
absurd 形荒謬的
abundance 名充裕；充足
abundant 形豐富的
abuse 名濫用 動濫用；虐待
academic 形學院的
academy 名學院
accelerate 動加速；促進
acceptable 形可接受的
access 名接近；進入 動接近
accessible 形容易接近的
accessory 名配件 形附屬的
accidental 形偶然的
accommodate 動使適應
accompany 動伴奏；陪伴
accomplishment 名成就
accordance 名依照；根據
accountable 形應負責的
accountant 名會計師

accounting 名會計學
accumulate 動累積
accuracy 名正確性
accurate 形準確的
accusation 名控告
accuse 動控告
accustom 動使習慣於
achievement 名完成；成就
acknowledge 動承認
acquaintance 名認識的人
acquisition 名獲得
acute 形敏銳的；尖銳的
adapt 動改編；改寫
adaptation 名適應；改編
addiction 名上癮；熱衷
additional 形額外的；附加的
adequate 形適當的；足夠的
adjust 動適應；調節
adjustment 名調整
administer/administrate 動
管理；照料
administration 名管理
administrative 形管理上的
administrator 名管理者
admirable 形值得讚揚的
admission 名准許進入
adolescence 名青春期
adolescent 形青少年的 名青少年
adopt 動挑選為候選人；採納
advanced 形高級的；高等的

advantage 名優勢；利益

adventure 名冒險

advertisement/ad. 名廣告

advise 動勸告；建議

adviser/advisor 名顧問

advocate 名提倡者 動提倡

affection 名情感；情愛

affectionate 形充滿深情的

affirm 動斷言；證實

afford 動付得起；能夠負擔

afterward(s) 副以後

agenda 名議程

aggressive 形侵略的

agreeable 形令人愉快的

agricultural 形農業的

agriculture 名農業

aisle 名通道；走道

alcoholic 形含酒精的 名酗酒者

alert 形警覺的 動使警覺 名警報

alienate 動使感情疏遠

allergic 形過敏的

allergy 名過敏

allocate 動分配；分派

allowance 名零用錢

alphabet 名字母；字母系統

alternate 形供替換的 動交替

alternative 形二選一的 名選擇

altitude 名高度；海拔

aluminum 名鋁

amateur 形業餘的 名業餘人士

ambassador 名大使

ambiguity 名模稜兩可

ambiguous 形含糊不清的

ambition 名企圖心；野心

ambitious 形有野心的

ambulance 名救護車

amplify 動擴大；放大

amusement 名娛樂；消遣

analogy 名相似之處；類比

analysis 名分析

analytical 形分析的

analyze 動分析；解析

ancestor 名祖先；祖宗

anchor 動停泊；使穩固 名主播

anniversary 名週年紀念日

announcement 名宣告

annoyance 名煩惱；惱怒

anonymous 形匿名的

antibiotic 名抗生素 形抗生的

anticipate 動期待；預期

antonym 名反義字

anxiety 名不安

anxious 形焦慮的；擔憂的

apologize 動道歉；認錯

appeal 動吸引；呼籲 名吸引力

applaud 動為…鼓掌；向…喝采

applause 名喝采；鼓掌

appliance 名器具；設備

applicant 名應徵者；申請人

appointment 名約會；指定

appreciation 名欣賞；感謝

appropriate 形適當的

approval 名批准；同意

approve 動批准；認可

approximate 形大約的

aquarium 名水族館

architect 名建築師

architecture 名建築物

arithmetic 名算術 形算術的

arrest 名動逮捕

arrogant 形傲慢的；自大的

articulate 形發音清晰的 動清楚
表達

artificial 形人工的；人造的

ascend 動上升；升高

assassinate 動行刺；暗殺

assemble 動集合

assembly 名集會

assert 動主張；斷言

assess 動評估；對…進行估價

asset 名資產；財產

assistance 名協助

assistant 名助理；助手

associate 形夥伴的 名夥伴 動
聯合

association 名協會；聯盟

assume 動假定為

assumption 名假設；假定

assure 動保證；使確信

astonishment 名吃驚

astronaut 名太空人

astronomer 名天文學家

astronomy 名天文學

athlete 名運動員

athletic 形運動的

atmosphere 名氣氛；大氣

attachment 名附件；附著

attain 動達成；獲得

attendance 名出席；參加

attendant 名侍者

attitude 名態度

attractive 形迷人的；有吸引力的

auction 名動拍賣

audience 名觀眾；聽眾

auditorium 名禮堂；會堂

authentic 形真實的；真正的

authority 名權威；管理機構

authorize 動批准；授權；委任

autobiography 名自傳

automobile 名汽車

autonomy 名自治；自治權

avenue 名大道；大街

aviation 名航空；航空學

aware 形察覺的；知道的

awesome 形令人驚嘆的

awkward 形笨拙的

bachelor 名學士；單身漢

backbone 名脊柱

bacteria 名細菌

baggage/luggage 名行李

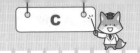

ballot 名選票 動投票

bankrupt 形破產的 動使破產

banquet 名宴會 動宴請

barbarian 形野蠻的 名野蠻人

bargain 名特價商品 動討價還價

barrier 名障礙；阻礙

behalf 名代表；利益

behavior 名行為舉止

beneficial 形有益的；有幫助的

benefit 名利益 動有益於

beverage 名飲料

beware 動當心；小心

bias 名偏見 動使存偏見

bilateral 形雙方的；雙邊的

biography 名傳記

biology 名生物學

blaze 名火焰 動燃燒

bleach 名漂白劑 動漂白

blossom 名盛開 動開花

blush 名動臉紅

boulevard 名林蔭大道

boundary 名邊界

boxing 名拳擊

boycott 名動 杯葛；聯合抵制

bracelet 名手鐲

bravery 名勇氣；勇敢

breadth 名寬度；幅度

breakdown 名故障；崩潰

breakthrough 名突破

breakup 名分手；瓦解

breathe 動呼吸；呼出；吸入

breeze 名微風 動微風吹拂

bridegroom/groom 名新郎

broadcast 名廣播節目 動廣播

brochure 名小冊子

bronze 名青銅 形青銅製的

browse 動瀏覽；翻閱 名瀏覽

brunch 名早午餐

brutal 形殘暴的；粗暴的

budget 名預算 動編列預算

bulky 形龐大的；體積大的

bulletin 名公告

bundle 名捆；大批；大量

bureaucracy 名官僚體制

burial 名葬禮；下葬；埋葬

bury 動埋葬；安葬

C字頭

cafeteria 名自助餐館

caffeine 名咖啡因

calcium 名鈣

calculate 動計算

calculator 名計算機

calligraphy 名書法

calorie 名卡路里

campaign 名活動 動從事活動

canal 名運河；河渠

candidate 名候選人

canyon 名峽谷

capable 形有能力的

capacity 名生產力；容量

capital 名首都；資本

capitalism 名資本主義

capitalist 名資本家

capsule 名膠囊

caption 名標題；簡短說明

captive 形被俘的 名俘虜

captivity 名囚禁；關押

capture 動捕獲 名俘獲；俘虜

carnival 名嘉年華會

casualty 名意外事故

catalogue 名目錄 動編入目錄

catastrophe 名大災難

category 名種類；類型

caterpillar 名毛毛蟲

caution 名謹慎 動使小心

cautious 形小心的

celebrity 名名人；名流

Celsius 名攝氏溫度

cement 名水泥 動用水泥砌合

cemetery 名公墓

ceramic 形陶瓷的 名陶瓷器

ceremony 名典禮

certainty 名確實；必然的情況

certificate 名證書 動發證書

certify 動證明；證實

champagne 名香檳

champion 名冠軍

championship 名冠軍賽

chaos 名大混亂；無秩序

characteristic 名特徵 形獨特的

characterize 動具有…特徵

charitable 形仁慈的

charity 名慈善；慈善團體

checkup 名體格檢查；核對

cheerful 形愉快的

chemist 名化學家

chemistry 名化學

cholesterol 名膽固醇

chronic 形慢性病的；長期的

cigarette 名香菸

circuit 名電路；環行

circulate 動循環；流通；傳閱

circumstance 名情況；環境

citizen 名市民；公民

civic 形公民的；市民的

civilian 形平民的 名平民

civilization 名文明

civilize 動使文明；教化

clarify 動澄清；闡明

clarity 名透明；清楚

classify 動將…分類

climax 名高潮；頂點 動達到頂點

clinical 形門診的；臨床的

coastline 名海岸線

cognitive 形認知的

coherent 形有條理的；連貫的

coincidence 名巧合

5

collapse 名倒塌；崩潰 動坍塌

colleague 名同事

collective 形集體的 名企業集團

collision 名碰撞；相撞

colonial 形殖民地的 名殖民地居民

column 名專欄；圓柱

columnist 名專欄作家

combat 名動戰鬥

comfort 名舒適 動安慰

comment 名評論 動做評論

commentary 名注釋；說明

commerce 名商業；貿易

commission 名佣金 動委託

commit 動犯罪；承諾

commitment 名承諾

committee 名委員會

commodity 名日用品；商品

communicate 動溝通

communication 名溝通

communism 名共產主義

communist 形共產主義的 名共產主義者

community 名社區

commute 動通勤

compact 形堅實的 名契約 動壓緊

companion 名同伴

comparable 形可比較的

comparison 名比較

compass 名羅盤 動包圍

compassionate 形有同情心的

compatible 形相容的

compel 動迫使；強迫

compensate 動補償；賠償

compensation 名賠償

compete 動競爭；比賽

competence 名能力；才能

competition 名競爭

competitive 形競爭的

competitor 名競爭者

compile 動編譯；彙整；蒐集

complain 動抱怨；投訴

complaint 名抱怨

complement 動補充 名補充物

complexion 名氣色；血色

complexity 名複雜性

complicate 動使複雜

compliment 名動恭維

component 名成分 形構成的

compose 動組成；作曲

compound 名複合物 形複合的 動混合

comprehend 動理解；領會

comprehension 名理解；理解力

comprehensive 形廣泛的

compromise 名和解 動妥協

compulsory 形強制的

conceal 動隱瞞；隱藏

concede 動承認

concentrate 動集中

concentration 名專心

concept 名概念；觀念

conception 名概念；構想

concession 名妥協；讓步

concise 形簡潔的

conclusion 名結論

concrete 形具體的 名水泥

condemn 動譴責；責難

condense 動凝結；濃縮

conduct 動指揮；帶領 名行為

conference 名會議

confess 動承認；坦白

confession 名告解；坦白

confidence 名信心

confidential 形機密的

confirm 動證實

conform 動遵照；使一致

confront 動面對；面臨

confuse 動使疑惑

confusion 名迷惑

congratulate 動恭喜；祝賀

congress 名國會

connect 動連接；連結

conquer 動征服；攻克

conquest 名征服；攻克

conscience 名良知；良心

conscientious 形認真的；盡心盡責的

conscious 形意識到的；有知覺的

consensus 名一致；全體意見

consequence 名結果

consequent 形必然的；隨之發生的

conservation 名保存；維護

conservative 形保守的 名守舊者

conserve 動保存 名蜜餞

considerable 形相當多的

considerate 形體貼的

consist 動組成；構成

consistent 形一致的

console 動安慰；慰問

conspiracy 名陰謀

constant 形不變的 名常數

constitute 動構成；組成

constitutional 形憲法的 名健身散步

construct 動建構

construction 名建築；結構

constructive 形建設性的

consult 動請教；查詢

consultant 名顧問

consultation 名諮詢

consumption 名消耗量；消耗

contagious 形傳染的

contaminate 動汙染

contemplate 動苦思；思忖

contemporary 形當代的 名同時代的人

content 形滿意的 名內容

contest 名比賽 動競爭

contestant 名競爭者

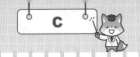

context 名上下文；文章脈絡

continent 名大陸

continental 形大陸的

continual 形連續的

continuous 形連續的

contradiction 名矛盾；反駁

contrary 名相反 形反對的

contrast 名對比 動對照

contribute 動貢獻；捐獻

contribution 名貢獻

controversial 形有爭議的

controversy 名爭論；辯論

convenience 名便利

conventional 形傳統的

convert 動轉變；變換

convey 動傳達；運送

conviction 名定罪

convince 動使確信；使信服

cooperation 名合作

cooperative 形合作的 名合作企業

coordinate 動協調 名座標 形同等的

coral 名珊瑚 形珊瑚製的

corporation 名公司；企業

corpse 名屍體；殘骸

correspond 動通信；符合

correspondence 名通信

correspondent 名特派員

corrupt 形腐敗的 動使腐敗

corruption 名腐敗；墮落

cosmetic 形化妝用的

cosmetics 名化妝品

costly 形昂貴的；值錢的

costume 名服裝；戲服

cough 名動咳嗽

council 名議會；會議

counselor 名律師；顧問

countable 形可數的

counterpart 名對應的人或物

coupon 名優待券

courageous 形勇敢的；英勇的

courteous 形有禮貌的

courtesy 名禮貌；禮節

coverage 名保險項目

cozy 形舒適的；愜意的

crack 名裂縫 動使破裂

crater 名火山口 動使成坑

creation 名創作；創造

creative 形有創造力的

creativity 名創造力

credible 形可信的；可靠的

criminal 形罪犯的 名罪犯

criterion/criteria 名標準；基準

critic 名批評家

critical 形評論的

criticism 名批評

criticize 動批評

crocodile 名鱷魚

crucial 形至關重要的

cruise 名動航行；巡航

cucumber 名小黃瓜
cuisine 名菜餚；烹飪
cultivate 動培育；耕種
cunning 形狡猾的
curiosity 名好奇心
currency 名貨幣
curriculum 名課程
curse 名詛咒 動咒罵
curve 名曲線 動彎曲
cushion 名坐墊 動緩和…的衝擊
customary 形慣例的
customs 名海關

D～E字頭

dazzle 動炫目 名燦爛
deceive 動欺騙；蒙蔽
decent 形正當的；還不錯的
decisive 形決定性的
declaration 名宣告；聲明
declare 動宣告；宣布
decline 名動下降；衰敗
decorate 動裝飾；布置
decoration 名裝飾
decrease 動名減少
dedicate 動奉獻；貢獻
dedication 名奉獻
deem 動視為；認為
defeat 動名擊敗；戰勝

defect 名缺陷 動脫離；叛逃
defend 動防守；保衛
defense 名國防；防禦；保衛
defensible 形可防禦的
defensive 形防禦的；保護的
definition 名定義
delegate 名使節 動派遣
deliberate 形故意的 動仔細考慮
delicate 形精巧的；易碎的
delightful 形令人欣喜的
demand 名動要求
democracy 名民主制度
democratic 形民主的
demonstrate 動證明；示威
demonstration 名證明
denial 名否認；否定
dense 形稠密的；密集的
density 名稠密度；密度
dental 形牙齒的
departure 名離境；出發
dependent 形依賴的 名從屬者
deposit 名押金；存款 動存入
depression 名沮喪
deprive 動剝奪；從…奪走
deputy 名代表；代理人
derive 動源自；衍生出
descend 動下降；走下
descriptive 形描述的
deserve 動應得；應受
designer 名設計師

despair 名動絕望

desperate 形不顧一切的

despise 動鄙視；輕蔑

dessert 名甜點

destination 名目的地

destiny 名命運

destroy 動毀壞；破壞

destruction 名破壞

destructive 形毀滅性的

detain 動使留下；拘留

detect 動發現；查出

detective 名偵探 形偵探的

detergent 名洗潔劑

determination 名決心

determine 動決定；使下決心

device 名裝置；手段

devise 動想出；設計

devote 動將…奉獻給

devotion 名摯愛；奉獻

devour 動狼吞虎嚥

diabetes 名糖尿病

diagnose 動診斷

diagnosis 名診斷

diagram 名圖表 動圖示

dialect 名方言

diameter 名直徑

diaper 名尿布

dictate 動口述；命令

dictation 名口述；命令

dictator 名獨裁者

digest 動消化 名摘要

digestion 名消化；領悟

dignity 名尊嚴；威嚴

dilemma 名兩難

diligence 名勤勉；勤奮

diligent 形勤勉的；勤奮的

dimension 名尺寸；維度

diminish 動減少；縮小

diploma 名畢業文憑

diplomacy 名外交

diplomat 名外交官

diplomatic 形外交的

disability 名失能

disable 動使傷殘；使無能力

disadvantage 名不利 動使處於不利

disappoint 動使失望

disappointment 名失望

disapprove 動反對

disaster 名災害；災難

disastrous 形災難性的

discharge 名排出 動卸下

disciplinary 形紀律的

discipline 名紀律 動懲戒

disclosure 名揭發；透露

discomfort 名不適 動使不安

discount 名折扣 動減價

discourage 動使沮喪；使洩氣

discreet 形謹慎的；慎重的

discriminate 動差別對待

discrimination 名歧視

disguise 動假扮 名掩飾

dishonest 形不誠實的

dismay 名沮喪 動使沮喪

dismiss 動解僱；解散

dispensable 形不可缺少的

disposable 形免洗的 名一次性用品

disposal 名處理；配置

dispose 動處理；配置

dispute 名動爭論；爭執

dissolve 動使溶解；使融化

distinction 名區別

distinctive 形區別的

distinguish 動分辨；區別

distinguished 形卓越的

distraction 名分心；不安

distribute 動分配；分發

distribution 名分配

district 名行政區；區域

diversify 動使多樣化

diversion 名轉換；轉向

diversity 名多樣性

divert 動逗…開心；轉移

dizzy 形暈眩的

doctrine 名教條

documentary 名記錄片 形文件的

dome 名圓屋頂 動覆以圓頂

dominant 形支配的

dominate 動支配；統治

donate 動捐贈；捐獻

donation 名捐贈

donor 名捐贈者

dormitory/dorm 名宿舍

dose 名一劑藥量 動服藥

dough 名生麵團

downward(s) 副下降地

dramatic 形戲劇（性）的

drastic 形激烈的

dreadful 形可怕的

drought 名乾旱；旱災

dual 形兩的；雙重的

dubious 形含糊的

durable 形耐用的

duration 名持續；持久

dynasty 名王朝；朝代

earnest 形誠摯的 名誠摯

eccentric 形古怪的 名古怪的人

eclipse 名蝕 動遮蔽

ecology 名生態學

economic 形經濟上的

economical 形節約的

economy 名經濟

edible 形食用的；可食的

educational 形教育性的

efficiency 名效率；效能

efficient 形有效率的

ego 名自我；自我意識

elaborate 形精心製作的 動詳述

elastic 形有彈性的 名橡皮筋

11

elderly 形上了年紀的

election 名選舉

electrician 名電工；電氣技師

electricity 名電；電力

electronic 形電子的

elegant 形優雅的；精緻的

element 名要素；成分

elevate 動舉起；提高

elevator 名電梯

eliminate 動消除；排除

eloquent 形辯才無礙的

embarrass 動使尷尬；使困窘

embarrassment 名困窘

embassy 名大使館

embrace 動擁抱；包含 名擁抱

emergency 名緊急情況

emigrant 名移民國外者

emigrate 動移居外國

emigration 名移民出境

emotional 形感情脆弱的

emphasis 名強調；重點

empire 名帝國

enable 動使能夠

endeavor 名動努力；盡力

endurance 名耐力

endure 動忍受；忍耐

energetic 形精力旺盛的

enforce 動實施；強迫

enforcement 名施行

engage 動使從事；使忙於

engineering 名工程學

enhance 動提高；增強

enlighten 動啟發；教育

enlightenment 名啟蒙；教化

enrichment 名豐富

enterprise 名企業

entertainment 名娛樂

enthusiasm 名熱情；熱忱

enthusiastic 形熱情的

envious 形羨慕的；嫉妒的

epidemic 名傳染病 形流行的

episode 名事件；（連續劇）一集

equipment 名設備

erase 動擦掉

errand 名任務；差事

erupt 動爆發；噴出

escalator 名手扶梯

escort 名護衛者 動護送

essence 名本質；精華

essential 形基本的 名基本要素

establish 動建立；創辦

estate 名莊園；財產

esteem 名動尊重；尊敬

estimate 名動估計

eternal 形永恆的；不朽的

eternity 名永恆；永遠

ethic(s) 名道德標準

ethical 形道德的；倫理的

ethnic 形民族的；種族的

evacuate 動撤離

evaluate 動評估；評價

evaluation 名評估

eventual 形最後的；結果的

evergreen 形常綠的 名常綠樹

evidence 名證據

evident 形明顯的；明白的

evolution 名演化；進展

evolve 動演化；進化

exaggerate 動誇大

examinee 名應試者

examiner 名主考官

exceed 動超過；勝過

excel 動擅長；突出；勝過

exceptional 形優秀的；卓越的

excess 名超過 形多餘的

excessive 形過量的；過度的

exchange 名交易 動交換

exclaim 動驚叫；呼喊

exclude 動不包含

exclusive 形唯一的；排外的

execute 動實行；實施

executive 名行政官 形執行的

exhaust 動使筋疲力竭

exhibit 名展示品 動展示；展覽

exhibition 名展覽

exile 名動放逐；流亡

exotic 形異國的；外來的 名外國人；外來品

expand 動擴大；延伸

expansion 名擴張

expectation 名期望

expedition 名遠征；探險

experiment 名動實驗

experimental 形實驗性的

expertise 名專門知識

expire 動到期；期滿

explanation 名解釋；說明

explicit 形明確的；清楚的

explode 動爆炸；爆破

exploit 動利用；剝削 名功績

exploration 名探索；探究

explore 動探索；探測

explosion 名爆炸

explosive 形爆炸的 名爆炸物

export 名出口 動輸出

expose 動曝光；使暴露於

exposure 名顯露；暴露；揭發

expressive 形表達的

extend 動延長；延伸

extension 名分機；延長

extensive 形廣泛的

exterior 名外面 形外部的

external 形外在的 名外觀

extinct 形滅絕的

extract 動拔出；提取 名提取物

extracurricular 形課外的

extraordinary 形特別的；非凡的

extreme 形極度的 名極端

eyesight 名視力

F～H字頭

fabric 名布料；紡織品

fabulous 形出色的；極好的

facilitate 動促進；使容易

facility 名設備；能力

faculty 名全體教職員

Fahrenheit 名華氏溫度

falter 動結巴地說話

familiar 形熟悉的

fascinate 動迷住；強烈地吸引

fascination 名魅力；迷惑

fashionable 形流行的

fasten 動繫緊

fatal 形致命的；生死攸關的

fatigue 名勞累 動使疲勞

favorable 形贊同的；有利的

feasible 形可實行的

federal 形聯邦制的

feeble 形虛弱的；衰弱的

fertile 形肥沃的；豐饒的

fertilizer 名肥料

fiber 名纖維；纖維質料

fierce 形酷烈的；粗暴的

filter 名過濾器 動過濾

financial 形金融的；財政的

finite 形限定的；有限的

flame 名火焰 動點燃

flexible 形有彈性的

flood 名洪水 動沒

flourish 動繁盛；茁壯成長 名誇耀

fluid 名流體 形流質的

forbid 動禁止；不許

format 名格式 動格式化

formula 名公式

formulate 動制定；規劃

forsake 動拋棄；放棄

forthcoming 形即將到來的

fortify 動強化工事

fortune 名財富；運氣

fossil 名化石 形守舊的

foster 形收養的 動收養

foul 形犯規的 名動犯規

fracture 名動骨折；挫傷

fragment 名碎片 動裂成碎片

fragrance 名芳香；香味

fragrant 形芳香的；有香味的

framework 名架構；構造

frantic 形發狂的

freeze 名動凍結

freight 名貨運 動運輸

frequent 形頻繁的 動常去

frustrate 動挫敗

frustration 名挫折；失敗

fulfillment 名實現

functional 形作用的

fundamental 形基礎的

funeral 名葬禮

furious 形狂怒的

furnish 動供給；裝備

fury 名猛烈；狂怒

galaxy 名星系；星雲

generate 動產生；引起

generation 名世代

generator 名發電機；產生者

generosity 名慷慨

genetic 形基因的；遺傳的

genius 名天才

genuine 形真正的

geographical 形地理的

geography 名地理

gesture 名手勢 動打手勢

glance 名動瞥見

glimpse 名動瞥見

global 形全球的

glorious 形榮耀的

gorgeous 形華麗的

gossip 名八卦 動聊是非

graduate 名畢業生 動畢業

graduation 名畢業

grammatical 形文法上的

graphic 形圖解的 名圖表

grateful 形感激的；感謝的

gratitude 名感激

graze 動放牧；吃草

grease 名油脂 動塗油

greedy 形貪婪的

grocery 名食品雜貨

gross 形總量的 動總收入為… 名總量

guarantee 動擔保 名保證（人）

guidance 名指導；引導

guideline 名指導方針

habitat 名棲息地

habitual 形習慣性的

hallway 名玄關；門廳

handicap 動妨礙；使不利 名障礙

handicraft 名手工藝品

harassment 名騷擾

harmful 形有害的

harmonica 名口琴

harmony 名和聲；和諧；一致

harness 名馬具 動裝上馬具

harvest 名收穫 動收割

hasten 動加快；趕緊做

hasty 形快速的；倉促的

hazard 名危險 動冒險

headline 名標題 動下標題

headphone(s) 名頭戴式耳機

headquarters 名總部

healthful 形有益健康的

heighten 動提高

heir 名繼承人

hemisphere 名半球

heritage 名遺產

heroic 形英雄的

heroin 名海洛因

hesitate 動遲疑；猶豫

hesitation 名猶豫；躊躇

heterosexual 名形異性戀(的)

highlight 動照亮;強調 名精彩畫面

hijack 動劫持 名劫機

hoarse 形沙啞的;刺耳的

homosexual 名形同性戀(的)

honorable 形可尊敬的

horizon 名地平線

horizontal 形水平的 名水平線

hormone 名荷爾蒙

horrible 形可怕的

horrify 動使害怕

hospitable 形好客的

hospitality 名好客

hospitalize 動使住院治療

hostage 名人質

hostile 形懷敵意的

household 名家庭

humanity 名人道;人性

humidity 名濕度;濕氣

humiliate 動侮辱;使丟臉

humor 名幽默;幽默感

humorous 形幽默的

hurricane 名颶風

hydrogen 名氫

hygiene 名衛生;衛生學

hypothesis 名假說

I～L字頭

identical 形相同的

identification 名身分證明

identify 動認出

idle 形閒置的 動閒晃

idol 名偶像

ignorance 名無知;愚昧

ignorant 形無知的

illuminate 動照明;點亮

illusion 名幻覺;假象

illustrate 動舉例說明

imaginary 形想像的

imagination 名想像力

imaginative 形有想像力的

imitate 動模仿

immediate 形立即的

immense 形巨大的

immigrant 名外來移民者

immigrate 動遷移;移入

immigration 名移居入境

immune 形免疫的;免除的

impact 名動影響;衝擊

implement 動施行 名工具

implication 名言外之意

implicit 形含蓄的;不明確的

imply 動暗示;含有

import 名進口 動輸入

impression 名印象

imprison 動 監禁；關押

impulse 名 衝動；一時的念頭

incentive 名 誘因；激勵 形 刺激的

incident 名 事件

incline 動 傾向 名 傾斜面

inclusive 形 包含在內的

indication 名 暗示；表示

indifferent 形 漠不關心的

indignant 形 憤怒的

indispensable 形 不可缺少的

induce 動 引誘；引起

industrial 形 工業的

industrialize 動 工業化

inevitable 形 不可避免的

infect 動 使感染

infection 名 感染

infectious 形 傳染性的

infer 動 推斷；推理

inferior 形 次等的 名 屬下

infinite 形 無限的

inflation 名 通貨膨脹

influential 形 有影響力的

inform 動 通知；告知

informative 形 情報的

ingredient 名 原料

inhabitant 名 居民

inherent 形 與生俱來的；固有的

initial 形 開始的 名 首字母

initiate 動 開始 形 新加入的 名 新加入者

initiative 名 主動權 形 初步的

inject 動 注射

injure 動 傷害；損害

injury 名 傷害；損傷

injustice 名 不公平

inland 形 內陸的 副 在內地 名 內陸

innocent 形 無罪的；天真的

innovative 形 創新的

innumerable 形 數不盡的

inquire 動 調查

insert 動 插入 名 插入物

insistence 名 堅持；堅決要求

inspection 名 調查

inspiration 名 鼓舞；激勵

inspire 動 鼓舞；啟發

installation 名 就任；安裝

instinct 名 直覺；本能

institute 名 學院 動 設立

institution 名 機構；團體

instruct 動 指導；教導

instructor 名 指導者

insult 名動 侮辱；冒犯

insurance 名 保險

intact 形 原封不動的

integrate 動 整合

integrity 名 正直；廉正

intellectual 形 智力的 名 知識分子

intelligence 名 智力

intelligent 形 聰明的

intend 動 打算；計畫

intensify 動增強；加強

intensive 形密集的；集中的

intention 名意圖；意向

interaction 名互動

interfere 動妨礙

interior 形內部的 名內部

intermediate 形中級的 名中間
事物

interpret 動解讀；口譯

interpretation 名解釋；說明

interpreter 名譯者；口譯員

interrupt 動干擾

interruption 名妨礙；中斷

intersection 名十字路口；交叉

interval 名間隔；時間

intervene 動干擾

intimacy 名親密

intimate 形親密的 名知己

intimidate 動恐嚇

intonation 名語調

intrude 動侵入；打擾

intuition 名直覺

invade 動入侵；侵略

invaluable 形無價的

invasion 名入侵；侵略

invention 名發明；創造

inventory 名物品清單 動列清單

investigate 動調查；研究

investigation 名調查

investigator 名研究者

investment 名投資

invitation 名邀請；請帖

involve 動牽連；包括

ironic 形諷刺的；挖苦的

irritable 形易怒的；暴躁的

irritate 動使生氣

isolate 動隔離；孤立

isolation 名隔離；孤立

jealous 形嫉妒的；吃醋的

jewelry 名珠寶

journalism 名新聞業；新聞學

journalist 名記者

journey 名旅程；旅行

jury 名陪審團

justify 動證明合法

juvenile 形青少年的 名青少年

knowledgeable 形博學的

laboratory/lab 名實驗室

landslide 名山崩

latitude 名緯度

launch 動發射 名發射；下水

laundry 名洗衣店；送洗衣物

layer 名層；階層 動分層

league 名聯盟 動使結盟

leather 名皮革

lecture 名演講 動對…演講

legend 名傳奇

legendary 形傳說的

legislation 名立法

legislative 形立法的

legislator 名立法者

legitimate 形合法的 動使合法

leisure 名空閒；閒暇

leisurely 形悠閒的 副悠閒地

lettuce 名萵苣

liable 形可能的；承擔責任的

liberate 動使自由

liberty 名自由；自由權

license 名執照 動許可

lieutenant 名中尉；少尉

lifelong 形終身的

lifetime 名一生；終身

lightning 名閃電；電光

likewise 副同樣地；照樣地

liquor 名烈酒

literal 形字面的；逐字的

literature 名文學

livestock 名（總稱）家畜

lobby 名大廳

longevity 名長壽

longitude 名經度

lottery 名樂透彩券

loudspeaker 名擴音器

lounge 名交誼廳 動閒逛

luxurious 形奢侈的

luxury 名奢侈品

M～N字頭

magnetic 形磁性的

magnificent 形壯麗的；宏偉的

magnify 動放大；擴大

mainstream 名主流

maintenance 名維修；保持

majority 名多數；大多數

mammal 名哺乳動物

manifest 動顯示 形明顯的

manipulate 動竄改

manual 名手冊 形手工的

manufacture 名動大量製造

manuscript 名手稿；原稿

marathon 名馬拉松

marginal 形邊緣的

marine 形海洋的 名海軍陸戰隊隊員

martial 形軍事的

marvel 名令人驚奇的事物 動驚訝

marvelous 形令人驚訝的

masculine 形男性的；男子氣慨的

massage 名動按摩

massive 形大量的

masterpiece 名傑作

mastery 名掌握；精通

mathematical 形數學的

mattress 名床墊

maturity 名成熟；完善

maximum 形 最大的 名 最大量

mayor 名 市長

meaningful 形 有意義的

meantime 名 其間 副 同時

meanwhile 名 其間 副 同時

mechanic 名 機械工；技工

mechanical 形 機械的

medal 名 獎章；勛章

mediate 動 調解；斡旋

medication 名 藥物治療

medieval 形 中世紀的

meditate 動 冥想；沉思

meditation 名 冥想；沉思

melancholy 名 憂鬱 形 憂鬱的

memorable 形 值得紀念的

memorial 形 紀念的 名 紀念品

mentality 名 心理狀態

merchandise 名 商品 動 買賣

merge 動 （公司等）合併

metaphor 名 隱喻；象徵

metropolitan 形 大都市的 名 大都市居民

migrant 名 候鳥；移民 形 移居的

migration 名 遷移

milestone 名 里程碑

mimic 動 模仿

mineral 名 礦物

mingle 動 使混合

minimal 形 最小的

minimize 動 減到最小

minimum 形 最小的 名 最小量

minister 名 部長

miraculous 形 奇蹟的

mischievous 形 愛惡作劇的

miserable 形 不幸的

mission 名 任務；使命

missionary 名 傳教士 形 傳教的

misunderstand 動 誤解

moan 動 呻吟 名 呻吟聲

mobile 形 可動的；移動式的

mobilize 動 動員；調動

moderate 形 溫和的；適度的

modernization 名 現代化

modernize 動 現代化

modest 形 謙虛的；端莊的

modify 動 調整；修改

moisture 名 濕氣；水分

molecule 名 分子

momentum 名 動量；動能

monitor 名 螢幕 動 監視

monopoly 名 壟斷；獨占

monotony 名 單調；千篇一律

monstrous 形 巨大的；龐大的

morale 名 士氣

morality 名 道德；德行

mortal 形 致命的 名 凡人

mortgage 名 抵押；抵押借款

mosquito 名 蚊子

motivation 名 動機；誘因

motive 名 動機；目的

motto 名座右銘
mourn 動哀慟；哀悼
mournful 形令人悲慟的
multiple 形複數的；多數的
multiply 動使相乘；大幅增加
mumble 動含糊地說 名含糊不清的話
municipal 形市政的；內政的
murmur 名低語 動小聲說話
muscular 形肌肉的
mushroom 名蘑菇 動迅速增長
mustache 名小鬍子
mustard 名黃芥末
mute 動消音 形沉默的
mutual 形相互的；彼此的
mysterious 形神祕的
naive 形天真的；輕信的
namely 副就是；即
narrative 名敘述 形敘事的
narrator 名敘述者
nationalism 名國家主義
nationality 名國籍
native 形本國的；天生的 名本國人
navigation 名航海；航空
nearsighted 形近視的
necessity 名必需品
neglect 動名忽略；疏忽
negotiate 動談判；協商
neighborhood 名鄰近；鄰近地區
neutral 形中立的 名中立國

nevertheless 副儘管如此
nominate 動提名；指定
nominee 名被提名人
notable 形出名的 名名人
notion 名觀念；意見
notorious 形聲名狼藉的
nourishment 名營養品
nuclear 形核子的；原子核的
nucleus 名原子核；中心
numerous 形為數眾多的
nurture 動養育 名培育
nutrient 名營養物 形滋養的
nutrition 名營養；滋養物
nutritious 形有養分的；滋養的

O～P字頭

oasis 名綠洲
obedience 名服從；遵守
obedient 形服從的；順從的
objective 形客觀的 名目標
obligation 名責任；義務
obscure 形模糊的 動使不清楚
observation 名觀察
observe 動觀察；觀測
obstacle 名妨礙；障礙物
obtain 動獲得；得到
occasion 名場合；事件
occasional 形偶爾的

occupation 名職業

occupy 動占有；占據

occurrence 名發生；出現

odds 名勝算；可能性

odor 名氣味

offend 動違反；冒犯

offensive 形冒犯的；進攻的

offspring 名後裔；子孫

omit 動忽略不做；省略

operation 名手術；操作

operational 形運作上的；作戰上的

opponent 名對手；敵手

opportunity 名機會

oppose 動反對；反抗

opposition 名反對；意見相反

oppression 名壓迫；壓制

optimism 名樂觀主義

optimistic 形樂觀的

option 名選擇

optional 形非必要的

orbit 名運行軌道 動繞軌道運行

orchestra 名管弦樂隊

orderly 形整齊的

organism 名生物；有機體

oriental 形東方的 名東方人

originate 動發源；創始

ornament 名裝飾品 動裝飾

orphanage 名孤兒院

otherwise 副否則；要不然

outbreak 名爆發

outline 名外型；輪廓 動畫出輪廓

outgoing 形外向的

outnumber 動數量上超過

outrage 名暴行 動激怒

outrageous 形駭人的；無恥的

outstanding 形傑出的

outward 形向外的；往外的

overcome 動擊敗；克服

overhear 動無意中聽到

overlook 動俯瞰；看漏

overwhelm 動擊敗；壓倒

oxygen 名氧；氧氣

oyster 名牡蠣

ozone 名臭氧

panic 名驚恐 動使恐慌

parachute 名降落傘 動跳傘

parade 名遊行 動參加遊行

paradise 名天堂

paradox 名自相矛盾的言論

parallel 形平行的 名平行線 動與…平行

paralyze 動麻痺；癱瘓

parliament 名議會；國會

participant 名參與者

participation 名參與

particle 名微粒；極小量

passage 名通道；走道

passion 名熱情；激情

passionate 名熱情的

passive 形被動的

pastime 名消遣；娛樂

pastry 名糕點

patent 名專利權 形專利的 動取得專利權

pathetic 形可悲的；可憐的

patriot 名愛國者

patriotic 形愛國的

patrol 名動巡邏

patron 名老顧客；贊助者

peasant 名農夫

peculiar 形特殊的；奇怪的

pedestrian 名行人 形徒步的

penalty 名懲罰；刑罰

penetrate 動滲透；刺入

penguin 名企鵝

peninsula 名半島

pension 名退休金 動給退休金

perceive 動察覺；意識到

perception 名感覺；感知

perform 動表演；表現

performance 名演出

peril 名危險 動使…有危險

permanent 形永久的；固定性的

permissible 形可允許的

permission 名允許；許可

permit 動允許 名許可證

persevere 動堅持不懈

persist 動堅持；固執

personnel 名人事

perspective 名觀點 形透視的

persuade 動說服

persuasive 形有說服力的

pessimism 名悲觀主義

pessimistic 形悲觀的

petroleum 名石油

pharmacist 名藥師

pharmacy 名藥房；藥劑學

phenomenon 名現象

philosopher 名哲學家

philosophy 名哲學

photographic 形攝影的

photography 名攝影

physical 形身體的；物質的

physics 名物理學

pickpocket 名扒手

pilgrim 名朝聖者

pilot 名飛行員 動駕駛

pioneer 名先鋒 動開拓

plague 名瘟疫

plead 動懇求；辯護

pledge 名誓言 動發誓

plentiful 形豐富的；充足的

plumber 名水管工人

plunge 名動跳入

plural 形複數的 名複數

pneumonia 名肺炎

poetic 形詩的；充滿詩意的

poisonous 形有毒的；有害的

polar 形極地的；電極的

polish 名擦亮；光澤 動擦亮

politician 名政治家

politics 名政治學

pollute 動汙染

pollution 名汙染

ponder 動仔細考慮

portable 形可攜帶的

possession 名擁有物

posture 名姿勢 動擺姿勢

potent 形潛在的 名潛力

potential 形潛在的 名潛力

poultry 名家禽

poverty 名貧窮；貧困

practical 形實用的；實踐的

precaution 名預防措施

precede 動處在…之前；領先

precedent 名前例

precious 形珍貴的

precise 形精確的

predator 名肉食性動物；掠奪者

predecessor 名祖先；前輩

preference 名偏好；偏愛

pregnant 形懷孕的

prehistoric 形史前的

prejudice 名偏見 動使存有偏見

preliminary 形初步的 名預賽

preparation 名準備

prescribe 動開處方

prescription 名處方；指示

presence 名出席；在場

preserve 動保存；維護

presidential 形總統的

prestige 名聲望

presume 動認定；假設

pretend 動假裝；佯裝

prevail 動普及；戰勝

prevent 動防止；預防

prevention 名預防

preventive 形預防的 名預防措施

preview 名動預習

previous 形先前的；以前的

priceless 形無價的

prime 形首要的 名最初；全盛期

primitive 形原始的；遠古的

prior 形優先的；在前的 副居先

priority 名優先權

privacy 名隱私

privilege 名特權 動給予特權

procedure 名程序；步驟

process 名過程 動處理

producer 名製片；製造者

productive 形多產的；生產的

productivity 名生產力

profession 名職業

professional 形專業的 名專家

professor 名教授

proficiency 名精通

profit 名利潤 動獲利

profitable 形可獲利的

profound 形深奧的

progressive 形 進步的；逐漸的

prohibit 動 （以法令等）禁止

prohibition 名 禁止；禁令

prolong 動 延長；拉長

prominent 形 著名的；顯眼的

promote 動 晉升

promotion 名 升遷

prone 形 易於…的；有…傾向的

pronunciation 名 發音

propel 動 推動；推進

property 名 財產；資產

prophet 名 先知；預言者

proportion 名 比例 動 使成比例

prosecute 動 起訴；檢舉

prospect 名 前景 動 勘查

prospective 形 將來的；預期的

prosperity 名 繁盛

protest 名 動 抗議；反對

prototype 名 原型；標準

proverb 名 諺語

province 名 省；州

provincial 形 省的 名 省民

provoke 動 激起；煽動

psychology 名 心理學

publicize 動 公布；宣傳

pulse 名 脈搏 動 搏動

punctual 形 準時的

purchase 名 動 購買

purify 動 淨化；使純淨

purity 名 純粹；純淨

pursue 動 追求；追趕

pursuit 名 追求；尋求

pyramid 名 金字塔

Q～R字頭

qualification 名 資格

qualify 動 使合格

quarrel 名 動 爭執；爭吵

questionnaire 名 問卷

quotation 名 引述；引用

racial 形 種族的；人種的

racism 名 種族歧視

radiant 形 發光的

radiate 動 放射 形 放射狀的

radiation 名 輻射；發光；放射

radical 形 根源的 名 根本

radius 名 半徑；半徑範圍

ragged 形 破爛的；衣衫襤褸的

rally 名 連續對打 動 集合

random 形 隨機的

rational 形 理性的；明事理的

reaction 名 反應

realism 名 現實主義

realization 名 領悟；意識到

rebellion 名 叛亂

receipt 動 收據；發票

recession 名 衰退期

recipe 名 食譜；烹飪法

recipient 名接受者 形接受的

reckless 形魯莽的

recognition 名認可；認出

recognize 動認知；認出

recommend 動推薦

reconcile 動和解；調停

recovery 名恢復；痊癒

recreation 名消遣；娛樂

recreational 形娛樂的

recruit 動招募 名新手

recycle 動回收利用

reduce 動減少；縮小

referee 名裁判 動擔任裁判

reference 名參考資料

reflection 名深思；反省；倒影

reflective 形反射的

refuge 名庇護；避難所

refugee 名難民

refusal 名拒絕

regardless 形不關心的 副不顧一切地

register 動登記 名登記簿

regret 動後悔 名悔意

regulation 名法規；調整

rehearsal 名排演；排練

rehearse 動預演；排練

reinforce 動增強

rejection 名拒絕

release 名動釋放；解放

relevant 形相關的

reliable 形可靠的；可信賴的

reliance 名信賴；依賴

relief 名減輕；緩和

relieve 動減緩；減輕

religious 形宗教的

reluctant 形不情願的

remain 動剩下；保持

remainder 名剩餘物

remark 名動評論；談論

remarkable 形卓越的

remedy 名補救 動治療

remind 動提醒

reminder 名提醒物；通知單

remote 形遠程的；遙遠的

renowned 形著名的

rental 名租金；租賃

repay 動償還；報答

repetition 名重複

representative 形代表的 名代表

reptile 名爬蟲類 形爬行的

republican 名共和主義者 形共和國的

reputation 名名聲

request 名動要求；請求

rescue 名動救援

research 名動研究；調查

resemble 動像；類似

resentment 名憤慨

reservation 名保存；保藏

reservoir 名水庫；蓄水池

residence 名住家；住宅

resident 名居民 形居住的

residential 形居住的；住宅的

resignation 名辭職

resistance 名抵抗；抵制

resistant 形抵抗的

resolution 名決議

resort 名休閒勝地 動求助；訴諸

respectable 形可尊敬的

respectful 形有禮的；尊重人的

respective 形個別的

responsibility 名責任

restoration 名恢復

restrain 動抑制

restraint 名克制；控制

restriction 名限制

resume 名履歷表 動重新開始

retirement 名退休

retrieve 動取回；重新得到

reunion 名重聚；團聚

reveal 動顯露出；揭露

revenge 名動報復；報仇

revenue 名收入

reverse 動反轉 形相反的

revise 動修正；校訂

revolution 名改革；革命

revolutionary 形革命的 名革命者

revolve 動旋轉；循環

rhythm 名節奏

ridiculous 形荒謬的；可笑的

rigid 形嚴格的

rigorous 形嚴格的

riot 名暴動 動暴亂

ritual 名儀式 形儀式的

rivalry 名競爭；對抗

robust 形強健的

rotate 動旋轉

rugged 形粗糙的；高低不平的

rural 形農村的；田園的

S字頭

sacrifice 名犧牲 動犧牲；祭祀

salute 名敬禮 動致敬

sanitation 名公共衛生

satellite 名衛星

satisfactory 形令人滿意的

savage 形野蠻的 名野蠻人

scandal 名醜聞

scarce 形稀少的；缺乏的

scenery 名風景；景色

scenic 形風景優美的

scheme 名計畫 動密謀

scientific 形科學上的

scientist 名科學家

scope 名範圍；領域

sculptor 名雕刻家

sculpture 名雕刻品 動雕刻

security 名安全

seduce 動引誘；慫恿

segment 名片段；部分 動劃分

selective 形精挑細選的

seminar 名研討會

senator 名參議員

senior 形年長的 名長者

sensation 名知覺；感覺

sensitivity 名敏感度

sentiment 名傷感；情緒

sentimental 形感情用事的

separation 名分離

sequence 名順序 動安排順序

session 名會議

shameful 形丟臉的；可恥的

shelter 名避難所 動保護；掩護

shortcoming 名缺點；短處

sightseeing 名觀光；遊覽

signature 名簽名；簽署

significance 名重要性

significant 形有意義的

similarity 名相似；類似

simultaneous 形同時發生的

singular 形單數的 名單數

situation 名情勢；情況

skeleton 名骨架；骨骼

slaughter 名動屠宰；屠殺

slight 形輕微的 名動輕視

slogan 名標語；口號

sloppy 形不整潔的；懶散的

slump 名不景氣 動下跌

smash 動名粉碎；碰撞

sneaky 形鬼鬼祟祟的

sneeze 動打噴嚏 名噴嚏

soak 動名浸泡；浸漬

soar 動上升；猛增

sober 形清醒的 動使清醒

socialism 名社會主義

socialize 動使社會化

sociology 名社會學

solar 形太陽的

solemn 形嚴肅的；鄭重的

solidarity 名團結；團結一致

solitary 形單獨的 名獨居者

solitude 名獨居；獨處

soothe 動安慰；撫慰

sophisticated 形久經世故的

sophomore 名二年級生

sorrowful 形悲傷的

souvenir 名紀念品；紀念物

sovereign 形擁有主權的 名君主

sovereignty 名主權

spacious 形寬敞的；廣闊的

spare 形剩餘的 動分出；騰出

specialize 動專門從事

specific 形具體明確的；特殊的

specify 動詳述；明確說明

specimen 名樣本；樣品

spectacular 形可觀的 名奇觀

speculate 動沉思；推測

spiritual 形精神的

splendid 形 輝煌的

splendor 名 燦爛；光輝

split 動 裂開 名 裂口

sponsor 名 贊助者 動 贊助

spontaneous 形 自發的

sportsmanship 名 運動家精神

spouse 名 夫妻；配偶

stability 名 穩定

stabilize 動 保持穩定

stadium 名 室內運動場

stain 動 支持；支撐

startle 動 使驚嚇

starvation 名 飢餓

stationary 形 不動的

stationery 名 文具

statistic(s) 名 統計數字

statistical 形 統計學的

status 名 地位；身分

stereotype 名 刻板印象

stimulate 動 刺激

stimulation 名 刺激；興奮

stimulus 名 刺激物；刺激

stingy 形 吝嗇的；小氣的

stock 名 股票

storage 名 儲存；倉庫

straightforward 形 坦率的

strait 名 海峽

strangle 動 絞死；勒死

strategic 形 戰略的

strategy 名 策略

strengthen 動 加強；鞏固

strive 動 努力；苦幹

stroll 名 動 散步；閒逛

structural 形 結構上的

stubborn 形 頑固的

studio 名 工作室

stumble 動 跌倒 名 絆倒

stylish 形 時髦的；流行的

subjective 形 主觀的 名 主格

submit 動 屈服；提交

subordinate 形 隸屬的 名 部屬

subscribe 動 訂閱；捐款；簽署

subsequent 形 接著發生的

substance 名 物質；實體

substantial 形 實際的；重要的

substitute 名 代替者 動 替代

subtle 形 微妙的；隱約的

subtract 動 減去；扣除

suburban 形 郊外的

successive 形 連續的；相繼的

suffer 動 受苦；遭受

sufficient 形 足夠的

suffocate 動 使窒息

suggestion 名 建議

suicide 名 自殺

summarize 動 總結

summary 名 摘要；總結

superficial 形 表面的

superior 形 上級的 名 長官

superstition 名 迷信

superstitious 形 迷信的

supervise 動 監督；管理

supervisor 名 指導者

suppress 動 壓抑；制止

supreme 形 至高無上的

surgeon 名 外科醫生

surgery 名 外科手術

surpass 動 超越；勝過

surplus 名 盈餘 形 過多的

surrender 動 名 投降

surroundings 名 環境；周圍

suspect 動 懷疑 名 嫌疑犯 形 可疑的

suspend 動 暫緩執行；暫停；懸掛

suspension 名 懸吊；暫停；中止

suspicion 名 懷疑

suspicious 形 有…之嫌的；可疑的

sustain 動 支持；支撐

swear 動 發誓；宣示

syllable 名 音節

symbolic 形 象徵的

symbolize 動 作為…象徵

symmetry 名 對稱（性）

sympathetic 形 有同情心的

sympathy 名 同情

symphony 名 交響樂

symptom 名 症狀；徵兆

synonym 名 同義字

synthetic 形 人造的 名 合成物

T字頭

tactic(s) 名 策略

talent 名 天賦；才能

technical 形 技術上的

technician 名 技術人員

technique 名 技術；技巧

technological 形 技術學的

tedious 形 沉悶的

telescope 名 望遠鏡

temporary 形 暫時的

temptation 名 誘惑；引誘

tenant 名 房客 動 租賃

tension 名 緊張；張力

tentative 形 暫時性的

terminal 名 航空站；終點 形 終點的

terrace 名 看臺 動 使成梯形地

terrify 動 使恐懼；使害怕

territory 名 領土；版圖

terror 名 恐怖；驚駭

texture 名 質地；結構

theme 名 主題；題目

theoretical 形 理論上的

therapy 名 治療；療法

thermometer 名 溫度計

thorough 形 徹底的；完全的

thoughtful 形 體貼的；細心的

thrive 動 繁茂；興旺

tiresome 形 令人厭倦的；煩人的

tolerance 名寬容；寬大

tolerate 動忍受；容忍

toll 名通行費 動徵收稅捐

torch 名火炬 動放火燒

tornado 名龍捲風

torrent 名（水、岩漿等的）洪流

torture 名動折磨；拷打

tournament 名競賽

toxic 形有毒的

trademark 名商標；標記

tragedy 名悲劇；悲劇性事件

transaction 名交易

transcript 名成績單；副本

transfer 名動轉帳；轉移

transform 動改變

transformation 名轉變

transition 名變遷；過渡時期

translate 動翻譯

translation 名翻譯

transmission 名傳播

transmit 動轉播；傳送

transparent 形透明的

transplant 名移植手術 動移植

transport 名動運輸；運送

transportation 名運輸

trauma 名創傷；損傷

treasury 名國庫；金庫

tremble 動名顫抖

tremendous 形巨大的；非常的

trend 名趨勢；傾向

trifle 名瑣事 動小看；輕視

trim 動名修剪；修整 形整齊的

triumph 名勝利 動獲勝

trophy 名獎杯；戰利品

tropical 形熱帶的

tuition 名學費；教學

tumor 名腫瘤

U～Z字頭

ultimate 形最終的 名基本原則；極限

unanimous 形全體一致的

uncover 動揭開；揭露

undergo 動經歷；度過

undermine 動破壞；削弱基礎

unemployment 名失業

unique 形獨特的 名獨一無二的人事物

universal 形普遍的 名普遍性

update 名最新資訊 動更新

upgrade 動提高 名升級

upright 副直立地 形直立的 名立柱

upward(s) 副向上地；朝上

urgency 名迫切；急事

urgent 形緊急的；急迫的

usage 名使用；習慣

utensil 名器皿；用具

utility 名效用

utilize 動利用

utter 形完全的 動發言

vaccine 名疫苗

vacuum 名真空；吸塵器 動以吸塵器打掃

vague 形模糊的

valid 形有效的；合法的

vanish 動消失；突然不見

vanity 名虛榮心

variable 名變數 形易變的

variety 名多樣化；種種

various 形多種的

vegetarian 名素食者

vehicle 名車輛

versatile 形多才多藝的

vertical 形垂直的 名垂直線

veteran 名老兵；老手

veto 名否決權 動否決

vibrate 動震動

victim 名受害者

vigor 名活力；精力

vigorous 形有活力的

violate 動違反

virtual 形實質上的；【電腦】虛擬的

virtue 名美德；德行

virus 名病毒

visible 形可看見的

vision 名視力；視野

visual 形視覺的

vitality 名生命力

vocabulary 名字彙

volcano 名火山

volume 名卷；冊；音量

volunteer 名志工 動自願做

vomit 名動嘔吐

voyage 名動航行；旅行

vulnerable 形脆弱的；敏感的

warranty 名保證書

warrior 名武士；戰士

wary 形注意的；警惕的

waterproof 形防水的 動使防水

weary 形厭煩的 動厭倦

weird 形怪異的

welfare 名福利；福利事業

wholesome 形有益健康的

wilderness 名荒野；荒漠

withdraw 動收回；撤出

witness 名目擊者 動目擊

worship 名動崇拜；敬仰

worthwhile 形值得的

worthy 形有價值的

wrinkle 名皺紋 動皺起

yield 動生產；讓出 名產量

zoom 動將畫面拉近或拉遠

精準命中！ Entering College!
The Quickest Review for English.

學測英單, 15級分 速讀本

誰說考前就一定讀不下去？
這本讓你隨時保持強力記憶！

分門別類 ✕ 精準命中，速成就靠最強祕笈！

補教名師 **張翔** / 著

分門別類 ✕ 精準命中，
速成就靠最強祕笈！

Point 1
大考 6000 英單精選

以大考中心公布
之 6000 英單最新版
為核心，並考慮過去
考試範圍，優選大考
必備單字，將其按「主
題」分成 10 章，關聯
記憶最容易。

目錄

PART
01 日常生活趴趴走 *Daily Life*

UNIT ❶ 日常用品與購物 ⋯⋯⋯ 010
UNIT ❷ 前往醫院治療 ⋯⋯⋯ 015
UNIT ❸ 衣著時尚與品味 ⋯⋯⋯ 020
UNIT ❹ 電腦 3C 與影音 ⋯⋯⋯ 025
UNIT ❺ 汽車、交通與電力 ⋯⋯ 030

Point 2
快讀單字點出主題

每單元上方的快讀單字為關鍵主題，再以同心圓的概念，層
層往外學習，延伸出下方的「必備聯想字」與「單字充電站」。

快讀單字 **01 postage**
[`postɪdʒ] 名 郵資；郵費
字根解碼 post 郵政 + age 動作
Postage stamps in five and ten cent denominations were
first approved by the US Congress in 1847.
五分美元和十分美元面額的郵票，於一八四七年首次獲得美國國會通過。

MP3 001

必備聯想字 Related Words

Point 3
單字 / 例句 QR Code 隨掃隨聽

每單元的 MP3 收錄英文單字 & 例句，無論身處何地，只要拿起
手機掃碼，就能收聽。專心聽、跟著讀，對單字印象更深刻。

Point 4

必備聯想：高度相關字

看到快讀單字的同時，最容易聯想到的英文，彙整於「必備聯想字」中，在讀者記憶最強烈的時候一併學習，效率更高。

必備聯想字 Related Words

address [ə`drɛs] 動 填地址；發表演說 名 地址

① The mailman suffered from great confusion at the sight of the blurred address.
郵差在看到模糊不清的地址時，十分困惑。

attachment [ə`tætʃmənt] 名 附件；附著

① Please see the attachment for an elucidative agenda for today's meeting.
請見附件，會有今日會議清楚的議案說明。

Point 5

單字充電：拓展單字量

在快讀單字 & 必備聯想字之後，將介紹與單元主題相關的其他詞彙，讓單字庫大幅拓展，單字版圖更強化。

拓展！單字充電站 Learn More!

post 名 郵局；崗位 動 郵寄	send 動 發送；寄
stamp 名 郵票 動 壓印	letter 名 信；字母
postcard 名 明信片	attach 動 附加；貼上
correspondence 名 通信	enclose 動 封入；包圍
package 名 包裹	receive 動 收到；得到

010

Point 6

佛心收錄考前衝刺別冊

將考試的高頻率單字收錄於書中別冊，輕薄易攜帶，不僅能隨時強化單字力，還可以帶到考場，抱佛腳的實用小冊。

A～B

A～B字頭

abbreviate 動 縮寫；縮短
abnormal 形 反常的；不正常的
aboard 副介 在飛機 (船、火車) 上
abolish 動 廢止；革除
aboriginal 形 原始的 名 原住民
abortion 名 墮胎

accounting 名 會計學
accumulate 動 累積
accuracy 名 正確性
accurate 形 準確的
accusation 名 控告
accuse 動 控告
accustom 動 使習慣於
achievement 名 完成；成就
acknowledge 動 承認

告別死記的不安感，從背對單字做起！

　　從 111 學年度起，大學入學考的英文科只考學測這一次，之後若要採計英文科的成績，將從學測級分轉換，因此，對許多考生而言，似乎產生「一考定江山」的緊張感，必須在學測掌握高分，否則出師不利的結果，將嚴重影響大學的分數採計。

　　愈是這種時刻，我愈希望考生們能穩定內心，不要被不安感影響。因為考試是有範圍、有方法的，無論考試制度如何更改，英文的核心依然沒有改變，單字依舊是聽、說、讀、寫的基礎，而這本書，就是為了幫助考生鞏固單字基礎而編寫的。

　　本書根據大考中心新公布之 6000 英單編寫，並考慮了過往的考試重點，精選出大考必備的核心單字。除了在單字上精挑細選之外，本書在編排上，特別重視「關聯性」與「延伸記憶」。

　　我看過許多考生，一直以來都採取死記硬背的手段，誰能像字典一樣，從 A 開始背出更多字，誰就更具實力。也許先天的強悍記憶力，能讓人背誦許多單字，但遇到考題時，卻常出現「該用哪個字？」、「怎麼什麼都想不起來？」的問題，你背過，卻印象模糊，難怪有許多考生都因此感到挫折無力。人腦並非機械，我們並非輸入一個指令，就能永遠不忘。本書在單字的編排上，就是採用了人腦記憶最適合的「關聯性想像」，當單字彼此間容易聯想，就能促使人腦將其置入長期記憶，更不容易忘。

　　除了書籍之外，本書另外還將高頻率單字整理於書後的別冊，方便讀者隨身攜帶、隨時背誦。不僅如此，別冊還能成為考場休息時間的衝刺專書，10 分鐘也能及時抱個好佛腳，確保英文科的得分。

張翔

PART 01

日常生活趴趴走 Daily Life

UNIT ❶ 日常用品與購物 ………… 010

UNIT ❷ 前往醫院治療 ………… 015

UNIT ❸ 衣著時尚與品味 ………… 020

UNIT ❹ 電腦 3C 與影音 ………… 025

UNIT ❺ 汽車、交通與電力 ………… 030

PART 02

吃得美味又健康 Eat Well

UNIT ❶ 餐廳、店家與食評 ………… 036

UNIT ❷ 主菜、點心、飲料 ………… 041

UNIT ❸ 蔬菜、水果與烹調 ………… 046

UNIT ❹ 食材的來源 ………… 051

UNIT ❺ 身體部位與健康 ………… 056

PART 03

放鬆身心的娛樂 Entertainment

UNIT ❶ 觀賞一場好電影 ………… 062

UNIT ❷ 運動、健身與競賽 ………… 067

UNIT ❸ 慶祝節日、開宴會 ………… 072

UNIT ❹ 戶外活動與探險 ……………… 075

UNIT ❺ 旅遊與交通 ……………… 080

PART 04 來場藝文之旅 Art & Music

UNIT ❶ 製作與賞析 …………… 086

UNIT ❷ 音樂會與展覽 ………… 091

UNIT ❸ 舞台表演 ………… 096

UNIT ❹ 民俗活動與宗教 ………… 101

UNIT ❺ 資助文化事業 ………… 106

PART 05 家人的居家日常 The Family

UNIT ❶ 住宅設備、居住環境 ………… 112

UNIT ❷ 打掃各處、做家務 ………… 117

UNIT ❸ 家人們與互動 ………… 122

UNIT ❹ 家庭成員的更迭 ………… 127

UNIT ❺ 照顧家人的健康 ………… 130

PART 06 搞好人際關係 Relationships

UNIT ❶ 人際關係面面觀 ……… 136

UNIT ❷ 百感交集的情緒 ……… 141

UNIT ❸ 描述性格與特徵 ……… 146

UNIT ❹ 聊天八卦與交際 ……… 151

UNIT ❺ 表達想法與互動 ……… 156

PART
07

知識就是力量 Keep Learning

UNIT ❶ 從入學到畢業 ……… 162

UNIT ❷ 經濟與數學 ……… 167

UNIT ❸ 歷史、哲學、文化 ……… 172

UNIT ❹ 文學、出版與語言 ……… 177

UNIT ❺ 物理和化學發展 ……… 182

PART
08

珍惜大自然資源 The Nature

UNIT ❶ 地理環境與植物 ……… 188

UNIT ❷ 大自然現象、天文 ……… 195

UNIT ❸ 陸地生物觀察 ……… 200

UNIT ❹ 海洋環境與生物 ……… 205

UNIT ❺ 資源與永續發展 ……… 210

PART 09

社會現象面面觀 Nation & Law

UNIT ❶ 公民與國家改革 216

UNIT ❷ 政權與立法 221

UNIT ❸ 法律與罪責 226

UNIT ❹ 戰爭與軍事布局 233

UNIT ❺ 外交與國際互動 238

PART 10

認識各行各業 In the Workplace

UNIT ❶ 招募與應聘 246

UNIT ❷ 企業、組織與管理 251

UNIT ❸ 財經與財務 256

UNIT ❹ 農業與工業 261

UNIT ❺ 科技與技術發展 266

Daily Life

PART 01

日常生活趴趴走

日常所到之處、每日對話內容，
單字基礎，就從生活日常掌握起。

UNIT1 日常用品與購物
UNIT2 前往醫院治療
UNIT3 衣著時尚與品味
UNIT4 電腦 3C 與影音
UNIT5 汽車、交通與電力

 **01 postage**

[`postɪdʒ] 名 郵資；郵費

字根解碼 ➔ post 郵政 + age 動作

MP3 001

Postage stamps in five and ten cent denominations were first approved by the US Congress in 1847.

🔊 五分美元和十分美元面額的郵票，於一八四七年首次獲得美國國會通過。

🎯 **必備聯想字** Related Words

address [əˋdrɛs] 動 填地址；發表演說 名 地址

🔊 The mailman suffered from great confusion at the sight of the blurred **address**.

郵差在看到模糊不清的地址時，十分困惑。

attachment [əˋtætʃmənt] 名 附件；附著

🔊 Please see the **attachment** for an elucidative agenda for today's meeting.

請見附件，會有今日會議清楚的議案說明。

correspond [ˏkɔrɪˋspɑnd] 動 通信；符合

🔊 I **correspond** with Nina since we met in the conference six years ago.

自從六年前在研討會遇見妮娜之後，我們就一直通信至今。

envelope [ˋɛnvəˏlop] 名 信封

🔊 The **envelopes** with company watermarks are only for business purposes.

印有公司浮水印的信封僅限公務使用。

parcel [ˋpɑrsḷ] / packet [ˋpækɪt] 名 包裹

🔊 If the **parcel** cannot be delivered on time, we'll have to take the full responsibility.

若包裹無法如期送達，我們將必須負起全部責任。

🔋 **拓展！單字充電站** Learn More!

post 名 郵局；崗位 動 郵寄	send 動 發送；寄
stamp 名 郵票 動 壓印	letter 名 信；字母
postcard 名 明信片	attach 動 附加；貼上
correspondence 名 通信	enclose 動 封入；包圍
package 名 包裹	receive 動 收到；得到

快讀單字 02 **stationery**
[ˋsteʃənˌɛrɪ] 名 文具

字根解碼 sta 站立 + tion 狀態 + ery 物

MP3 002

Every new employee can apply for new **stationery**.
每位新進員工都可以申請新的文具。

必備聯想字 Related Words

calendar [ˋkæləndə] 名 日曆

A **calendar** year begins on January 1st.
月曆的年度都是從一月一日開始。

eraser [ɪˋresə] 名 橡皮擦

I didn't bring my pencil box. May I borrow your **eraser**?
我忘了帶鉛筆盒，可以借用你的橡皮擦嗎？

label [ˋlebl̩] 名 標籤 動 貼標籤於

The secretary taped **labels** on the boxes.
祕書在盒子上貼標籤。

magnetic [mægˋnɛtɪk] 形 磁性的

Magnetic tapes were a major medium for recording video in the past.
磁帶在過去是用來儲存影像的主要媒介。

reminder [rɪˋmaɪndə] 名 提醒物；通知單

The landlady will send her tenant a **reminder** if he doesn't pay the rent on schedule.
這位女房東的房客若沒有按時繳房租，她就會寄通知單給他。

拓展！單字充電站 Learn More!

staple 名 訂書針 動 用訂書針訂	notebook 名 筆記本
erase 動 擦掉	glue 名 膠水 動 黏
ink 名 墨汁 動 潑上墨水	clip 名 夾子 動 修剪
diary 名 日記	scissors 名 剪刀
magnet 名 磁鐵	remind 動 提醒
underline 動 畫底線	unfold 動 打開；攤開

03 **commodity**
[kə`madətɪ] 名 日用品；商品

字根解碼→ commod 方便的 **+** ity 性質

MP3 003

The prices of several basic **commodities** like flour and sugar have been raised.

🔊 像麵粉和糖等等的一些基本用品已漲價。

🎯 必備聯想字 Related Words

consumer [kən`sjumə] 名 消費者

The farm workers' union urged **consumers** to boycott imported fruit.
農業工會呼籲消費者抵制進口水果。

dispensable [dɪ`spɛnsəbḷ] 形 可有可無的

Typewriters are **dispensable** if you have computers.
如果你有電腦的話，打字機就可有可無了。

diversify [daɪ`vɜsə͵faɪ] 動 使多樣化

A prudent investor should **diversify** his or her stock holdings.
一個謹慎的投資者會使手中的持股多樣化。

necessity [nə`sɛsətɪ] 名 必需品

A good book is a **necessity** when traveling.
出外旅行時，一本好書是必需品。

receipt [rɪ`sit] 名 收據；發票

Keep the **receipt** just in case you need to refund it.
把收據留著，以免你需要退貨。

🔋 拓展！單字充電站 Learn More!

tissue 名 面紙；紙巾	cart 名 手推車 動 費力地運送
consumption 名 消耗量；消耗	necessary 形 必要的
wrap 動 用…包裹 名 包裹物	solid 形 立體的；固體的
fragile 形 易碎的；脆的	option 名 選擇
optional 形 非必要的	warranty 名 保證書

04 outlet
[`aut,lɛt] 名 商店；出口

MP3 004

字根解碼 → out 向外 + let 留下

The small shop used to be an outlet for surplus farm produce.
這間小店過去曾是農場過剩產品的銷售商店。

必備聯想字　Related Words

escalator [`ɛskə,letə] 名 手扶梯
Beware of the stairs when taking the escalator.
搭乘手扶梯時，請小心階梯。

grocery [`grosərɪ] 名 食品雜貨
You can get fresh imported lettuce in this grocery store.
你可以在這間雜貨店買到新鮮的進口萵苣。

luxurious [lʌg`ʒurɪəs] 形 奢侈的
This boutique type hotel has luxurious decoration and furniture.
這個精品級酒店備有豪華的裝飾和傢俱。

purchase [`pɜtʃəs] 名 動 購買
The warranty requires exact date of purchase to be valid.
這份保證書需要有確切的購買日期才能生效。

valuable [`væljuəbl] 形 貴重的
Old coins are not necessarily valuable. For example, some old coins are very common.
古代硬幣不一定值錢，舉例來說，有些古錢幣就十分常見。

拓展！單字充電站　Learn More!

mall 名 購物中心	bakery 名 麵包店
rate 名 比率 動 評價；評估	nearby 形 附近的 副 在附近
purse 名 錢包；女用手提包	wallet 名 （男用）皮夾
clerk 名 店員；職員	luxury 名 奢侈品
expensive 形 昂貴的	payment 名 支付

05 auction
[`ɔkʃən] 名 動 拍賣

字根解碼 → aug/auc 增加 + tion 名詞

MP3 005

The old man's collection of Renaissance paintings were **auctioned** off last weekend.
🔊 上週末，那個老人的文藝復興畫作收藏被拍賣掉了。

必備聯想字 Related Words

afford [ə`ford] 動 付得起；能夠負擔
⓫ I need the money or I cannot **afford** to pay these bills.
我需要這筆錢，不然我付不起這些帳單。

bargain [`bɑrgɪn] 名 特價商品 動 討價還價
⓫ The dress was on a fifty-percent-off sale and was a great **bargain**.
這件洋裝打對折，真的很划算。

costly [`kɔstlɪ] 形 昂貴的；值錢的
⓫ Mrs. Hill keeps all her **costly** jewelry in the safe.
希爾太太將所有值錢的珠寶都放在保險箱中。

customer [`kʌstəmɚ] 名 顧客
⓫ We need to be responsive to the **customers'** demands.
對於顧客的要求，我們必須做出反應。

discount [`dɪskaʊnt] 名 折扣 動 減價
⓫ Purchases made by October 15th will get an extra **discount**.
在十月十五日前完成的訂單，可享有額外優惠。

拓展！單字充電站 Learn More!

price 名 價格 動 給…定價	cost 名 代價 動 花費
cheap 形 便宜的 副 便宜地	expense 名 費用；支出
burden 名 動 負擔；負荷	coupon 名 優待券
free 形 免費的；自由的 動 釋放	banner 名 旗幟；橫幅
frantic 形 發狂的	patron 名 老顧客；贊助者

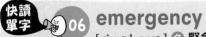

06 emergency
[ɪˋmɜdʒənsɪ] 名 緊急情況

字根解碼 e 向外 + merge 浸泡 + ency 名詞

MP3 006

The plane developed engine trouble shortly after takeoff and had to make an emergency landing.
起飛後沒多久，這架飛機的引擎就發生故障，必須緊急迫降。

必備聯想字 Related Words

choke [tʃok] 動 嗆到 名 窒息
The boy was choked by a great nut when eating the meal.
那名男孩在吃飯時被一顆大堅果哽住喉嚨。

condition [kənˋdɪʃən] 名 狀態；條件 動 為⋯的條件
This booklet teaches you how to analyze your mental condition.
這本小冊子教你如何分析你的心理狀態。

injury [ˋɪndʒərɪ] 名 傷害；損傷
Judy's injury was minor, and fortunately not mortal.
茱蒂的傷勢輕微，且幸運的是無生命危險。

insurance [ɪnˋʃurəns] 名 保險
The accountant has deducted the insurance fee from his annual income.
這位會計師已經從他的年收入中扣除保險費。

swell [swɛl] 動 腫脹 名 膨脹
Peter's eyelids began to swell, so I suggested he see a doctor.
彼得的眼皮開始腫起來了，所以我建議他去看個醫生。

拓展！單字充電站 Learn More!

casualty 名 意外事故	injure 動 傷害；損害
scar 名 傷痕 動 使留下疤痕	bump 名 腫塊 動 碰撞
bruise 名 瘀傷 動 使受瘀傷	decay 名 蛀蝕 動 腐爛
germ 名 細菌	trauma 名 創傷；損傷
assurance 名 保證	coverage 名 保險項目

PART 01
PART 02
PART 03
PART 04
PART 05
PART 06
PART 07
PART 08
PART 09
PART 10

快讀單字 07 **hospital**

[`hɑspɪtḷ] [名] 醫院

MP3 007

補充詞彙→ look after 照顧 / outpatient 門診病人

Terry's mother had a fever yesterday, so he sent her to the **hospital**.

泰瑞的母親昨天發燒，所以泰瑞送她去醫院。

必備聯想字 Related Words

ambulance [`æmbjələns] [名] 救護車

The driver was loaded into an **ambulance** and admitted to hospital.
這名駕駛被送上救護車，接著載往醫院。

clinic [`klɪnɪk] [名] 診所

After getting out of the **clinic**, Sue went to the pharmacy to have the prescription filled.
離開診所之後，蘇便去藥局領藥。

infection [ɪn`fɛkʃən] [名] 感染

The doctor prescribed antibiotics to treat his **infection**.
醫生開了抗生素治療他的感染。

medical [`mɛdɪkḷ] [形] 醫學的；醫療的

The man went to the emergency room for **medical** treatment.
男子到急診室尋求醫學上的治療。

surgery [`sɝdʒərɪ] [名] 外科手術

The patient has been transferred to POR after the **surgery**.
病患在手術後已經轉至術後恢復室。

拓展！單字充電站 Learn More!

clinical [形] 門診的；臨床的	dental [形] 牙齒的
dentist [名] 牙醫	physician [名] 內科醫師
surgeon [名] 外科醫生	ward [名] 病房 [動] 避開
doctor [名] 醫生	nurse [名] 護士 [動] 看護
infectious [形] 傳染的	infect [動] 使感染

08 examine

[ɪgˋzæmɪn] 動 檢查；細查

補充詞彙 in detail 詳細地 / by accident 意外地　MP3 008

You will be **examined** through MRI and ECG tests.
我們會為你安排核磁共振造影和心電圖檢查。

 **必備聯想字** Related Words

alcoholic [ˌælkəˋhɔlɪk] 形 含酒精的 名 酗酒者

It is illegal to sell **alcoholic** drinks to people under eighteen.
販賣酒品給未滿十八歲的人是違法的。

bandage [ˋbændɪdʒ] 名 繃帶 動 用繃帶包紮

Everyone thought that Luke got hurt because he was wearing a big **bandage**.
路克包著一大片繃帶，所以大家都認為他受傷了。

blind [blaɪnd] 形 瞎的 動 使失明

The little girl is **blind** in one eye from birth.
那名小女孩生來就有一隻眼睛失明。

diagnose [ˋdaɪəgnoz] 動 診斷

Tony's heart attack was **diagnosed** by an EKG and the doctor.
東尼的心臟病是透過心電圖和醫師而取得確診的。

nearsighted [ˋnɪrˋsaɪtɪd] 形 近視的

I was **nearsighted** and went to the optician.
我近視了，並且去配了眼鏡。

拓展！單字充電站 Learn More!

checkup 名 體格檢查；核對	medication 名 藥物治療
obvious 形 明顯的	barren 形 無法生育的
damage 名 動 損害	deafen 動 使耳聾
serious 形 嚴重的；正經的	diagnosis 名 診斷
shortsighted 形 近視的	cure 名 動 治療

快讀單字 09 operation

[ˌɑpəˋreʃən] 名 手術；操作

字根解碼 → opus/oper 工作 + ation 動作

MP3 009

My grandmother was sick and had to have an operation.

🔊 我祖母生病了，必須接受手術。

必備聯想字 Related Words

donate [doˋnet] 動 捐贈；捐獻

① Mr. and Mrs. Lin have **donated** more than 20,000 dollars to reduce their tax.

林氏夫婦已捐款超過兩萬元來減稅。

hospitalize [ˋhɑspɪtəˌlaɪz] 動 使住院治療

① This patient has been **hospitalized** for more than one week.

這名病患已經住院超過一星期了。

injection [ɪnˋdʒɛkʃən] 名 注射

① My **injection** site was swollen along with inflammation.

我的注射部位出現腫脹和發炎。

relieve [rɪˋliv] 動 減緩；減輕

① These pills can temporarily **relieve** cold symptoms.

這些藥丸可以暫時減緩感冒的症狀。

treatment [ˋtritmənt] 名 治療；處理

① Don had just vomited a lot of blood, and needed emergency **treatment**.

唐吐出了大量的血液，需要接受緊急治療。

拓展！單字充電站 Learn More!

operate 動 動手術；操作	transplant 名 移植手術 動 移植
remedy 名 補救 動 治療	relief 名 減輕；緩和
painful 形 痛苦的	abortion 名 墮胎
donation 名 捐贈	donor 名 捐贈者
inject 動 注射（藥液等）	needle 名 針
vaccine 名 疫苗	fasten 動 繫緊

10 disable
[dɪs`ebḷ] 動 使傷殘；使無能力

MP3 010

補充詞彙➔ incapable 不能正常行動的

This long-term disability plan provides you with income in the event that you become **disabled**.
長期殘疾計畫會在你出現殘疾意外時，給予補給津貼。

必備聯想字 Related Words

addict [ə`dɪkt ] / [ `ædɪkt] 動 上癮 名 上癮者
Most people who try smoking will end up with being **addicted**.
大多數嘗試吸菸的人最後都會上癮。

cripple [`krɪpḷ] 動 使殘廢 名 殘疾者
Her younger brother was seriously **crippled** in an accident.
她弟弟在一場事故中嚴重殘廢。

fracture [`fræktʃɚ] 名 動 骨折；挫傷
William was seriously injured, including two **fractures**.
威廉傷得很重，其中有兩處骨折。

handicap [`hændɪ͵kæp] 動 妨礙；使不利 名 障礙
The **handicapped** facilities will be available upon your request.
您隨時可要求使用無障礙設施。

wound [wund] 名 傷口 動 傷害
Gunshot **wounds** occur when a bullet enters a human body.
子彈一穿進人體就會產生槍傷。

拓展！單字充電站 Learn More!

addiction 名 上癮；熱衷	bang 名 猛擊 動 重擊
cramp 名 動 痙攣；抽筋	deadly 形 致命的 副 極度地
paralyze 動 麻痺；癱瘓	wheelchair 名 輪椅
crutch 名 拐杖；支架	disability 名 失能
heroin 名 海洛因	drowsy 形 昏昏欲睡的

快讀單字 11 clothing

[`kloðɪŋ] 名 衣著

字根解碼➔ clothe 給…穿衣 + ing 動作

MP3 011

There are so many poor people lacking of food and **clothing** in the world.

🔊 世界上有許多衣食缺乏的窮人。

必備聯想字 Related Words

blouse [blauz] 名 （婦女、兒童等的）短衫

🔊 Judy will wear a pink **blouse** and meet you at the gate.
茱蒂會穿著粉紅色短衫在大門口與你碰面。

casual [`kæʒuəl] 形 非正式的；隨便的

🔊 Amy bought some **casual** clothes for the event.
艾咪為這個活動買了一些休閒服。

costume [`kɑstjum] 名 服裝；戲服

🔊 On Halloween night, children would wear scary **costumes** going door-to-door for candy.
在萬聖節的夜晚，孩子們會穿著嚇人的服裝挨家挨戶地要糖果。

garment [`gɑrmənt] 名 （一件）衣服；服裝

🔊 The website supplies various **garments** from panties to fur coats.
那個網站提供各種服飾，從內褲到皮草外套都有。

uniform [`junəˌfɔrm] 名 制服 形 相同的

🔊 I put on my **uniform** and looked at myself in the mirror.
我穿上制服，並照了照鏡子。

拓展！單字充電站 Learn More!

jacket 名 夾克	overcoat 名 大衣
pajamas 名 睡衣	sweater 名 毛衣
vest 名 背心	pants 名 褲子
brassiere / bra 名 （女性的）內衣	underwear 名 內衣；襯衣
collar 名 衣領	sleeve 名 衣袖

12 texture

[`tɛkstʃɚ] 名 質地;結構

字根解碼➜ tex/text 編織;製造 + ure 結果

My aunt doesn't like the **texture** of this cloth.
◄› 我阿姨不喜歡這塊布的質地。

MP3 012

必備聯想字 Related Words

elastic [ɪˋlæstɪk] 形 有彈性的 名 橡皮筋
◐ Last Sunday, I bought a skirt with an **elastic** waist.
　上個星期日,我買了一件腰間有鬆緊帶的裙子。

fiber [`faɪbɚ] 名 纖維;纖維質料
◐ The **fiber** is less than a sixth of the diameter of a human hair.
　這種纖維比人類頭髮直徑的六分之一還細。

leather [`lɛðɚ] 名 皮革
◐ Leo's wallet is very expensive because it is made of genuine **leather**.
　里歐的皮夾是真皮的,所以非常昂貴。

linen [`lɪnɪn] 名 亞麻製品
◐ Did you see Rose? She looks terrific in her white **linen** suit.
　你看到蘿絲了嗎?她穿著她的白色亞麻套裝,看起來美極了。

smooth [smuð] 形 平滑的 動 使平滑
◐ My father bought the table because of its **smooth** surface.
　這張桌子的表面很平滑,所以我父親買了下來。

拓展!單字充電站 Learn More!

coarse 形 粗糙的;粗劣的	fabric 名 布料;紡織品
velvet 名 天鵝絨 形 柔軟光滑的	gorgeous 形 華麗的
loose 形 寬鬆的	weave 動 編織 名 織法
stitch 名 (縫紉的)一針 動 縫;繡	thread 名 線 動 穿線
zipper 名 拉鍊 動 拉上拉鍊	alter 動 修改;改變
knit 動 編織 名 編織物	loosen 動 放鬆;鬆開

13 haircut

[`hɛr‚kʌt] 名 理髮；髮型

補充詞彙→ ponytail 馬尾辮 / flattop 平頭（髮型）

MP3 013

Due to school regulations, students are required to get **haircuts** every three months.

🔊 由於學校規定，學生每三個月必須剪一次頭髮。

必備聯想字　Related Words

blond/blonde [blɑnd] 名 金髮者 形 金髮的

例 My sister decided to dye her hair **blond**.
我姐姐決定將頭髮染成金色。

curl [kɝl] 名 捲髮 動 使捲曲

例 The student has blond **curls** and blue eyes.
那名學生有著金色捲髮和藍色眼睛。

fashion [`fæʃən] 名 流行 動 製作

例 Many young people like window-shopping in the **fashion** stores in this area.
許多年輕人喜歡在這一區的時裝店逛街。

shampoo [ʃæm`pu] 名 洗髮精 動 洗頭

例 This **shampoo** smells bad and is very harsh.
這個洗髮精的味道很糟，而且品質非常粗糙。

shave [ʃev] 動 剃；刮 名 剃刀

例 The man **shaved** his beard after losing a bet.
那個男人因為打賭輸了而刮掉他的鬍子。

拓展！單字充電站　Learn More!

fashionable 形 流行的	wig 名 假髮
hairdresser 名 美髮師	barber 名 理髮師
bald 形 禿頭的	beard 名 鬍子
comb 名 梳子 動 用梳子梳理	razor 名 刮鬍刀
shaver 名 刮鬍用具	wax 名 蠟 動 上蠟

14 cosmetic

[kɑz`mɛtɪk] 形 化妝用的

字根解碼 ➜ cosm 秩序 + et 小尺寸 + ic 形容詞

MP3 014

The **cosmetic** products that are being sold at that luxurious shop are very expensive.

那家高檔精品店所販售的化妝品都很貴。

必備聯想字 Related Words

allergic [ə`lɝdʒɪk] 形 過敏的

Some people are **allergic** to the smell of pepper powder.
有些人對辣椒粉的氣味過敏。

instead [ɪn`stɛd] 副 作為替代；反而

My friend and I incline to take a taxi **instead** of taking a bus.
我和我朋友傾向於搭乘計程車，而非坐公車。

makeup [`mek͵ʌp] 名 化妝；構成

The actors on the stage wore a lot of **makeup**.
舞臺上的演員們化著濃妝。

perfume [`pɝfjum ] / [ pɚ`fjum] 名 香水 動 賦予香味

The smell of her **perfume** filled the elevator.
電梯裡彌漫著她的香水味。

powder [`paʊdɚ] 名 粉；粉末 動 灑粉

The naughty boy crushed the crayon to **powder** under his feet.
這個頑皮的男孩用腳把蠟筆踩得粉碎。

拓展！單字充電站 Learn More!

cosmetics 名 化妝品	complexion 名 氣色；血色
lipstick 名 口紅；唇膏	lotion 名 乳液；化妝水
ivory 名 象牙 形 乳白色的	spray 名 噴霧器 動 噴灑
acne 名 粉刺	allergy 名 過敏
generate 動 產生；引起	tiny 形 極小的

15 jewelry

[`dʒuəlrɪ] 名 珠寶（總稱）

字根解碼➜ jewel 寶石 + ry 物

MP3 015

What is the container number of the **jewelry**?
🔊 珠寶的貨櫃號碼是多少？

 必備聯想字 **Related Words**

accessory [æk`sɛsərɪ] 名 配件 形 附屬的

🔊 Lisa is good at collocating all kinds of **accessories**.
麗莎善於搭配各種配件。

bracelet [`breslɪt] 名 手鐲

🔊 This fortunate **bracelet** brings me luck every time I wear it.
每當我戴上這條幸運手鍊時，好運就會降臨。

crown [kraun] 名 皇冠 動 加冕

🔊 The king is wearing a **crown** with diamonds.
國王戴著一個用鑽石裝飾的皇冠。

globe [glob] 名 球體；球狀物；地球

🔊 The boy likes the modern sofa, which is made as a **globe**.
那名男孩喜歡這個製作成球體的時髦沙發。

necklace [`nɛklɪs] 名 項鍊

🔊 Tina's diamond **necklace** is actually fake and worthless.
蒂娜的鑽石項鍊其實是假的，而且毫無價值。

拓展！單字充電站 **Learn More!**

pearl 名 珍珠	pure 形 純粹的；不摻雜的
jewel 名 珠寶	jade 名 玉；翡翠
diamond 名 鑽石	bead 名 珠子
clasp 動 扣緊 名 鈕環；鈕子	ring 名 戒指；鈴聲 動 按鈴
earring(s) 名 耳環	symbolize 動 作為…象徵
sharp 形 尖銳的 副 尖銳地	pocket 名 口袋 動 裝入袋內

16 hardware
[`hɑrd,wɛr] 名 【電腦】硬體

MP3 016

字根解碼➔ hard 硬的 + ware 製品

Hardware in the office will be updated every five years.
🔊 辦公室內的硬體設備每五年會更新一次。

必備聯想字 Related Words

computer [kəm`pjutɚ] 名 電腦
🔊 Owen needs an extension cord to set up his computer.
歐文需要延長線來架設他的電腦。

electronic [ɪlɛk`trɑnɪk] 形 電子的
🔊 You are not allowed to bring any electronic device into the studio.
你不能夠帶任何電子設備進入錄音室。

prevail [prɪ`vel] 動 普及；戰勝
🔊 The tablet is becoming more and more prevailing to the public.
平板電腦現在愈來愈普及了。

slot [slɑt] 名 插槽；狹槽 動 放入狹槽中
🔊 Though as slim as two centimeters, the ultrabook is equipped with three card slots.
儘管只有二公分薄,這臺超薄筆電仍配有三個插卡槽。

thorough [`θɝo] 形 徹底的；完全的
🔊 The innovative engine system needs thorough evaluation.
這個新型引擎系統需要經過徹底評估。

拓展!單字充電站 Learn More!

click 動 使發卡嗒聲 名 卡嗒聲	disk/disc 名 磁碟;唱片
insert 動 插入 名 插入物	input 名 動 輸入
server 名 伺服器;侍者	scan 名 掃描 動 掃描;瀏覽
storage 名 儲存;倉庫	printer 名 印表機
computerize 動 用電腦處理	electronics 名 電子工程學

17 software

[`sɔft͵wɛr] 名 【電腦】軟體

字根解碼 → soft 軟的 + ware 物品

MP3 017

The top innovation, the Web, was created by British **software** consultant Tim Berners-Lee.

🔊 網路這頂尖的發明,是由英國軟體顧問提姆 · 伯納斯－李創造的。

必備聯想字 Related Words

browse [brauz] 動 瀏覽;翻閱 名 瀏覽

🔊 I will **browse** the Internet and find the information you need.
我會瀏覽網路,找你需要的資訊。

compatible [kəm`pætəbl] 形 【電腦】相容的

🔊 Luckily, the antivirus software is **compatible** with my computer.
幸好這個防毒軟體和我的電腦系統相容。

install [ɪn`stɔl] 動 安裝;設置

🔊 Can you help me **install** the video camera?
你可以幫我安裝這個攝影機嗎?

scroll [skrol] 名 卷軸;名冊 動 捲動

🔊 **Scroll** the screen, and you will see the authorization code at the bottom of the page.
捲動螢幕,你就可以在頁尾看到授權碼。

system [`sɪstəm] 名 系統;體系

🔊 I attended training courses about computer **systems** yesterday.
我昨天參加了有關電腦系統的訓練課程。

拓展!單字充電站 Learn More!

program 名 程式 動 設計程式	systematic 形 有系統的
function 名 功能 動 運作	boot 動 開機 名 長靴
code 名 代號 動 編碼	format 名 格式 動 格式化
document 名 文件 動 記錄	file 名 檔案 動 歸檔
drag 動 名 拖;拉	paste 動 貼上 名 漿糊

快讀單字 18

Internet

[ˋɪntɚ͵nɛt] [名] 網際網路

字根解碼 ➔ inter 在…之間 + net 網絡

Don't click everything that pops up on the Internet or you will get a virus.

不要點擊網路上突然彈出的東西，否則你的電腦會中毒。

MP3 018

必備聯想字 Related Words

accessible [ækˋsɛsəbl̩] [形] 容易接近的

This concert is accessible to coteries only, but not to the general public.
這場音樂會只開放給圈內人，一般大眾無法入場。

forward [ˋfɔrwɚd] [動] 轉交；發送 [形] 前面的 [名] 前鋒

This email will be forwarded to everyone in the AD Department.
這封電子郵件要轉寄給廣告部的所有人。

hacker [ˋhækɚ] [名] 【電腦】駭客

The police arrested the hacker for stealing confidential secrets.
警方以竊取機密的罪名逮捕了那名駭客。

password [ˋpæs͵wɝd] [名] 密碼

The man made a confession that he used my password and posted those photos.
男子承認他盜用了我的密碼，並張貼那些照片。

website [ˋwɛb͵saɪt] [名] 【電腦】網站

By visiting websites, we can have direct contact with the whole world.
我們可以藉著上網，直接和整個世界接觸。

拓展！單字充電站 Learn More!

upload [動] 上傳（檔案）	download [動] 下載
tag [名] 標籤 [動] 加標籤	email [名] 電子郵件 [動] 發電子郵件
refresh [動] 更新；使恢復	retrieve [動] 取回；重新得到
crash [名] 衝擊 [動] 當機；撞毀	virus [名] 病毒
update [名] 最新資訊 [動] 更新	upgrade [動] 提高 [名] 升級

19 mobile
[`mobɪl] 形 可動的；移動式的

字根解碼 ➜ mob 移動 + ile 形容詞（表能力）

We turned off our **mobile** phones before the show.
🔊 演出開始之前，我們把手機關機了。

MP3 019

🎯 **必備聯想字** Related Words

connect [kə`nɛkt] 動 連接；連結
🔊 You need to **connect** the printer to the computer first.
你必須先將印表機連上電腦。

disconnect [ˌdɪskə`nɛkt] 動 切斷（電話等）
🔊 I ran to the phone and picked it up, but the line was **disconnected**.
我跑過去接電話，但對方已經掛斷了。

network [`nɛt͵wɝk] 名 電腦網絡；聯播網 動 建立關係網
🔊 The server was hacked and the whole building lost **network** connection.
伺服器被駭，導致整棟大樓都連不上網路。

recent [`risn̩t] 形 最近的；近來的
🔊 The manager clarified some **recent** doubts regarding the company's quarterly earnings report.
針對最近公司的季度盈利報告，經理澄清了一些疑慮。

usage [`jusɪdʒ] 名 使用；習慣
🔊 The **usage** of intellectual property rights has become common nowadays.
如今，智慧財產權的使用已變得很普遍。

👾 **拓展！單字充電站** Learn More!

cell phone 名 行動電話	portable 形 可攜帶的
message 名 訊息	receiver 名 收受者；電話聽筒
recipient 名 接受者 形 接受的	magnify 動 放大；擴大
reply 名 動 答覆；回答	telephone 名 電話 動 打電話
wire 名 電線	directory 名 姓名地址簿

快讀單字 🔊 20 **stereo**

[`stɛrɪo] 名 立體音響

字根解碼 stereo 立體的（字義衍生：立體的 → 立體音響）

MP3 020

The kids are complaining that the car **stereo** is too loud.
🔊 孩子們抱怨說車子的音響太吵了。

🎯 **必備聯想字** Related Words

amplify [`æmplə,faɪ] 動 擴大；放大

💡 The electric guitar requires an amplifier to **amplify** its sound.
這把電吉他需要一臺揚聲器以提高音量。

earphone [`ɪr,fon] 名 （塞耳式）耳機

💡 The latest laptop with a wireless **earphone** is in vogue among teenagers.
配有無線耳機的最新款筆記型電腦在青少年間蔚為風潮。

loudspeaker [`laʊd`spikɚ] 名 擴音器

💡 You can use the **loudspeaker** to address the crowd.
你可以使用擴音器對人群講話。

mainstream [`men,strim] 名 主流

💡 Environmental concepts have become the **mainstream** nowadays.
環保概念如今已成為主流意識。

mute [mjut] 動 消音 形 沉默的

💡 We should **mute** our cell phones to avoid disturbing other members of the audience.
我們應將手機調整成靜音，以免干擾其他觀眾。

🔋 **拓展！單字充電站** Learn More!

digital 形 數位的	video 名 動 錄影 形 錄影的
tape 名 錄音帶	headphone(s) 名 頭戴式耳機
channel 名 頻道 動 傳送	radio 名 收音機 動 用無線電發送
microphone / mike 名 麥克風	noisy 形 吵鬧的；嘈雜的
silent 形 沉默的；無聲的	abnormal 形 反常的；不正常的

21 **vehicle**
[ˋviɪkl] 名 車輛

字根解碼 → vehi 運輸工具 + cle 小尺寸

MP3 021

The system can keep your **vehicle** at a steady speed of 60 mph.

這個系統可以讓你的車輛保持在時速六十英里。

必備聯想字　**Related Words**

backward [ˋbækwəd] 形 向後方的

I heard a little voice and took a backward look, but I didn't find anyone.
我聽到窸窣的人聲,所以向後看,卻沒有發現任何人。

bicycle [ˋbaɪsɪkl] / **bike** [baɪk] 名 自行車

The **bicycle** cost him about one thousand US dollars.
這臺腳踏車花了他一千美元左右。

breakdown [ˋbrekˌdaʊn] 名 故障;崩潰

It is annoying when you have a car **breakdown** on the highway.
汽車在高速公路上拋錨是件惱人的事。

motorcycle [ˋmotəˌsaɪkl] 名 摩托車

All freshmen should know that **motorcycles** are not allowed on campus.
所有新生都應該知道,校園裡禁止騎乘機車。

wagon [ˋwægən] 名 貨車;旅行車

The farmer delivered these heavy loads by **wagon**.
這名農夫用貨車運送這些重物。

拓展!單字充電站　**Learn More!**

jeep 名 吉普車	truck 名 卡車
van 名 廂型車	ride 動 騎;乘 名 騎乘
drive 動 駕駛 名 兜風	driver 名 司機;駕駛員
middle 形 中間的 名 中央;中途	cross 動 越過 名 十字架
backward(s) 副 向後地	charge 名 費用 動 充電;索價

快讀單字 22

engine

[ˋɛndʒən] [名] 引擎

補充詞彙 → start the engine 發動引擎

We reached the plant and found that there was something wrong with the engine.

我們到達工廠後發現引擎有點問題。

MP3 022

必備聯想字 Related Words

accelerate [ækˋsɛlə͵ret] [動] 加速；促進

The new Ferrari can accelerate faster than any other car in the world.
新款法拉利的加速速度比世界上任何一輛汽車都還快。

automatic [͵ɔtəˋmætɪk] [形] 自動的

I bought an automatic car because it's easier to drive.
我買了一部自排車，因為它比較容易駕駛。

automobile [ˋɔtəmə͵bɪl] [名] 汽車

Fast-moving automobiles may splash mud and dirt all over you.
高速移動的車輛可能會把泥濘濺起，弄得你滿身都是。

gasoline [ˋgæsḷ͵in] / **gas** [gæs] [名] 汽油

There is a reason for the price of gasoline being this high right now.
現在油價會這麼高是有理由的。

helmet [ˋhɛlmɪt] [名] 安全帽

On construction sites, workers should wear helmets at all times for their own safety.
建築工地的工人應該時時刻刻戴上安全帽，以策安全。

拓展！單字充電站 Learn More!

arrive [動] 到達；到來	upward [形] 向上的；升高的
motor [名] 馬達	brake [名] [動] 煞車
horn [名]（汽車）喇叭	chain [名] 鍊子 [動] 拴住
fuel [名] 燃料 [動] 補給燃料	gear [名] 排檔；齒輪 [動] 開動（機器）
wheel [名] 輪子	windshield [名] 擋風玻璃

 **23 navigate**
[`nævə,get] 動 駕駛;導航

MP3 023

字根解碼 ➜ nav 船 + ig 駕駛 + ate 動詞

Large ships will be able to **navigate** the river after the main channel deepens.
主要水道加深後,大船便可以在河中航行。

必備聯想字 Related Words

avenue [`ævənju] 名 大道;大街
I'll meet my client at the coffee shop on Fifth **Avenue**.
我晚點會在第五大道上的咖啡廳與客戶碰面。

intersection [,Intə`sɛkʃən] 名 十字路口;交叉
Walk straight and you will see the diner at the **intersection**.
往前直走,走到十字路口附近就會看見餐車了。

pavement [`pevmənt ] / **sidewalk** [ `saId,wɔk] 名 人行道
The **pavement** is too narrow for us to walk abreast.
這條人行道太窄,沒辦法讓我們並肩同行。

pedestrian [pə`dɛstrɪən] 名 行人 形 徒步的
Three **pedestrians** were injured when the bus skidded.
這輛公車打滑,傷了三名行人。

route [rut] 名 路線 動 定路線
This is the shortest **route** from the museum to the station.
從博物館到車站,這條路線最短。

拓展!單字充電站 Learn More!

alley / lane 名 小巷	boulevard 名 林蔭大道
crossing 名 十字路口	underpass 名 地下道
diversion 名 轉換;轉向	stray 形 迷途的 動 迷路
tunnel 名 隧道 動 挖掘隧道	garage 名 車庫
landmark 名 路標	follow 動 跟隨;沿著

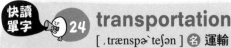

24 transportation
[ˌtrænspəˈteʃən] 名 運輸

字根解碼 → trans 跨越 + port 運載 + ation 動作

The **transportation** company has three inland railroads of its own.
🔊 這間貨運公司有三條私有內陸鐵路。

MP3 024

必備聯想字 Related Words

commute [kəˈmjut] 動 通勤
🔊 Most of my colleagues **commute** to work by MRT.
我大部分的同事都搭捷運上班。

freeway [ˈfrɪˌwe] / **highway** [ˈhaɪˌwe] 名 高速公路
🔊 Each car will be tolled 4.5 dollars on the entry to the **freeway**.
每輛開上高速公路的車,都要支付四元五角的稅金。

platform [ˈplætˌfɔrm] 名 月臺;平臺
🔊 There is a crowd of foreigners on the **platform**.
月臺上有一大群外國人。

station [ˈsteʃən] 名 車站
🔊 What is the price for having a giant poster in the front of the train **station** building?
在火車站大樓前懸掛巨型海報的價格是多少?

traffic [ˈtræfɪk] 名 交通 動 來來往往
🔊 You can travel via public transportation to avoid **traffic** jams.
為避免塞車,你可以搭乘大眾交通運輸工具。

拓展!單字充電站 Learn More!

commuter 名 通勤者	carriage 名 馬車
railroad / railway 名 鐵路	subway / metro 名 地鐵
toll 名 通行費 動 徵收稅捐	farther 副 更遠地 形 更遠的
depart 動 離開;啟程	delay 名 動 耽擱;延緩
transit 名 運輸 動 通過	transport 名 動 運輸;運送

25 **circuit**

[`sɝkɪt] 名 電路；環行

字根解碼 circu 環繞 + it 行走

MP3 025

The motherboard is the main **circuit** board in a computer.
主機板是一臺電腦裡的主要電路板。

必備聯想字 Related Words

battery [`bætərɪ] 名 電池

A callback of the 2020 cell phones starts immediately due to the potential **battery** hazard.
由於電池的潛在危險，即日起回收二○二○年製造的手機。

cord [kɔrd] 名 細繩；電線

In case of emergency, passengers may pull the emergency **cord** to stop the train.
旅客可在緊急情況下，拉緊急剎車索來停住列車。

generator [`dʒɛnəˌretə] 名 發電機；產生者

The **generator** cannot function due to the power failure.
發電機因為停電而無法運作。

illuminate [ɪ`luməˌnet] 動 照明；點亮

The lady used a flashlight to **illuminate** the path.
那名女士使用手電筒來照亮道路。

switch [swɪtʃ] 動 打開（或關掉）…的開關 名 開關

I do not know how to **switch** off the reading light.
我不知道要如何關掉這個閱讀燈。

拓展！單字充電站 Learn More!

candle 名 蠟燭	flashlight 名 手電筒
lantern 名 燈籠	bulb 名 電燈泡
spark 名 火花 動 冒火花	fuse 名 保險絲 動 熔斷
plug 名 插頭 動 接通電源	socket 名 插座；插口
extend 動 延長；延伸	pole 名 杆；柱

Eat Well

PART 02

吃得美味又健康

美味食品下肚、變身烹調大師，
必備的飲食類單字，一次記熟。

UNIT1 餐廳、店家與食評
UNIT2 主菜、點心、飲料
UNIT3 蔬菜、水果與烹調
UNIT4 食材的來源
UNIT5 身體部位與健康

快讀單字 01 **brunch**

[brʌntʃ] [名] 早午餐

補充詞彙 a square meal 豐盛的一餐

MP3 026

I got up late this morning and had a **brunch** in the coffee shop.

今天早上我很晚起床，就在咖啡店裡吃了早午餐。

必備聯想字 Related Words

buffet [bʌ`fe] [名] 自助餐

You can enjoy a deluxe dinner **buffet** in this hotel.
你可以在這間酒店享用豪華的自助式晚餐。

excessive [ɪk`sɛsɪv] [形] 過量的；過度的

An **excessive** intake of fat may cause cardiovascular disease.
攝取過多的脂肪可能造成心血管疾病。

rather [`ræðɚ] [副] 寧願；寧可

I would **rather** choose a self-catering project than a buffet service.
我比較傾向選擇自炊式專案，而非自助式供餐。

recommend [ˌrɛkə`mɛnd] [動] 推薦

Jason **recommends** this pub because it stays open all night.
傑森推薦這間酒館，因為它通宵營業。

syrup [`sɪrəp] [名] 糖漿

Lucy's daughter had some pancakes with **syrup** this morning.
露西的女兒今天早上吃了一些加糖漿的薄煎餅。

拓展！單字充電站 Learn More!

cafeteria [名] 自助餐館	traditional [形] 傳統的
breakfast [名] 早餐 [動] 吃早餐	recommendation [名] 推薦
portion [名] 一份；一部分 [動] 分配	cereal [名] 穀類作物
oatmeal [名] 燕麥片	dumpling [名] 餃子
tray [名] 托盤	excess [名] 超過 [形] 多餘的

快讀單字 02 **restaurant**
[`rɛstərənt] 名 餐廳

補充詞彙→ vegetarian restaurant 素食餐廳

MP3 027

The value of Ron's **restaurant** is calculated to be over 450,000 dollars.
🔊 榮恩的餐廳估計超過四十五萬元的價值。

🎯 必備聯想字 Related Words

cater [`ketɚ] 動 承辦宴席
🔊 The chef's job is to **cater** weddings and banquets.
　主廚的工作是承辦婚禮和宴會酒席。

disposable [dɪ`spozəbl] 形 免洗的 名 一次性用品
🔊 Parents nowadays usually use **disposable** diapers for their babies.
　現在的父母通常都讓嬰兒使用免洗尿布。

hygiene [`haɪdʒin] 名 衛生；衛生學
🔊 It is healthy to be extra careful about personal **hygiene** in summer.
　夏天時特別留意個人衛生有益健康。

internal [ɪn`tʒnl] 形 內部的；內在的
🔊 The project needs external and **internal** cooperation to achieve the target.
　這件專案需要裡應外合來達成目標。

urban [`ʒbən] 形 都市的；城市的
🔊 Living in **urban** areas is far more convenient than living here.
　住市區比住在這裡方便多了。

🔌 拓展！單字充電站 Learn More!

usher 動 引領；招待 名 引座員	waiter / waitress 名 男／女服務生
serve 動 服務；提供食物或飲料	chef 名 主廚；廚師
menu 名 菜單	shortly 副 馬上；不久
regular 形 平常的 名 常客	vary 動 改變；使不同
closure 名 關閉；結束	close 動 關閉；結束 形 接近的

03 atmosphere

[`ætməs,fɪr] 名 氣氛；大氣

字根解碼 atmo 蒸氣 + sphere 球形；範圍

MP3 028

Many tourists come to this town because of its exotic **atmosphere**.

許多觀光客來這個小鎮是因為它充滿異國風情。

必備聯想字 Related Words

content [kən`tɛnt ] / [ `kɑntɛnt] 形 滿意的 名 內容

I feel **content** after having a delicious hamburger.
吃過美味的漢堡後，我感到很滿足。

frequency [`frikwənsɪ] 名 頻率；次數

I wonder why the **frequency** of Fanny's phone calls increased.
我很想知道為什麼芬妮打電話的頻率增加了。

magnificent [mæg`nɪfəsn̩t] 形 壯麗的；宏偉的

The antique building looks **magnificent** and impressive.
這棟古式建築外觀富麗堂皇，令人印象深刻。

popular [`pɑpjələ] 形 流行的；通俗的

The most **popular** dish in the buffet is made of raw oysters.
這間自助餐館裡最受歡迎的菜是用生牡蠣做成的。

trend [trɛnd] 名 趨勢；傾向

Hip hop music started to become a **trend** for modern society.
嘻哈音樂開始成為現代社會的潮流。

拓展！單字充電站 Learn More!

popularity 名 流行	transform 動 改變
frequent 形 頻繁的 動 常去	privacy 名 隱私
renowned 形 著名的	wonderful 形 極好的；驚人的
support 動 名 支持；贊成	modern 形 現代的；時髦的
agreeable 形 令人愉快的	enjoyable 形 愉快的

快讀單字 04 **appetite**
[`æpə,taɪt] 名 胃口

MP3 029

字根解碼 → ap 前往 + pet 尋求 + ite 名詞

Adam has eaten a lot of snacks while watching TV. He no longer has any appetite for dinner.

🔊 亞當一邊看電視一邊吃了很多零食，所以他沒有胃口吃晚飯。

必備聯想字 Related Words

dip [dɪp] 動 名 浸；泡；浸染
🔊 Dip two tea bags into a pot of hot water for five minutes.
將兩個茶包浸入一壺熱水中五分鐘。

edible [`ɛdəbḷ] 形 食用的；可食的
🔊 Don't worry. The wild berries in this area are edible.
別擔心，這一區的野莓是可以食用的。

hunger [`hʌŋgɚ] 名 飢餓；饑荒
🔊 All people in the city lived in bondage to hunger and hopelessness.
這個城市裡的所有人都生活在飢餓與絕望的束縛下。

slice [slaɪs] 名 薄片 動 切成薄片
🔊 My aunt took out two slices of bread to make a sandwich.
我的阿姨拿出兩片土司來做三明治。

supper [`sʌpɚ] 名 （非正式的）晚餐；消夜
🔊 Grace ate a dish of spaghetti for supper.
葛蕾絲晚餐吃了一盤義大利麵。

拓展！單字充電站 Learn More!

dine 動 用餐；進餐	serving 名 一份（餐點）
hungry 形 飢餓的；渴求的	swallow 動 吞嚥 名 燕子
chew 動 咀嚼；深思 名 咀嚼	empty 形 空的 動 倒空
scoop 名 勺子 動 舀取	pinch 動 捏；掐 名 捏；少量
remainder 名 剩餘物	spare 形 剩餘的 動 分出；騰出
special 形 特別的	enough 副 足夠地 形 足夠的

 **05 comment**
[ˋkɑmɛnt] 名 評論 動 做評論
字根解碼 com 表強調 + ment 心智

MP3 030

If there are any problems with the food, please leave a **comment** in this box.
若對食物有意見，請將您的意見投入箱中。

必備聯想字 Related Words

greasy [ˋgrizɪ] 形 油膩的；沾有油脂的
My uncle has to cut back on all the **greasy** and salty foods.
我舅舅必須少吃那些又油又鹹的食物。

poisonous [ˋpɔɪzn̩əs] 形 有毒的；有害的
There are many deadly **poisonous** plants growing in the Brazilian Amazon.
巴西的亞馬遜河流域長了很多致命的有毒植物。

proper [ˋprɑpɚ] 形 適當的；恰當的
If your headrest is too low, raise it to the **proper** height.
如果靠枕的位置太低，可自行調整到適當的高度。

rotten [ˋrɑtn̩] 形 腐敗的；腐爛的
A passenger filed a complaint because he had just eaten a **rotten** meal.
一名乘客因為吃到壞掉的餐點而提出客訴。

tasty [ˋtestɪ] 形 美味的；可口的
To my surprise, this steamed fish is very **tasty**.
這道蒸魚非常美味，讓我很驚喜。

拓展！單字充電站 Learn More!

taste 名 味道；滋味 動 嚐	delicious 形 美味的
spicy 形 辛辣的	juicy 形 多汁的
odor 名 氣味	scent 名 氣味 動 聞；嗅
stale 形 不新鮮的；腐壞的	stink 動 發出惡臭 名 惡臭
harmful 形 有害的	bitter 形 苦的；有苦味的

快讀單字 06 cuisine

[kwɪˋzin] 名 菜餚；烹飪

補充詞彙→ haute cuisine（法國）高級烹飪

MP3 031

The kimchi can fit well with many ingredients and allow a great variety of **cuisines**.
泡菜可以搭配許多食材，讓料理更多元化。

必備聯想字 Related Words

lobster [ˋlɑbstɚ] 名 龍蝦

The chef bought several **lobsters** because the price is cheaper this year.
由於今年的價格比較便宜，因此主廚買了好幾隻龍蝦。

salmon [ˋsæmən] 名 鮭魚 形 鮭肉色的

The chef asked Rick to replenish the freezer with Canadian **salmon**.
主廚要求瑞克將冰箱補滿加拿大鮭魚。

sandwich [ˋsændwɪtʃ] 名 三明治 動 夾在中間

My brother sliced his finger while he was making my **sandwich**.
我弟弟在幫我做三明治時切到手指。

sausage [ˋsɔsɪdʒ] 名 香腸；臘腸

My father put the **sausages** and corn on the grill.
我父親把香腸和玉米放到烤架上。

spaghetti [ˌspəˋgɛtɪ] 名 義大利麵

I didn't eat much because there was too much pepper on my **spaghetti**.
我的義大利麵上灑太多胡椒粉了，所以我沒怎麼吃。

拓展！單字充電站 Learn More!

pasta 名 義大利麵	tuna 名 鮪魚
oyster 名 牡蠣	bacon 名 培根
noodle 名 麵條	cluster 名 串；簇 動 群集
pork 名 豬肉	hamburger 名 漢堡
steak 名 牛排	rib 名 肋骨 動 嘲弄

07 dessert

[dɪˋzɜt] 名 甜點

字根解碼➜ dis/des 分離 + serv/sert 服務

MP3 032

The dinner includes an appetizer, a main course and a dessert.

🔊 這頓晚餐包含開胃菜、主餐以及甜點。

必備聯想字 Related Words

bake [bek] 動 烘；烤（麵包、糕餅等）

My mother often uses the oven to bake cookies.
我母親常用這個烤箱烤餅乾。

doughnut [ˋdoˌnʌt] 名 甜甜圈

She stands in front of the shelf because there are many doughnuts on it.
因為架上有很多甜甜圈，所以她站在架子前面。

layer [ˋleɚ] 名 層；階層 動 分層

This cake has three layers, and each layer has fresh fruit in it.
這個蛋糕有三層，而且每一層都有新鮮的水果。

pastry [ˋpestrɪ] 名 糕點

I'm full and cannot eat any more pastry.
我已經飽了，吃不下更多糕點了。

walnut [ˋwɔlnət] 名 胡桃

It is healthy to eat some nuts every day such as almonds, walnuts and peanuts.
每天吃一些堅果例如杏仁、核桃、花生有益健康。

拓展！單字充電站 Learn More!

dough 名 生麵團	flour 名 麵粉 動 灑粉於
cone 名 錐形蛋捲筒；圓錐	chocolate 名 巧克力
jelly 名 果凍	pudding 名 布丁
popcorn 名 爆米花	lick 動 名 舔；舐
broth 名 湯；湯汁	butter 名 奶油 動 塗奶油於…
sugar 名 糖 動 加糖於	cream 名 奶油 形 奶油色的

快讀單字 08 **snack**
[snæk] 名 點心 動 吃點心

補充詞彙 a snack bar 小吃店

MP3 033

I took my friends to the night market because there are many delicious **snacks**.
🔊 我帶朋友去夜市，因為那裡有許多美味小吃。

必備聯想字 Related Words

airtight [`ɛr͵taɪt] 形 密閉的
The crackers should be stored in an **airtight** jug.
這些脆餅應該被保存在密封罐裡。

biscuit [`bɪskɪt] 名 餅乾
Ms. Huang was so hospitable that she even baked **biscuits** for us.
黃小姐很好客，甚至為我們烤了餅乾。

cracker [`krækɚ] 名 薄脆餅乾
My mother bought a box of **crackers** from a grocery store.
我母親在雜貨店買了一盒薄脆餅乾。

crispy [`krɪspɪ] 形 脆的；酥脆的
My little brother loves eating **crispy** fried onions.
我弟弟愛吃酥脆的炸洋蔥。

yogurt [`jogɚt] 名 優酪乳；優格
Yogurt is made by adding bacteria to milk.
優酪乳是在牛奶中加入菌種製成的。

拓展！單字充電站 Learn More!

gum 名 口香糖	chip 名 洋芋片；籌碼 動 切薄片
lollipop 名 棒棒糖	pancake 名 煎餅
raisin 名 葡萄乾	cheese 名 乳酪
cocoa 名 可可粉	almond 名 杏仁
peanut 名 花生	crunchy 形 鬆脆的

PART 01
PART 02
PART 03
PART 04
PART 05
PART 06
PART 07
PART 08
PART 09
PART 10

09 beverage
[`bɛvərɪdʒ] 名 飲料

MP3 034

字根解碼 bever 喝；飲 + age 名詞

Michelle bought some **beverages** from the vending machine for her colleagues.
米雪兒替同事們在販賣機買了一些飲料。

必備聯想字 Related Words

caffeine [`kæfiɪn] 名 咖啡因
I need to take a rest. Too much **caffeine** makes me dizzy.
我需要休息一下，太多咖啡因讓我頭暈目眩。

dissolve [dɪ`zɑlv] 動 使溶解；使融化
Heat gently until the sugar **dissolves** in the water.
慢慢加熱直到糖溶解於水中。

grind [graɪnd] 動 研磨；輾 名 研磨
The miller uses windmills and wind power to **grind** the grain.
磨坊主人利用風車和風力來輾磨穀物。

spill [spɪl] 動 使溢出 名 溢出；濺出
Jenna burst into a sudden laughter and **spilled** her coffee on the computer screen.
珍娜突然大笑，因而把咖啡潑在了電腦螢幕上。

squash [skwɑʃ] 動 壓扁 名 擁擠；南瓜
These materials should be **squashed** properly before being disposed.
這些材料應先妥善壓扁後再丟棄。

拓展！單字充電站 Learn More!

café / cafe 名 咖啡館	thirsty 形 渴的；口乾的
thirst 名 口渴；渴望	refreshment(s) 名 飲料；提神物
cola / Coke 名 可樂	soda 名 汽水；蘇打水
lemonade 名 檸檬水	honey 名 蜂蜜；甜蜜
sip 動 啜飲 名 一小口	stir 動 名 攪拌；攪動

 **10 alcohol**

[`ælkə,hɔl] 名 酒；酒精

補充詞彙 a non-alcoholic drink 無酒精飲品

MP3 035

No beer or wine for me, thank you. I never touch **alcohol**.
謝了，我不要啤酒或紅酒，我不碰酒精類飲料。

 必備聯想字 Related Words

barrel [`bærəl] 名 大桶
Barrels of water are sent to every family after the drought.
旱災後，一桶桶的水被送至每個家庭。

champagne [ʃæm`pen] 名 香檳
We need two dozen bottles of **champagne** for the party next Sunday.
下星期日的派對我們需要兩打香檳。

cocktail [`kɑk,tel] 名 雞尾酒
Will you attend the **cocktail** party held by the antique supplier?
你會參加古董供應商所舉辦的雞尾酒會嗎？

drunk [drʌŋk] 形 喝醉的 名 醉漢
All of the people coming out of the bar that just closed are very **drunk**.
所有從打烊酒吧出來的人都是酩酊大醉的模樣。

liquor [`lɪkə] 名 （尤指威士忌等）烈酒
Tom never touches whiskey because his doctor doesn't allow him to drink **liquors**.
由於醫生不允許他喝烈酒，所以湯姆從不碰威士忌。

拓展！單字充電站 Learn More!

pub 名 酒吧；酒館	bar 名 酒吧 動 禁止
drink 動 喝；喝酒 名 飲料	glass 名 一杯；玻璃（杯）
icy 形 多冰的；冰冷的	whiskey / whisky 名 威士忌
beer 名 啤酒	amuse 動 使歡樂
relax 動 放鬆	awake 形 清醒的 動 喚醒

045

快讀單字 11 **vegetable**

[ˋvɛdʒətəbḷ] [名] 蔬菜

MP3 036

字根解碼 veg 充滿活力的 + et 小 + able 形容詞

The most useful carbohydrates come from **vegetables** such as wheat and corn.

最有益的碳水化合物來自蔬菜，像是大麥或玉米。

必備聯想字 Related Words

cabbage [ˋkæbɪdʒ] [名] 高麗菜

Ivy cannot tell the difference between a **cabbage** and a lettuce.
艾薇無法區分高麗菜和萵苣的不同。

cucumber [ˋkjukəmbɚ] [名] 小黃瓜

The sauce in his restaurant is quite special; it tastes of **cucumber**.
他餐廳的醬汁相當特別，嚐起來有小黃瓜的味道。

mushroom [ˋmʌʃrʊm] [名] 蘑菇 [動] 迅速增長

The main ingredients for this sauce are tomatoes, **mushrooms**, peppers, and garlic.
這份醬汁的主要成分有番茄、蘑菇、胡椒和蒜頭。

soybean [ˋsɔɪbin] [名] 大豆；黃豆

My uncle had a steamed bun and **soybean** milk for breakfast.
我的舅舅吃了饅頭和豆漿當早餐。

vegetarian [ˌvɛdʒəˋtɛrɪən] [名] 素食者

The French restaurant provides a special menu for **vegetarians**.
這家法國餐廳為茹素者提供一份特別菜單。

拓展！單字充電站 Learn More!

spinach [名] 菠菜	lettuce [名] 萵苣
celery [名] 芹菜	radish [名] 小蘿蔔
pumpkin [名] 南瓜	pea [名] 豌豆
carrot [名] 胡蘿蔔	tomato [名] 番茄
bean [名] 豆子	tofu [名] 豆腐

 **12 fruit**
[frut] 名 水果；果實

MP3 037

補充詞彙 → tropical fruit 熱帶水果

The tropical weather in Taiwan makes it possible to grow various types of **fruits**.
◀)) 臺灣的熱帶氣候適合種植各種水果。

必備聯想字 Related Words

coconut [`kokə,nət] 名 椰子
It is an enjoyment to drink a glass of iced **coconut** juice in summer.
夏天喝一杯冰過的椰子水是一大享受。

core [kor] 名 果核；核心
Be careful of the knife when you remove the **core** of the fruit.
用刀去除水果的果核時，要小心一點。

grapefruit [`grep,frut] 名 葡萄柚
Would you like a glass of **grapefruit** juice?
你想喝一杯葡萄柚汁嗎？

ripe [raɪp] 形 成熟的；醇美的
The farmer suggested I choose **ripe**, but firm fruit.
農夫建議我選擇成熟但結實的水果。

peel [pil] 動 剝去⋯的皮 名 果皮
The maid walked into the kitchen and began **peeling** potatoes.
女僕走進廚房開始削馬鈴薯皮。

拓展！單字充電站 Learn More!

guava 名 芭樂	mango 名 芒果
papaya 名 木瓜	pineapple 名 鳳梨
pear 名 梨子	plum 名 李子
berry 名 莓果	strawberry 名 草莓
tangerine 名 橘子	watermelon 名 西瓜
peach 名 桃子	melon 名 甜瓜

13 dressing

[`drɛsɪŋ] 名 調料；填料

字根解碼 ➔ dress 使端正 + ing 動作

MP3 038

The cook stirred the ingredients for the salad **dressing** in a bowl.

◀) 那名廚師在碗裡攪拌沙拉醬的料。

必備聯想字 Related Words

blend [blɛnd] / **mingle** [`mɪŋgl] 動 使混合

⑪ My roommate **blended** her coffee with milk.
我室友將咖啡和牛奶混合在一起。

flavor [`flevɚ] 名 口味 動 添加趣味

⑪ The research team is trying to give apples a new distinctive **flavor**.
研究團隊正嘗試替蘋果加入新的特殊風味。

garlic [`gɑrlɪk] 名 大蒜；蒜頭

⑪ The chef asked me to heat the **garlic** and oil in a large pan.
主廚要我在一個大平底鍋裡加熱大蒜和油。

ginger [`dʒɪndʒɚ] 名 薑；生薑

⑪ My mother loves the flavor of **ginger** very much.
我的母親非常喜愛薑的味道。

spice [spaɪs] 名 香料 動 加香料於

⑪ Mongolians swapped paper for western **spice** on the way of Western Conquering.
蒙古人在西征途中，以紙交換西方香料。

拓展！單字充電站 Learn More!

stuff 名 東西 動 填充	pepper 名 胡椒
pickle 名 醃菜	mint 名 薄荷
mustard 名 黃芥末	vanilla 名 香草
vinegar 名 醋	curry 名 咖哩
chili 名 紅番椒	sauce 名 調味醬

 **14 recipe**
[`rɛsəpɪ] 名 食譜；烹飪法

補充詞彙→ a recipe book 食譜書

MP3 039

Grandmother promised to teach me some of her **recipes** this year.
◀) 祖母答應今年要教我一些她的烹飪祕訣。

必備聯想字 Related Words

grease [gris] 名 油脂 動 塗油
◀) The smell of bacon **grease** filled the dining room.
餐廳瀰漫著培根油脂的味道。

heat [hit] 名 熱度 動 加熱
◀) Turn the **heat** down a little bit to simmer the soup.
把火關小一點，讓湯慢慢燉煮。

ingredient [ɪn`gridɪənt] 名 原料
◀) We're going to need a large bowl to mix the **ingredients** for the cake.
我們需要一個大盆子來攪拌做蛋糕的原料。

skim [skɪm] 動 撇去…表面的浮物 名 撇去
◀) Susan is **skimming** the debris from the top of the pool with a net.
蘇珊正在用網子撈起漂浮在池子上的雜物。

strip [strɪp] 動 剝除 名 條；帶
◀) Anna usually **strips** the skins when she eats grapes.
安娜吃葡萄時通常會去皮。

拓展！單字充電站 Learn More!

raw 形 生的；未煮過的	cook 動 煮；烹調 名 廚師
boil 動 煮沸 名 沸騰	broil 動 烤；炙
fry 動 油炸 名 油炸物	barbecue 名 動 烤肉
roast 動 烘烤 形 烘烤的	steam 動 蒸；煮 名 蒸氣
stew 動 燉；燜 名 燉菜	crush 動 壓碎 名 毀壞

15 wholesome

[`holsəm] 形 有益健康的

字根解碼 → whole 健全的 + some 有…傾向

MP3 040

Steve's doctor said that oatmeal would be **wholesome** for him.

史蒂夫的醫生說燕麥粥對他的健康有益。

必備聯想字 Related Words

absorb [əb`sɔrb] 動 吸收；汲取

The function of the plant root is to **absorb** water and nutrients from the soil.

植物根部的功能是用來吸收土壤的水分和養分的。

cigarette [`sɪgə͵rɛt] 名 香菸

How many packs of **cigarettes** do you smoke a day?

你一天抽幾包菸？

digest [daɪ`dʒɛst] 動 消化 名 摘要

Allen is suffering from a stomachache and needs to eat food which is easy to **digest**.

亞倫胃痛，所以他必須吃一些容易消化的食物。

devour [dɪ`vaʊr] 動 狼吞虎嚥

The hungry dog **devoured** the whole hot dog.

這隻飢餓的狗將整根熱狗狼吞虎嚥吃了下去。

substance [`sʌbstəns] 名 物質；實體

Many plastic products may release toxic **substances**.

許多塑膠產品可能會釋放有毒物質。

拓展！單字充電站 Learn More!

nourishment 名 營養品	digestion 名 消化；領悟
reduction 名 減少	obtain 動 獲得；得到
longevity 名 長壽	wrinkle 名 皺紋 動 皺起
yawn 名 呵欠 動 打呵欠	doze 動 名 打瞌睡
tobacco 名 菸草	cigar 名 雪茄

快讀單字 16

agriculture

[ˋægrɪˏkʌltʃɚ] [名] 農業

MP3 041

字根解碼 agri 田野 + cult 培養 + ure 名詞

My country is stronger in **agriculture** than in industry.

我國的農業比工業發達。

必備聯想字 Related Words

cultivate [ˋkʌltəˏvet] [動] 培育；耕種

Mrs. Baker has been **cultivating** the vegetables in her backyard.

貝克太太一直以來都在後院種植蔬菜。

daily [ˋdelɪ] [形] 每日的 [副] 每日地

The framework of this bridge is robust enough to withstand **daily** use.

這座橋的構造相當堅固，足以承受日復一日的使用。

fertile [ˋfɝtḷ] [形] 肥沃的；豐饒的

Plants will grow well when they are planted in **fertile** soil and given lots of attention.

將植物種在肥沃的土壤，並給予照顧，它們就會長得好。

grain [gren] [名] 穀類；穀物

Some Asian countries export a large amount of **grain** to Europe every year.

有些亞洲國家每年會出口大量穀物到歐洲。

yield [jild] [動] 生產；讓出 [名] 產量

These apple trees **yield** two tons of apples every year.

這些蘋果樹每年生產兩噸的蘋果。

拓展！單字充電站 Learn More!

agricultural [形] 農業的	fertility [名] 肥沃
fertilizer [名] 肥料	ground [名] 地面 [動] 使擱淺；使停飛
plantation [名] 大農場	plow [名] 犁 [動] 耕作
soil [名] 土壤	sow [動] 播種
peasant [名] 農夫	vineyard [名] 葡萄園

17 harvest

[`hɑrvɪst] 名 收穫 動 收割

補充詞彙 ➜ harvest fly 蟬；秋蟬

MP3 042

With the lack of **harvest** of some grains, the prices of several basic commodities have been greatly increased.

由於部分穀物歉收，許多基本商品的價格大幅上漲。

必備聯想字 Related Words

discard [dɪs`kɑrd ] / [ `dɪskɑrd] 動 拋棄 名 被拋棄的人或物

例 Mike **discarded** all the comic books when he cleaned the room.
麥克打掃房間的時候，把漫畫書都丟了。

minimize [`mɪnə,maɪz] 動 減到最小

例 Yoga may help **minimize** wrinkles on your face.
瑜伽可能有助於消除你臉上的皺紋。

mow [mo] 動 收割；（用鐮刀等）割取

例 My father usually **mows** the lawn once a week.
我父親通常每週修剪一次草坪。

premature [,prɪmə`tjʊr] 形 過早的；未熟的

例 It would be **premature** to make a judgment on the new employee.
現在對那位新員工下評論為時尚早。

wheat [hwit] 名 麥子；小麥

例 The chart showed a downward movement of prices for **wheat** and corn.
圖表顯示小麥和玉米的價格下降了。

拓展！單字充電站 Learn More!

barn 名 穀倉；糧倉	crop 名 農作物 動 收割
abound 動 充滿；富足	sack 名 麻袋；粗布袋
reap 動 收割（莊稼）	control 動 控制
erect 形 直立的 動 豎立	downward 形 下降的
transformation 名 轉變	worst 形 最糟的 副 最糟

 **18 fishery**

[`fɪʃərɪ] 名 漁業；漁場

字根解碼 → fish 捕魚 + ery 地點

MP3 043

They filed a complaint against the unlicensed **fishery** on the coast of Alaska.

他們對阿拉斯加海岸的無照漁場提出控訴。

必備聯想字 Related Words

coastline [`kost,laɪn] 名 海岸線

The east **coastline** of Taiwan is rugged and rocky.
臺灣的東海岸線崎嶇不平且多岩石。

lighthouse [`laɪt,haʊs] 名 燈塔

The **lighthouse** beam was quite distinct at night.
燈塔的光線在夜間很明顯。

pier [pɪr] 名 碼頭；防波堤；墩

The boat was moored broadside to the wooden **pier**.
小船的一側停泊在木碼頭。

plentiful [`plɛntɪfəl] 形 豐富的；充足的

China is a country with **plentiful** natural resources.
中國是擁有豐富自然資源的國家。

reef [rif] 名 礁；沙洲

The coral **reefs** are widely distributed over tropical and subtropical areas.
珊瑚礁廣泛分布於熱帶及亞熱帶區域。

拓展！單字充電站 Learn More!

sailor 名 船員；水手	fisherman 名 漁夫
captain 名 船長；首領	steer 動 掌舵；駕駛 名 建議
still 副 仍然 形 靜止的	shore 名 岸；濱
bay 名 海灣	bait 名 誘餌 動 誘惑
tide 名 潮；趨勢	flow 名 漲潮；流量 動 流出

19 enrichment
[ɪnˋrɪtʃmənt] 名 豐富

字根解碼 ➤ enrich 使豐富 + ment 結果

We are all in pursuit of health and wealth **enrichment**.
我們都追求健康與財富的豐富充實。

MP3 044

必備聯想字　Related Words

coral [ˋkɔrəl] 名 珊瑚　形 珊瑚製的
Although the **coral** looks hard, it is very delicate.
珊瑚看起來雖然很硬，但其實很脆弱。

octopus [ˋɑktəpəs] 名 章魚
An **octopus** uses its eight long tentacles to catch food.
章魚用牠的八隻長觸手抓取食物。

slippery [ˋslɪpərɪ] 形 滑溜的；容易滑的
We walked slowly because the wet floor was **slippery**.
因為地板濕濕的很容易滑倒，所以我們走得很慢。

torrent [ˋtɔrənt] 名 （水、岩漿等的）洪流
Torrents of water came pouring down in a waterfall off the hill.
洪流從山坡上傾瀉而下，形成了瀑布。

variety [vəˋraɪətɪ] 名 多樣化；種種
The restaurant has sourced a **variety** of herbs from many countries.
這間餐廳從許多國家購得各種香草。

拓展！單字充電站　Learn More!

various 形 多種的	trout 名 鱒魚
fish 名 魚 動 釣魚	shark 名 鯊魚
fin 名 鰭	shell 名 貝殼
shrimp 名 蝦子	clam 名 蛤；蚌
crab 名 蟹；蟹肉	swarm 名 一群 動 群集
sail 動 航行	organism 名 生物；有機體

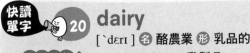

快讀單字 20 dairy

[`dɛrɪ] 名 酪農業 形 乳品的

補充詞彙→ dairy products 乳製品

The family has been in the **dairy** business for thirty years.
這個家族經營酪農業已有三十年了。

MP3 045

必備聯想字 Related Words

feather [`fɛðɚ] 名 羽毛

My niece loves the parrot with colorful **feathers**.
我姪女喜愛那隻擁有鮮豔羽毛的鸚鵡。

flock [flɑk] 名 一群 動 聚集

There is a **flock** of goats grazing on the meadow.
有一群山羊在草地上吃草。

hatch [hætʃ] 動 名 孵化；孵出

As soon as the three chicks **hatched**, the mother bird brought them food.
這三隻小鳥一孵化，母鳥就給牠們帶來食物。

livestock [`laɪv‚stɑk] 名 （總稱）家畜

Widespread flooding killed scores of **livestock**.
洪水氾濫淹死了很多家畜。

shepherd [`ʃɛpɚd] 名 牧羊人

The **shepherd** showed us how to shear wool from a sheep.
這位牧羊人教我們如何從一頭羊身上剪下羊毛。

拓展！單字充電站 Learn More!

poultry 名 家禽	ranch 名 大農場 動 經營農場
graze 動 放牧；吃草	harness 名 馬具 動 裝上馬具
hay 名 乾草	heap 名 一堆 動 堆積
spur 動 策馬奔騰；刺激 名 馬刺	cow 名 乳牛；母牛
buffalo 名 水牛	rooster / cock 名 公雞

21 mankind

[mæn`kaɪnd] 名 人類

MP3 046

補充詞彙 → 也可以寫成 humankind，兩者同義。

For all **mankind's** future, we should stop wasting any resources.

🔊 為了全人類的未來，我們應該停止浪費資源。

必備聯想字　Related Words

ankle [`æŋkl] 名 腳踝

Ⓜ Do you know what joint connects the foot with the **ankle**?
你知道足部和足踝之間是由什麼關節連接嗎？

being [`biɪŋ] 名 存在；生物；人

Ⓜ Based on his speech, the real nature of **being** is the big issue.
根據他的演說，存在的真實本質是個大議題。

individual [ˌɪndə`vɪdʒʊəl] 名 個人 形 個別的

Ⓜ Most human cells are frequently reproduced and replaced during the life of an **individual**.
大多數的人類細胞會在一生中不斷再生及更新。

limb [lɪm] 名 四肢；臂

Ⓜ Gina sat on the carpet and stretched her weary **limbs**.
吉娜坐在地毯上，伸了伸她疲勞的四肢。

shadow [`ʃædo] 名 影子 動 使有陰影

Ⓜ The **shadow** of the house looks funny on the ground.
這棟房子在地上的影子看起來很有趣。

拓展！單字充電站　Learn More!

heel 名 腳後跟 動 緊跟著	wrist 名 手腕；腕部
hunch 名 瘤；直覺 動 弓起背部	joint 名 關節 形 連接的
breast 名 胸腔；胸部	backbone 名 脊柱
clap 動 拍擊 名 鼓掌	elbow 名 手肘 動 用肘推
palm 名 手心；手掌	shoulder 名 肩膀

快讀單字 22 facial

[`feʃəl] 形 臉的；面部的

字根解碼 fac 臉 + ial 形容詞

MP3 047

Amy always carries **facial** absorbent paper with her to avoid oily face.

艾咪身上總是攜帶吸油面紙，以防止臉部油膩。

必備聯想字 Related Words

cheek [tʃik] 名 臉頰；腮幫子

Ian's **cheeks** flushed for a moment with excitement.

伊恩的臉頰因一陣興奮而漲紅。

describe [dɪ`skraɪb] 動 描述

One of the witnesses **described** the look of the suspect.

其中一位目擊者描述了那名嫌犯的長相。

eyesight [`aɪˌsaɪt] 名 視力

My younger brother has good **eyesight**.

我弟弟的視力很好。

mustache [`mʌstæʃ] 名 小鬍子

The man with a **mustache** gave him a bloody nose.

蓄小鬍子的那個人把他打到流鼻血。

oral [`orəl] 形 口部的，口述的 名 口試

Based on this list, I am the sixteenth examinee of the **oral** test.

根據這張列表，我是這場口試的第十六位應試者。

拓展！單字充電站 Learn More!

skull 名 頭蓋骨；頭骨	wink 名 動 眨眼
tongue 名 舌頭	pimple 名 面皰
nostril 名 鼻孔	eyelid 名 眼皮
eyelash / lash 名 睫毛	eyebrow / brow 名 眉毛
chin / jaw 名 下巴	laugh 動 笑；嘲笑 名 笑聲

PART 01
PART 02
PART 03
PART 04
PART 05
PART 06
PART 07
PART 08
PART 09
PART 10

23 figure

[ˋfɪgjɚ] 名 身材;體態 動 認為

字根解碼 ▶ fig 形成 + ure 名詞

MP3 048

Outside her window, Linda could only see the dark **figure** of a man.

🔊 琳達能從窗外看見一個男子的黑暗身影。

必備聯想字 Related Words

genetics [dʒəˋnɛtɪks] 名 遺傳學

ⓘ The professor likes Andy because he got good grades in **genetics**.
安迪的遺傳學成績很好,所以教授很喜歡他。

physical [ˋfɪzɪk!] 形 身體的;物質的

ⓘ A visual inspection is included in the **physical** examination.
體檢的項目包含視力檢查。

skeleton [ˋskɛlətṇ] 名 骨架;骨骼

ⓘ The showroom is taken up by the **skeletons** of apes.
這間陳列室被猿猴的骨架佔滿了。

slender [ˋslɛndɚ] 形 苗條的;修長的

ⓘ The movie star exercises regularly in order to keep a **slender** figure.
那位電影明星定期運動,以維持苗條的身材。

weight [wet] 名 體重;重量

ⓘ To reduce **weight**, you should control your diet first.
若想減重,你得先控制飲食。

拓展!單字充電站 Learn More!

bodily 形 身體的 副 親身地	waist 名 腰;腰部
chubby 形 圓胖的;豐滿的	slim 形 苗條的 動 瘦身
skinny 形 皮包骨的	starvation 名 飢餓
chest 名 胸;胸腔	hip 名 屁股
thigh 名 大腿	stature 名 身高

快讀單字 **24** **organ**

[`ɔrgən] 名 器官

補充詞彙 an organ transplant 器官移植

MP3 049

Improper dietary habits may lead to the malfunction of certain **organs**.

◀) 飲食習慣不當可能會導致某些器官機能失常。

必備聯想字 Related Words

breathe [bri∂] 動 呼吸；呼出；吸入

The boy was stifled by the smoke and flame and could not **breathe**.
這名男孩因濃煙和火焰而感到窒息和無法呼吸。

period [`pɪrɪəd] 名 期間；週期

Have you ever taken any over-the-counter drug during this **period**?
在這段期間內，你是否有服用過任何成藥？

pulse [pʌls] 名 脈搏 動 搏動

The report said that your **pulse** rate is rapid and irregular.
這份報告指出你的脈搏速率過快，且有不規則的現象。

stimulation [ˌstɪmjəˈleʃən] 名 刺激；興奮

The patient can't take any **stimulation** at this moment.
那名病患現在不能受到任何刺激。

stomach [`stʌmək] 名 胃

Can the frequent **stomach** ache be cured?
時常胃痛的毛病能夠治癒嗎？

拓展！單字充電站 Learn More!

spine 名 脊椎；脊柱	kidney 名 腎臟
liver 名 肝臟	lung 名 肺臟
breath 名 呼吸	vein 名 靜脈
brain 名 腦；腦袋	throat 名 喉嚨
nerve 名 神經	rip 動 扯裂 名 裂口
itch 動 發癢 名 癢	spit 動 吐口水 名 唾液

25 nutrition

[njuˋtrɪʃən] 名 營養；滋養物

字根解碼 ➔ nutri 滋養 + tion 動作

MP3 050

Lack of **nutrition** will stunt a child's growth.

🔊 營養不足會影響孩子的成長。

🎯 必備聯想字 Related Words

calorie [ˋkælərɪ] 名 卡路里

One gram of protein contains four **calories**, and one gram of fat contains nine **calories**.

一克的蛋白質含四卡路里，而一克的脂肪含九卡路里。

·············

nutrient [ˋnjutrɪənt] 名 營養物 形 滋養的

The **nutrients** in the soil act as a stimulus to make the tree grow.

土壤中的養分是讓這棵樹成長的刺激物。

·············

preserve [prɪˋzɝv] 動 保存；維護

Farmers often rotate crops to help **preserve** the quality of the soil.

農夫經常輪種作物，以維護土壤的品質。

·············

protein [ˋprotiɪn] 名 蛋白質

Meat-eaters often believe that meat is such an important source of **protein**.

食葷者認為肉類是蛋白質的重要來源。

·············

vitamin [ˋvaɪtəmɪn] 名 維生素；維他命

What are the most common **vitamins** added in energy drinks?

精力湯飲品中最常添加的維生素是什麼？

·············

🦉 拓展！單字充電站 Learn More!

nutritious 形 有養分的；滋養的	nourish 動 滋養；養育
stimulus 名 刺激物；刺激	diet 名 飲食 動 節食
mineral 名 礦物	hormone 名 荷爾蒙
cholesterol 名 膽固醇	calcium 名 鈣
discover 動 發現；找到	growth 名 成長

Entertainment

PART 03

放鬆身心的娛樂

努力之餘，也要懂得放鬆身心，
想分享娛樂與消遣，就別錯過本章。

UNIT1 觀賞一場好電影
UNIT2 運動、健身與競賽
UNIT3 慶祝節日、開宴會
UNIT4 戶外活動與探險
UNIT5 旅遊與交通

快讀單字 01 cinema

[`sɪnəmə] 名 電影;電影院

補充詞彙➔ movie theater 電影院

MP3 051

You are not allowed to bring beverages or food into the **cinema**.

不得攜帶飲料或食物進入戲院。

必備聯想字 Related Words

adequate [`ædəkwɪt] 形 適當的;足夠的

Adequate exercise is essential for modern people.
適當的運動對現代人來說十分重要。

audience [`ɔdɪəns] 名 觀眾;聽眾

The movie is so exciting that the **audience** can't take their eyes off the screen.
這部電影的劇情如此刺激,以至於觀眾都目不轉睛地盯著螢幕。

comfortable [`kʌmfətəbl] 形 舒適的;舒服的

This rollaway bed looks **comfortable** and can save much space.
這張摺疊床看起來很舒適,也能節省許多空間。

entrance [`ɛntrəns ] / **entry** [ `ɛntrɪ] 名 入口

Be cautious of the dog guarding the **entrance** of the house.
小心看守房屋入口的那隻狗。

visible [`vɪzəbl] 形 可看見的

My house is not far from the mall. It is **visible** from my bedroom.
我家離購物中心不遠,從我的臥室就能看見了。

拓展!單字充電站 Learn More!

climax 名 高潮;頂點 動 達到頂點	aisle 名 通道;走道
exit 名 出口 動 離開	silence 名 沉默 動 使沉默
dim 形 微暗的 動 使變暗	direction 名 方向
narrow 形 狹窄的 動 變窄	gather 動 聚集;集合
vision 名 視力;視野	monitor 名 螢幕 動 監視

快讀單字 02 **plot**
[plɑt] 名 情節 動 預謀

MP3 052

補充詞彙 lose the plot 表現失常；舉止愚蠢

The fictional characters and **plots** in this novel are impressive.
這本小說裡的虛構角色和情節都令人印象深刻。

必備聯想字 Related Words

appeal [ə`pil] 名 吸引力 動 吸引；呼籲
Movie trailers usually show excerpts that are most **appealing**.
電影預告片通常會放進最吸引人的片段。

glance [glæns] / **glimpse** [glɪmps] 名 動 瞥見
Roger didn't read the book. He only **glanced** at the title.
羅傑沒有讀這本書，他只瞄了一下標題。

romance [ro`mæns] 名 愛情故事
Could you recommend a **romance** novel to my sister?
你可以推薦一本愛情小說給我妹妹嗎？

subsequent [`sʌbsɪˌkwɛnt] 形 接著發生的
The **subsequent** tsunami after the earthquake killed many people.
緊接著地震而來的海嘯，奪走了許多人的性命。

tragedy [`trædʒədɪ] 名 悲劇；悲劇性事件
The **tragedy** of life lies in having no goal to reach.
人生的悲劇在於沒有任何目標要實現。

拓展！單字充電站 Learn More!

playwright 名 劇作家	script 名 劇本；原稿 動 編寫
segment 名 片段；部分 動 劃分	thriller 名 恐怖片；恐怖小說
tragic 形 悲劇的；悲慘的	comic(s) 形 滑稽的；喜劇的 名 漫畫
romantic 形 浪漫的 名 浪漫主義者	blush 名 動 （因害羞等）臉紅
episode 名 事件；（連續劇）一集	precede 動 處在⋯之前；領先

03 character

[`kærɪktɚ] 名 角色;個性

補充詞彙→ be out of character 與某人性格不相符

The **character** gave a long monologue and some serious questions.

◁) 這個角色講了一段很長的獨白,並丟出幾個嚴肅的問題。

必備聯想字 Related Words

aboriginal [ˌæbəˋrɪdʒənl] 形 原始的 名 原住民

David was fascinated by the **aboriginals'** tales.
大衛對原住民傳說著了迷。

characteristic [ˌkærəktəˋrɪstɪk] 名 特徵 形 獨特的

Curly eyelashes and full lips are her **characteristics**.
捲翹的睫毛和豐厚的雙唇是她的特色。

native [ˋnetɪv] 形 本國的;天生的 名 本國人

An English **native** speaker is talking to the clerk at the counter.
一位以英語為母語的人士正在和櫃檯人員說話。

primitive [ˋprɪmətɪv] 形 原始的;遠古的

Betty has made great progress in the studies of **primitive** societies.
貝蒂對原始社會的研究已有很大的進展。

savage [ˋsævɪdʒ] 形 野蠻的 名 野蠻人

Based on the story, the caves used to be peopled with uncouth **savages**.
根據這個故事,那些山洞過去曾經住著未開化的野蠻人。

拓展!單字充電站 Learn More!

characterize 動 具有…特徵	trait 名 特色;特性
outsider 名 局外人	overseas 副 在海外 形 國外的
knight 名 騎士;武士	barbarian 形 野蠻的 名 野蠻人
sheriff 名 警長	bullet 名 子彈
heroic 形 英雄的	virgin 名 處女 形 純淨的

快讀單字 04 **cast**

[kæst] 名 演員班底 動 選角

補充詞彙 cast sb. in (a play, film...etc.) 選某人演出

MP3 054

They are rehearsing an opera with the whole **cast**, orchestra, etc.

他們正和全體演出人員、管弦樂隊等預演一齣歌劇。

必備聯想字 Related Words

celebrity [səˋlɛbrətɪ] 名 名人；名流

The guests invited are mostly **celebrities**, such as movie stars and singers.

被邀請的賓客大多為名人，比如電影明星和歌手之類的。

director [dəˋrɛktə] 名 （電影等的）導演

I would never give up my dream of being a **director**.

我絕不放棄當導演的夢想。

guideline [ˋgaɪd͵laɪn] 名 指導方針（常用複數）

I think we should follow the director's **guidelines**.

我覺得我們應該遵循導演的指導方針。

notable [ˋnotəbl] 形 出名的 名 名人

That restaurant is **notable**. Many celebrities love to go there for meals.

那家餐廳非常有名，許多名人喜歡到那裡用餐。

versatile [ˋvɜsətəl] 形 多才多藝的

Lisa is a **versatile** pianist. She can cook and paint as well.

麗莎是個多才多藝的鋼琴家，她還擅長烹飪和繪畫。

拓展！單字充電站 Learn More!

outline 名 外型；輪廓 動 畫出輪廓	profile 名 輪廓；側面 動 畫側面像
feature 名 特色 動 由⋯主演	famous 形 有名的；著名的
noticeable 形 顯眼的	actor / actress 名 男／女演員
reporter 名 記者	bodyguard 名 保鑣
producer 名 製片；製造者	direct 形 直接的 動 指導 副 直接地

065

05 advertise

[`ædvə,taɪz] 動 做廣告

字根解碼→ ad 前往 + vert 轉移 + ize/ise 動詞

They planned to promote the program with an **advertising** campaign.

🔊 他們打算用廣告宣傳的活動推廣這項計畫。

必備聯想字 Related Words

audio [`ɔdɪ,o] 形 聲音的;聽覺的

⑩ One can even add pictures or **audio** files to improve a blog's attractiveness.
你甚至能加上圖片或聲音檔,來增加部落格的吸引力。

commercial [kə`mɝʃəl] 形 商業的 名 商業廣告

⑩ TThe film was highly approved, but it was not a **commercial** success.
這部電影受到高度認可,但它在商業上並不成功。

exposure [ɪk`spoʒə] 名 顯露;暴露;揭發

⑩ Long **exposure** to the sun may result in skin cancer.
在陽光下長時間曝晒可能會導致皮膚癌。

publicity [pʌb`lɪsətɪ] 名 名聲;宣傳品

⑩ That company got bad **publicity** after people found out the truth.
在人們發現真相後,那家公司就名聲掃地。

visual [`vɪʒuəl] 形 視覺的

⑩ Mark knows how to use lighting to create **visual** stage effects.
馬克知道如何使用燈光製造舞台效果。

拓展!單字充電站 Learn More!

sponsor 名 贊助者 動 贊助	anticipate 動 期待;預期
advertisement 名 廣告	medium / media 名 媒體
publicize 動 公布;宣傳	sensation 名 知覺;感覺
poster 名 海報	slogan 名 標語;口號
symbolic 形 象徵的	broadcast 名 廣播節目 動 廣播

快讀單字 06 **athlete**

[`æθlit] 名 運動員

字根解碼 athl/athlet 競賽；獎品 + e 字尾

The best **athletes** from all over the world try their best to compete with one another.

來自世界各地的運動好手都拿出他們的看家本領相互競爭。

MP3 056

必備聯想字 Related Words

excel [ɪk`sɛl] 動 擅長；突出；勝過

Dominique **excels** at tennis; he wins a lot when we play together.
多明尼克擅長打網球，一起打球時，他經常都是贏家。

gymnasium [dʒɪm`nezɪən] / **gym** [dʒɪm] 名 健身房

Excuse me. Can you show me the way to the **gymnasium**?
不好意思，你可以告訴我健身房怎麼走嗎？

intensive [ɪn`tɛnsɪv] 形 密集的；集中的

My mother forced me to take **intensive** courses in summer vacation.
母親強迫我參加暑期密集課程。

sportsmanship [`spɔrtsmən.ʃɪp] 名 運動家精神

The coach is right to condemn his players for lack of **sportsmanship**.
那名教練譴責球員們缺乏運動家精神是正確的。

strength [strɛŋθ] 名 力氣；力量

The player felt very weak and had no **strength** to stand.
那名球員感到非常虛弱，甚至沒有力氣起身。

拓展！單字充電站 Learn More!

athletic 形 運動的	muscle 名 肌肉
muscular 形 肌肉的	robust 形 強健的
strengthen 動 加強；鞏固	intensify 動 增強；加強
intensity 名 強度；強烈	strict 形 嚴格的；嚴厲的
locker 名 置物櫃	exercise 名 動 運動
practice 名 動 練習	stretch 名 動 伸展

07 badminton

[`bædmɪntən] 名 羽毛球

補充詞彙➜ shuttlecock 羽毛球 / racket 球拍

MP3 057

I called my friends out last Sunday and played **badminton** together.

🔊 上週日，我打電話約朋友出來，一起打羽毛球。

🎯 **必備聯想字** Related Words

marathon [`mærəθɑn] 名 馬拉松

Ⓜ Running **marathon** requires much endurance.
跑馬拉松很需要耐力。

---

pedal [`pɛdl̩] 名 踏板 動 騎（單車）

Ⓜ Luke pressed the brake **pedal** down to stop the car.
路克踩下煞車踏板以停住汽車。

---

rally [`rælɪ] 名 （網球等的）連續對打 動 集合

Ⓜ The player won the first point after an eleven-stroke **rally**.
那名選手在連續對打十一下之後，率先拿下第一分。

---

relay [rɪ`le] 名 接力賽 動 傳達

Ⓜ Each of the runners should run one hundred meters in the **relay**.
在接力賽中，每位跑者應跑一百公尺。

---

wrestle [`rɛsl̩] 動 名 摔角；角力；搏鬥

Ⓜ Mia and I are not interested in watching **wrestling**.
蜜亞和我不喜歡看摔角。

👨‍🎓 **拓展！單字充電站** Learn More!

volleyball 名 排球	baseball 名 棒球
batter 名 打擊手 動 連擊	pitcher 名 投手
boxing 名 拳擊	football 名 美式橄欖球
hockey 名 曲棍球	golf 名 高爾夫球 動 打高爾夫球
soccer 名 足球	hurdle 名 跨欄 動 跳過障礙

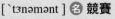

快讀單字 08 **tournament**
[`tɜnəmənt] 名 競賽

字根解碼→ torn/tourna 轉 + ment 名詞

MP3 058

Each participant received a **tournament** memento with its mascot printed.
🔊 每位參賽者獲得了印有吉祥物的比賽紀念品。

🎯 **必備聯想字** Related Words

competitive [kəm`pɛtətɪv] 形 競爭的

🔟 You need to struggle all the time in the highly **competitive** society.
在這個高度競爭的社會，你必須不斷地努力奮鬥。

exceed [ɪk`sid] 動 超過；勝過

🔟 Luna's achievement has **exceeded** her father's expectation.
露娜的成就已超越父親對她的期待。

postpone [post`pon] 動 使延期；延緩

🔟 The final has been **postponed** to next month because of the accident.
由於那場意外，決賽已延期到下個月。

preliminary [prɪ`lɪmə͵nɛrɪ] 形 初步的 名 預賽

🔟 The volleyball team went home early since they lost in the **preliminary** round.
排球隊提早回家，因為他們在初賽時就輸了。

referee [͵rɛfə`ri] 名 裁判 動 擔任裁判

🔟 As a **referee**, Steward must give an objective opinion.
身為一名裁判，史都華必須給予客觀的意見。

🔋 **拓展！單字充電站** Learn More!

stadium 名 室內運動場	arena 名 競技場
terrace 名 看臺 動 使成梯形地	final 形 最終的 名 決賽；期末考
sequence 名 順序 動 安排順序	compete 動 競爭；比賽
competition 名 競爭	competitor 名 競爭者
foul 形 犯規的 名 動 犯規	defeat 名 動 擊敗；戰勝

09 contestant
[kən`tɛstənt] 名 競爭者

字根解碼 contest 競爭 + ant 人

MP3 059

The **contestant** was skillful to receive the badminton accurately.

這位羽球選手接發球很到位，也很有技巧。

必備聯想字 Related Words

challenge [`tʃælɪndʒ] 名 挑戰 動 向…挑戰
The basketball player likes to seek for variety and **challenge**.
這名籃球員喜歡追尋變化和挑戰。

defensive [dɪ`fɛnsɪv] 形 防禦的；保護的
Tony and his brother enjoy playing **defensive** games.
東尼和他弟弟喜愛打防守戰。

honorable [`ɑnərəbḷ] 形 可尊敬的
The champion sees Roger as an **honorable** rival.
該名冠軍視羅傑為可敬的對手。

league [lig] 名 聯盟 動 使結盟
We formed a basketball **league** with schools nearby.
我們和附近的學校成立了籃球聯盟。

offensive [ə`fɛnsɪv] 形 冒犯的；進攻的
The football team took an **offensive** style of play.
這個美式足球隊採取了進攻型風格。

拓展！單字充電站 Learn More!

surpass 動 超越；勝過	versus 介 對抗；與…相對
opponent 名 對手；敵手	rival 形 競爭的 名 對手 動 競爭
rivalry 名 競爭；對抗	contest 名 比賽 動 競爭
defend 動 防守；保衛	offense 名 冒犯；進攻
worthy 形 有價值的	worthwhile 形 值得的

 10 **championship**

[`tʃæmpɪənˌʃɪp] 名 冠軍賽

字根解碼 champion 冠軍 + ship 地位

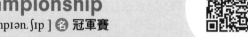
MP3 060

It is delightful that we won the **championship** of the national swimming competition.

我們贏得全國游泳比賽冠軍，真是令人欣喜若狂。

必備聯想字 Related Words

glorious [`glorɪəs] 形 榮耀的

This is a **glorious** moment to remember.
這是值得紀念的光榮時刻。

medal [`mɛdl̩] 名 獎章；勳章

Tom's outstanding performance won him a gold **medal** in the Olympic Games.
湯姆出色的表現為他贏得奧運金牌。

solidarity [ˌsɑlə`dærətɪ] 名 團結；團結一致

The coach says that our **solidarity** is our strength.
教練說，團結的精神正是我們的力量。

triumph [`traɪəmf] 名 勝利 動 獲勝

Frank's greatest **triumph** was winning MVP in the championship game.
法蘭克最輝煌的成就是在總冠軍賽拿下「最有價值球員」。

trophy [`trofɪ] 名 獎杯；戰利品

Vicky has won many **trophies** in her athletic career.
薇琪已在她的運動生涯中贏得許多戰利品。

拓展！單字充電站 Learn More!

score 名 分數 動 得分	victory 名 勝利；戰勝
champion 名 冠軍	victor 名 勝利者
second 形 第二的 名 第二；秒	award 名 獎賞；獎品 動 頒獎
honor 名 榮譽 動 使增光	value 名 價值；價格 動 評價
glory 名 光榮；榮譽	hail 名 動 歡呼；招呼

快讀單字 11 **recreation** MP3 061

[ˌrɛkrɪˋeʃən] [名] 消遣；娛樂

字根解碼 → re 再一次 + cre 製作 + ation 名詞

More and more people are taking up cycling as a form of **recreation**.

🔊 愈來愈多人將騎單車視為一種休閒活動。

必備聯想字 Related Words

aquarium [əˋkwɛrɪəm] [名] 水族館

[例] There is a special exhibition of tropical fish at the **aquarium**.

水族館有個熱帶魚特展。

circus [ˋsɝkəs] [名] 馬戲團

[例] Ivy will never go to the **circus** because of her extreme fear of clowns.

艾薇絕不去看馬戲團表演，因為她極度恐懼小丑。

odds [ɑdz] [名] 勝算；可能性

[例] The **odds** are that the team is going to fail.

這一隊沒多大勝算。

riddle [ˋrɪdl̩] [名] 謎語；難題

[例] I asked Randy but he couldn't guess the **riddle**, either.

我問了藍迪，但他也猜不出這道謎語。

target [ˋtɑrgɪt] [名] 目標 [動] 把…當作目標

[例] We need to adapt ourselves to the new **target** market.

我們必須適應新的目標市場。

拓展！單字充電站 Learn More!

recreational [形] 娛樂的	hobby [名] 嗜好
magic [形] 魔術的 [名] 魔術	skillful [形] 熟練的；靈巧的
chess [名] 西洋棋	puppet [名] 木偶；傀儡
puzzle [名] 猜謎；難題 [動] 使迷惑	trick [名] 戲法；詭計 [動] 哄騙
skate [動] 溜冰 [名] 溜冰鞋	ski [名] 滑雪板 [動] 滑雪

快讀單字 12 **festival**
[`fɛstəvl] 名 節日；喜慶日

字根解碼 fest 節慶 + ive 形容詞 + al 形容詞

MP3 062

There will be a significant change in weather after the Moon Festival.
中秋節過後，天氣將會有明顯的變化。

必備聯想字 Related Words

amusement [ə`mjuzmənt] 名 娛樂；消遣
The amusement park is supposed to be a paradise for children.
遊樂園是孩子們的天堂。

celebration [ˌsɛlə`breʃən] 名 慶祝；慶典
The party was in celebration of my father's promotion.
那場派對是為了慶祝我父親獲得升遷。

decorate [`dɛkəˌret] 動 裝飾；布置
Many mosques are decorated with a dome rooftop.
許多清真寺都有圓形屋頂。

firecracker [`faɪrˌkrækɚ] 名 鞭炮
The children are setting off firecrackers on the roof.
孩子們正在屋頂放鞭炮。

pastime [`pæsˌtaɪm] 名 消遣；娛樂
Your pastime activity might give the interviewer some clues about your personality.
你的休閒活動或許能讓面試官更了解你的個性。

拓展！單字充電站 Learn More!

carnival 名 嘉年華會	celebrate 動 慶祝
movement 名 活動；動作	firework 名 煙火
balloon 名 氣球	idol 名 偶像
divert 動 逗…開心；轉移	prize 名 獎品 動 重視
lottery 名 樂透彩券	sway 名 動 搖擺

13 banquet
[`bæŋkwɪt] 名 宴會 動 宴請

字根解碼➔ banqu 長椅 + et 小（緣起：正餐外的點心）

MP3 063

Mr. and Mrs. Brown held a **banquet** for visitors traveling from Europe.
🔊 布朗夫婦為遠從歐洲來的賓客舉辦了一場宴會。

必備聯想字　Related Words

compliment [`kɑmpləmənt] 名 動 恭維
Ⅲ Most of us are flattered when we receive someone's **compliment**.
當我們得到某人的恭維時，大多會感到很榮幸。

congratulate [kən`grætʃə,let] 動 恭喜；祝賀
Ⅲ Allen's colleagues **congratulated** him on his promotion and 10% raise.
艾倫的同事祝賀他升職與獲得一成的加薪。

embarrass [ɪm`bærəs] 動 使尷尬；使困窘
Ⅲ Don is fearful that his sister might **embarrass** him in the presence of his friends.
唐擔心他妹妹會讓他在朋友面前出糗。

escort [`ɛskɔrt] 名 護衛者 動 護送
Ⅲ The lady's **escort** for the evening was her fiancé.
那名女士當晚的護花使者是她的未婚夫。

exhaust [ɪg`zɔst] 動 使筋疲力竭 名 排出；排氣
Ⅲ The meeting was so long that everyone was **exhausted**.
這場會議實在太冗長，所有人都因此而感到筋疲力盡。

拓展！單字充電站　Learn More!

invite 動 邀請；招待	invitation 名 邀請；請帖
host / hostess 名 主人／女主人	farewell 名 歡送會；告別
congratulation(s) 名 祝賀	liable 形 可能的；承擔責任的
surprise 名 驚喜 動 使驚喜	present 形 出席的 名 禮物
playful 形 嬉戲的；鬧著玩的	sober 形 清醒的 動 使清醒

快讀單字 14 **canoe**
[kə`nu] 名 獨木舟 動 乘獨木舟

補充詞彙 propel 推動；推進 / log 原木

MP3 064

The tour guide recommended we travel in **canoe** while staying in the tribe.
導遊推薦我們待在部落的期間，去搭乘獨木舟。

必備聯想字 Related Words

comprehension [ˌkɑmprɪ`hɛnʃən] 名 理解；理解力

It is out of my **comprehension** why I haven't got the invoice.
我不懂我為何還沒拿到發票。

instruct [ɪn`strʌkt] 動 指導；教導

A stewardess will **instruct** us on how to correctly fasten a seat belt.
女空服員會教導我們如何正確扣上座位安全帶。

surf [sɜf] 動 衝浪；上網瀏覽

The extreme cold deterred the man from going **surfing**.
嚴寒的氣溫打消了這男人去衝浪的念頭。

sweat [swɛt] 名 汗水 動 流汗

Nancy swept away **sweat** on her forehead with the handkerchief.
南西用手帕擦去額頭上的汗水。

yacht [jɑt] 名 遊艇 動 駕駛遊艇

My family and I embarked on a **yacht** for Samui Island at noon.
我家人跟我中午搭乘快艇前往蘇美島。

拓展！單字充電站 Learn More!

paddle 名 槳 動 以槳划動	splash 名 飛濺聲 動 濺起
glide 動 名 滑行；滑動	float 動 漂浮 名 浮標
plunge 名 動 跳入	dive 名 動 跳水
bucket 名 水桶	lifeguard 名 救生員
partner 名 夥伴；搭檔	waterproof 形 防水的 動 使防水
tent 名 帳篷	tribal 形 部落的

15 cruise

[kruz] 名 動 航行；巡航

字根解碼 ➤ cru 交叉 + ize/ise 動詞

MP3 065

You can purchase **cruise** insurance before taking a **cruise**.

🔊 您可在搭船旅遊前購買船上指定保險。

🎯 必備聯想字 Related Words

anchor [`æŋkɚ] 動 停泊；使穩固 名 主播

ⓦ The luxury yacht **anchored** alongside the harbor.
這艘豪華遊艇停靠在港口邊。

leisurely [`liʒɚlɪ] 形 悠閒的 副 悠閒地

ⓦ My roommate and I took a **leisurely** walk through the park.
我跟室友悠閒散步穿過公園。

navigation [ˌnævə`geʃən] 名 航海；航空

ⓦ There has been an increase in **navigation** through the Panama Canal.
航行巴拿馬運河的船隻增加了。

passenger [`pæsn̩dʒɚ] 名 乘客；旅客

ⓦ Several **passengers** and crew were saved by a lifeboat.
幾名乘客及船員被救生艇救起。

voyage [`vɔɪɪdʒ] 名 動 航行；旅行

ⓦ The **voyage** from Europe to the United States used to take weeks by boat.
以前從歐洲到美國的旅行要坐幾個禮拜的船才能抵達。

🦉 拓展！單字充電站 Learn More!

dock 名 碼頭 動 停泊	ferry 名 渡船 動 （乘渡輪）渡過
deck 名 （船的）甲板	rank 名 等級 動 排列
magazine 名 雜誌	massage 名 動 按摩
attendant 名 侍者	homesick 形 想家的
leisure 名 空閒；閒暇	slow 形 緩慢的 動 使慢下來

快讀單字 16 **expedition**
[ˌɛkspɪˋdɪʃən] 名 遠征；探險

字根解碼 ex 向外 + ped/pedi 腳 + tion 名詞

MP3 066

Many **expeditions** to the North Pole ended in horrible failure.

◀) 許多前往北極的探險隊都無功而返。

🎯 **必備聯想字** Related Words

emerge [ɪˋmɝdʒ] 動 浮現；出現

⑪ A vast hidden job market has **emerged** in recent years.
廣大的潛在工作市場在最近幾年興起。

grasp [græsp] 動 名 緊握

⑪ It is crucial for me to **grasp** this opportunity.
掌握這次良機對我來說非常重要。

incline [ɪnˋklaɪn] / [ˋɪnklaɪn] 動 傾向 名 傾斜面

⑪ The ramp is **inclined** at an angle of 30 degrees.
這個坡道傾斜三十度角。

memorial [məˋmorɪəl] 形 紀念的 名 紀念品

⑪ There is a **memorial** statue in the park in the memory of the founder of the city.
在公園有一座紀念城市創辦者的雕像。

wildlife [ˋwaɪldˌlaɪf] 名 野生動植物

⑪ The pesticides can affect not only pests but also **wildlife**.
殺蟲劑不僅會影響害蟲，也會影響野生動植物。

🦉 **拓展！單字充電站** Learn More!

furnish 動 供給；裝備	sneaker(s) 名 運動鞋
withdraw 動 收回；撤出	upward(s) 副 向上地；朝上
memorable 形 值得紀念的	grab 動 名 抓住；抓取
scratch 名 動 抓；搔；抓破	tug 名 拖曳 動 用力拉
kneel 動 跪下；跪著	toss 動 名 扔；拋；投

17 courageous

[kə`redʒəs] 形 勇敢的；英勇的

字根解碼➜ courage 勇氣 **+** ous 具備…性質

MP3 067

Many great people have become **courageous** because of their desire to succeed.

🔊 基於對成功的渴望，許多偉人會因此變得勇敢。

必備聯想字 Related Words

curiosity [ˏkjʊrɪ`ɑsətɪ] 名 好奇心

Ⓜ Many babies have so much **curiosity** toward new things.
很多寶寶對於新事物都會感到好奇。

delightful [dɪ`laɪtfəl] 形 令人欣喜的

Ⓜ We enjoyed the **delightful** rural scene along the coast.
我們沿著海岸欣賞了令人愉快的鄉村風景。

distance [`dɪstəns] 名 距離

Ⓜ A petrol engine car is recommended if you do not travel long **distances**.
如果你開車的距離沒有很遠，汽油引擎車是比較建議的選項。

impulse [`ɪmpʌls] 名 衝動；一時的念頭

Ⓜ Any **impulse** buying may make you regretful.
任何的衝動購買都可能會讓你後悔。

pioneer [ˏpaɪə`nɪr] 名 先鋒 動 開拓

Ⓜ Lewis and Clark were famous American **pioneers** who discovered a route to the Pacific Ocean.
李維斯與克拉克是著名的美國拓荒者，他們發現一條通往太平洋的路徑。

拓展！單字充電站 Learn More!

adventure 名 冒險	infinite 形 無限的
compass 名 羅盤 動 包圍	leap 名 動 跳躍
delight 名 欣喜 動 使高興	bravery 名 勇氣；勇敢
curious 形 好奇的	tremble 動 名 顫抖
startle 動 使驚嚇	masculine 形 男性的；男子氣概的

18 hazard
[`hæzəd] 名 危險 動 冒險

MP3 068

補充詞彙 hazard pay （危險工作的）安全津貼

If you cannot accept the hazard, please do not participate in this activity.
如果你無法接受本活動的危險性，請勿參與。

必備聯想字 Related Words

collision [kə`lɪʒən] 名 碰撞；相撞
Tracy stepped hard on the brake pedal to avoid collision.
崔西用力地踩了剎車踏板，以避免碰撞。

disappointment [,dɪsə`pɔɪntmənt] 名 失望
When Danny has a feeling of disappointment, it's really difficult to cheer him up.
當丹尼感到失望時，很難讓他開心起來。

discourage [dɪs`kɝɪdʒ] 動 使沮喪；使洩氣
Helen was very discouraged that she couldn't go traveling with us.
海倫因無法跟我們去旅遊而感到非常沮喪。

extreme [ɪk`strim] 形 極度的 名 極端
Extreme heat can cause an illusion of an oasis in the desert.
酷熱會在沙漠中造成綠洲的幻覺。

violent [`vaɪələnt] 形 猛烈的；激烈的
Last night, an exceptionally violent tornado hit the city.
昨晚，一場異常猛烈的龍捲風席捲了那座城市。

拓展！單字充電站 Learn More!

happen 動 發生；碰巧	smash 動 名 粉碎；碰撞
vanish 動 消失；突然不見	difficulty 名 困難；難處
haste 名 急速；急忙	twist 名 動 扭傷；扭曲
slip 動 滑倒 名 滑動	disappoint 動 使失望
discouragement 名 失望	gain 動 獲得 名 收穫

19 tourism

[`turɪzm̩] 名 觀光業；遊覽

字根解碼 → tour 旅遊 + ism 工作

MP3 069

This country has put emphasis on improving its **tourism**.
🔊 這個國家把重點放在改善其觀光旅遊業。

必備聯想字 Related Words

attraction [ə`trækʃən] 名 吸引力；魅力

🕮 Beer is one of the tourist **attractions** in Germany.
啤酒是德國當地吸引遊客的元素之一。

---

brochure [bro`ʃur] 名 小冊子

🕮 The **brochure** contains all the information the tourists will need to know.
手冊內包含觀光客應知道的所有資訊。

---

sightseeing [`saɪt,siɪŋ] 名 觀光；遊覽

🕮 **Sightseeing** in this old city is best done by bicycles.
在這座古老城市裡，騎腳踏車觀光最好。

---

souvenir [`suvə,nɪr] 名 紀念品；紀念物

🕮 Wendy bought some key chains as **souvenirs** of her trip to Rome.
去羅馬旅行時，溫蒂買了一些鑰匙圈當作紀念品。

---

vacation [ve`keʃən ] / holiday [ `hɑlə,de] 名 假期

🕮 There is a post-it on Laura's desk as a constant reminder of her **vacation**.
蘿拉的桌上有張便利貼，不斷提醒著她的假期。

拓展！單字充電站 Learn More!

shuttle 名 往返的交通工具 動 往返	tourist / traveler 名 旅客；遊客
vendor 名 小販；攤販	stall / booth 名 攤位；攤子
innumerable 形 數不盡的	ornament 名 裝飾品 動 裝飾
attractive 形 迷人的；有吸引力的	pyramid 名 金字塔
ruin 動 破壞 名 斷垣殘壁	trail 名 痕跡；蹤跡 動 跟蹤

快讀單字 20 airplane / aircraft

[`ɛr‚plen ] / [ `ɛr‚kræft] 名 飛機

MP3 070

字根解碼 air 天空 + plane 平面；機翼

The **airplane** stewardess asked the passengers to fasten the seat belt.

女空服員要求乘客繫緊安全帶。

必備聯想字 Related Words

abroad [ə`brɔd] 副 在國外；到國外

How do I make an international call while traveling **abroad**?
到國外旅行時，我要如何撥打國際電話呢？

budget [`bʌdʒɪt] 名 預算 動 編列預算

The feasibility of the project depends largely on the **budget**.
這項方案的可行性大部分取決於預算。

departure [dɪ`partʃɚ] 名 離境；出發

The **departure** time from Bangkok is at 9:30 a.m.
從曼谷起飛的班機時間為早上九點三十分。

expire [ɪk`spaɪr] 動 到期；期滿

His visitor's visa will **expire** on December 31st this year.
他的旅遊簽證將於今年十二月三十一日到期。

terminal [`tɜmənl] 名 航空站；終點 形 終點的

Our plane is underway for the third **terminal** at the airport.
我們的飛機正前往機場的第三航廈。

拓展！單字充電站 Learn More!

passport 名 護照	identity 名 身分
baggage / luggage 名 行李	destination 名 目的地
arrival 名 到達；到來	airport 名 機場
aboard 介 副 在飛機（船、火車）上	pilot 名 飛行員 動 駕駛
helicopter 名 直升機	parachute 名 降落傘 動 跳傘

 **21 reservation**

[ˌrɛzəˋveʃən] 名 預約；保留

字根解碼 re 返回 + serv 保留 + ation 動作

I want to check in, and I've already made a **reservation**.
◀》 我想要辦理入住手續，之前已經訂好房了。

MP3 071

必備聯想字　Related Words

elevator [ˋɛləˌvetɚ] 名 電梯

⓪ This **elevator** is exclusively for staff use.
這個電梯只供飯店人員使用。

estate [ɪˋstet] 名 莊園；財產

⓪ Her father left her a large **estate** in the countryside near London.
她父親死後把倫敦近郊的一座大莊園留給她。

lounge [laʊndʒ] 名 交誼廳 動 閒逛

⓪ There were twelve of us in the **lounge**, exclusive of the tour guide.
導遊除外，我們有十二個人待在交誼廳。

relaxation [ˌrilækˋseʃən] 名 放鬆

⓪ After a hard day, they went to have foot massage for some **relaxation**.
辛苦了一整天後，他們去做腳底按摩放鬆紓壓。

resort [rɪˋzɔrt] 名 休閒勝地 動 求助；訴諸

⓪ This **resort** provides many facilities for both children and adults.
這座度假中心有許多適合大人和小孩的設施。

拓展！單字充電站　Learn More!

hostel 名 青年旅社	cottage 名 小屋；別墅
lobby 名 大廳	hallway 名 玄關；門廳
passage 名 通道；走道	corridor 名 走廊；迴廊
unpack 動 解開；打開行李	fare 名 費用；票價
suite 名 套房	fountain 名 噴水池；噴泉
elevate 動 舉起；提高	reserve 動 名 保留

MP3 072

快讀單字 22 serene

[sə`rin] 形 寧靜的；晴朗的

補充詞彙➔ grand 壯麗的 / path 小徑

The boy stood there, gazing at the **serene** sky.
◀ 男孩站在那裡，凝視萬里無雲的天空。

🎯 **必備聯想字** Related Words

idle [`aɪdl̩] 形 閒置的 動 閒晃

ⓘ Why don't you use the **idle** copy machine at the corner?
你何不使用那臺閒置在角落的影印機？

outing [`aʊtɪŋ] 名 遠足；校外參觀

ⓘ The **outing** was cancelled because of the heavy rain.
遠足活動因這場大雨而取消。

peculiar [pɪ`kjuljɚ] 形 特殊的；奇怪的

ⓘ The lady sitting next to me has a **peculiar** foreign accent.
坐在我旁邊的那位女士操著一口特別的外國腔。

splendor [`splɛndɚ] 名 燦爛；光輝

ⓘ The weather is great today. The sun shines in **splendor**.
今天天氣很好，陽光十分燦爛。

suburb [`sʌbɝb] 名 近郊住宅區；郊區

ⓘ To visit the cathedral, we took a bus to the **suburbs**.
為了參觀那座大教堂，我們坐公車前往郊區。

🔋 **拓展！單字充電站** Learn More!

countryside 名 鄉間；農村	hike 名 遠足 動 健行
roam 動 漫步於 名 漫步	joyful 形 （令人）愉快的
stroll 名 動 散步；閒逛	stride 名 跨步 動 大步走
depict 動 描述；描畫	gesture 名 手勢 動 打手勢
album 名 相簿	collect 動 收集；採集
swan 名 天鵝	mountain 名 山

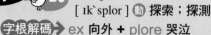

快讀單字 23 **explore**

[ɪk`splor] [動] 探索；探測

MP3 073

字根解碼 ex 向外 + plore 哭泣

The test wells have been drilled to **explore** for minerals.

為了探勘礦石，已開始對測試用井鑽孔了。

必備聯想字 Related Words

activity [æk`tɪvətɪ] [名] 活動；行動

The sauna is a salubrious **activity** which can relieve your anxiety.
蒸氣浴是一項有益健康的活動，能夠舒緩你的焦慮。

astray [ə`stre] [副] 迷失地 [形] 迷途的

Jimmy went **astray** once when he was young.
吉米年輕時曾誤入歧途。

exotic [ɛg`zɑtɪk] [形] 異國的；外來的 [名] 外國人；外來品

This remote island is just like an **exotic** paradise for tourists.
這座偏僻的島嶼對觀光客而言就像一個異國天堂。

fascinate [`fæsə͵net] [動] 迷住；強烈地吸引

People have been **fascinated** by the mystery of what lies beyond our planet.
一直以來，人們都深深著迷於地球以外的神祕之處。

suspend [sə`spɛnd] [動] 暫緩執行；暫停；懸掛

The illicit distiller was given a **suspended** sentence.
這個非法的蒸餾酒製造商被處以緩刑。

拓展！單字充電站 Learn More!

journey / trip [名] 旅程；旅行	visitor [名] 訪客；遊客
interest [名] 興趣 [動] 使發生興趣	access [名] 接近；進入 [動] 接近
action [名] 行動；行為	outfit [名] 全套服裝 [動] 裝備
suspension [名] 懸吊；暫停；中止	stagger [動] 搖晃 [名] 蹣跚
rugged [形] 粗糙的；高低不平的	return [動] [名] 返回
squat [形] 蹲著的 [名] 蹲姿 [動] 蹲下	exploration [名] 探索；探究

PART 04

Art & Music

來場藝文之旅

從製作到欣賞，全方位提升藝術力，
不僅看得懂，還能用英語侃侃而談。

UNIT1 製作與賞析
UNIT2 音樂會與展覽
UNIT3 舞台表演
UNIT4 民俗活動與宗教
UNIT5 資助文化事業

 **01** **category**
[`kætə,gorɪ] 名 種類；類型

MP3 074

字根解碼➜ cat 往下 + egory 集合

These two products belong to different **categories**.
🔊 這兩件商品分屬不同類別。

必備聯想字 Related Words

calligraphy [kə`lɪgrəfɪ] 名 書法
Arts such as **calligraphy** are appealing to many people.
如書法一類的藝術品吸引著許多人。

ceramic [sə`ræmɪk] 形 陶瓷的 名 陶瓷器
The dollhouse was made by **ceramic** tiles.
這個娃娃屋是用陶瓷磚做成的。

pottery [`pɑtərɪ] 名 陶器
Mr. Baker spends a lot of money on collecting beautiful **potteries**.
貝克先生花了很多錢收集漂亮的陶器。

sculpture [`skʌlptʃə] 名 雕刻品 動 雕刻
The museum is having a show of **sculptures** of ancient Roman gods.
博物館正展出古羅馬諸神的雕像。

selective [sə`lɛktɪv] 形 精挑細選的
William is always **selective** when purchasing artwork.
購買藝術品時，威廉總是精挑細選。

拓展！單字充電站 Learn More!

bronze 名 青銅 形 青銅製的	clay 名 黏土；泥土
porcelain 名 瓷器	statue 名 雕像；塑像
sculptor 名 雕刻家	studio 名 （藝術家等的）工作室
collection 名 收集；收藏品	monstrous 形 巨大的；龐大的
treasure 名 寶藏 動 珍藏	fragment 名 碎片 動 裂成碎片
motive 名 動機；目的	complement 動 補充 名 補充物

快讀單字 02 inspiration

[ˌɪnspəˋreʃən] 名 鼓舞；激勵

字根解碼 inspir 吹進；賦予靈感 + ation 動作

MP3 075

Where did you get the **inspiration** for the new poster?
你是從哪裡得到新海報的製作靈感的？

必備聯想字 Related Words

adjustment [əˋdʒʌstmənt] 名 調整

We should execute the plan first, and make some **adjustments** if necessary.
我們應該先執行計畫，必要的時候再做調整。

creativity [ˌkrieˋtɪvətɪ] 名 創造力

Creativity is the key to the success of product development.
創造力是產品開發的成功關鍵。

devise [dɪˋvaɪz] 動 想出；設計

After discussing with others, he finally **devised** a wonderful plan.
在與其他人討論後，他終於想出一個很棒的計畫。

enthusiasm [ɪnˋθjuzɪˌæzəm] 名 熱情；熱忱

Karl's **enthusiasm** for art is the reason why he got the job.
卡爾對藝術充滿熱忱，這正是他得到這份工作的原因。

motivation [ˌmotəˋveʃən] 名 動機；誘因

Making much more money is a strong **motivation** for Luna to keep working hard.
露娜努力工作的強烈動機是為了賺更多的錢。

拓展！單字充電站 Learn More!

muse 名 繆思；靈感	inspire 動 鼓舞；啟發
motivate 動 刺激；激發	choice 名 選擇 形 精選的
enthusiastic 形 熱情的	creative 形 有創造力的
creation 名 創作；創造	originate 動 發源；創始
originality 名 獨創性；創造力	design 名 動 設計；構思

03 **handicraft**
[`hændɪ͵kræft] 名 手工藝品

字根解碼➜ hand/handi 手 + craft 技術

MP3 076

The children in the village sell **handicrafts** to the tourists.
🔊 這個村裡的小孩賣手工藝品給觀光客。

 必備聯想字 Related Words

artificial [͵ɑrtə`fɪʃəl] 形 人工的；人造的
Ⓜ **Artificial** intelligence is very popular with hotels and luxurious resorts.
　人工智慧廣受旅館和高級度假中心歡迎。

delicate [`dɛləkɪt] 形 精巧的；易碎的
Ⓜ The porter held the items very carefully because they are **delicate**.
　搬運人員很小心地拿取這些物品，因為這些是易碎品。

expression [ɪk`sprɛʃən] 名 表達；表示
Ⓜ This sculpture is an **expression** of love.
　這個雕刻品要表達的是愛。

insistence [ɪn`sɪstəns] 名 堅持；堅決要求
Ⓜ Thanks for your **insistence**. I didn't give up my work and now I earn USD 5,000 every month!
　多虧有你的堅持，讓我沒有放棄工作，現在我每個月能賺五千元美金！

manual [`mænjʊəl] 名 手冊 形 手工的
Ⓜ The manager gave each of us a part of the design **manual**.
　經理給我們每個人一部分的設計手冊。

拓展！單字充電站 Learn More!

craft 名 工藝；手藝	creator 名 創造者；創作者
piece 名 作品；一片 動 拼湊	express 動 表達 形 快遞的 名 快車
style 名 風格 動 設計	insist 動 堅持；堅決主張
rim 名 邊緣 動 加邊於	sense 名 感官；感覺 動 感覺到
handy 形 手巧的；手邊的	perfection 名 完美；完善

快讀單字 04 **masterpiece**
[`mæstə,pis] 名 傑作

字根解碼 master 大師 + piece 作品

MP3 077

This painting is a great **masterpiece** of realism art.
這幅畫是現實主義藝術的傑出作品。

必備聯想字 Related Words

exceptional [ɪk`sɛpʃənḷ] 形 優秀的；卓越的

Tom Hanks is an **exceptional** actor, winning his fame with awards and applause.
湯姆漢克是位傑出的演員，以多座獎項及觀眾的支持贏得名氣。

extraordinary [ɪk`strɔrdṇ,ɛrɪ] 形 特別的；非凡的

My sister has **extraordinary** craft in art design.
我姊姊在藝術設計上具備絕佳的工藝技巧。

impressive [ɪm`prɛsɪv] 形 令人印象深刻的

The overall effect of the training program is **impressive**.
訓練計畫的整體影響令人印象深刻。

manifest [`mænə,fɛst] 動 顯示 形 明顯的

Tracy tried to **manifest** all the related data in one document.
崔西試著將所有相關的資料顯示在同一份文件中。

preference [`prɛfərəns] 名 偏好；偏愛

I arranged the music in order of my **preference** in the MP3 player.
我在這臺 MP3 播放器中按照我喜愛的順序來排列音樂檔案。

拓展！單字充電站 Learn More!

remark 名 動 評論；談論	impress 動 留下深刻印象
impression 名 印象	prefer 動 更喜歡；寧願
satisfactory 形 令人滿意的	awesome 形 令人驚嘆的
fabulous 形 出色的；極好的	excellent 形 最好的；優秀的
pleasant 形 令人愉快的	priceless 形 無價的

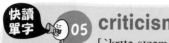

05 criticism
[`krɪtə,sɪzəm] 名 批評

字根解碼➜ critic 評論家 + ism 工作

MP3 078

Have you read the **criticism** of the author's new book?
🔊 你讀過那位作者新書的評論了嗎？

🎯 **必備聯想字** Related Words

genuine [`dʒɛnjuɪn] 形 真正的

⑪ Patrick works for a manufacturer of **genuine** leather products.
派翠克在一間真皮製造商公司工作。

imitate [`ɪmə,tet ] / **mimic** [ `mɪmɪk] 動 模仿

⑪ Nancy has an elegant style of handwriting that I try to **imitate**.
南西的筆跡風格高雅，我試著去模仿。

inherent [ɪn`hɪrənt] 形 與生俱來的；固有的

⑪ Analysts used a tool to assess the **inherent** distinctiveness of these materials.
分析師利用工具分析了這些材料固有的獨特性。

innovative [`ɪno,vetɪv] 形 創新的

⑪ Mia is full of **innovative** ideas about the new advertisement.
對於新的廣告，蜜亞有許多新點子。

terrific [tə`rɪfɪk] 形 可怕的；非常好的

⑪ Peter saw a **terrific** scene on his way to work.
上班途中，彼得看到了駭人的景象。

🦉 **拓展！單字充電站** Learn More!

critic 名 批評家	critical 形 評論的
criticize 動 批評	compare 動 比較
comparable 形 可比較的	sensitivity 名 敏感度
sensitive 形 敏感的	difference 名 差異
imitation 名 模仿；仿造	fake 形 假的 動 偽造 名 假貨
terrible 形 嚇人的；可怕的	accomplishment 名 成就

06 **concert**
[`kɑnsət] 名 音樂會

字根解碼 con 共同 + cert 確定的

MP3 079

I bought two tickets of an indoor **concert** for my parents.
◀) 我替父母親買了兩張室內音樂會的票。

必備聯想字 Related Words

classical [`klæsɪkl] 形 古典的
◉ Benjamin enjoys listening to **classical** music in his free time.
班傑明閒暇之餘愛聽古典音樂。

harmony [`hɑrmənɪ] 名 和聲；和諧；一致
◉ You can perceive the **harmony** of tuba and cello in this song.
你可在這首曲子中感受到大號與大提琴間的和諧之美。

remote [rɪ`mot] 形 遠程的；遙遠的
◉ You can use the **remote** control to adjust the volume.
你可以用遙控器來調整音量。

rhythm [`rɪðəm] 名 節奏
◉ The music of the blues is characterized by a slow tempo and a strong **rhythm**.
藍調音樂的特點為慢拍子與較強的韻律。

transmission [træns`mɪʃən] 名 傳播
◉ There was a break in **transmission** due to a technical fault this afternoon.
技術性的故障造成今天下午傳輸中斷。

拓展！單字充電站 Learn More!

guitar 名 吉他	harmonica 名 口琴
keyboard 名 鍵盤樂器	melody 名 旋律
pitch 名 音高 動 投球	cancel 動 取消；中止
pause 名 動 暫停；中斷	record 名 唱片；紀錄 動 記錄
recorder 名 錄音機	transmit 動 轉播；傳送

07 musical

[`mjuzɪk[ ] 形 音樂的 名 音樂劇

字根解碼➔ music 音樂 + al 關於…的

MP3 080

"The Phantom of the Opera" is one of the world's best-known **musicals**.

🔊《歌劇魅影》是世界上最有名的音樂劇之一。

必備聯想字 Related Words

anthem [`ænθəm] 名 讚美詩；聖歌

🕮 My family went to the church to listen to the **anthems** last Saturday night.

上週六晚上我家人去教堂聆聽讚美詩。

- -

arrangement [ə`rendʒmənt] 名 改編

🕮 The orchestra is performing an **arrangement** of music from a film.

這個交響樂隊正在演奏一首電影配樂的改編曲目。

- -

compose [kəm`poz] 動 組成；作曲

🕮 This cast is **composed** of many top entertainers and celebrities.

本次卡司陣容堅強，包含許多大牌藝人和名人。

- -

composer [kəm`pozɚ] 名 作曲家

🕮 The woman is a **composer** by occupation.

這個女人的職業是作曲家。

- -

symphony [`sɪmfənɪ] 名 交響樂

🕮 Mr. Watson is the conductor of the **symphony** orchestra.

華森先生是這個交響樂團的指揮。

- -

拓展！單字充電站 Learn More!

choir 名 唱詩班	folk 名 民謠；民歌
jazz 名 爵士樂	lullaby 名 搖籃曲
theme 名 主題；題目	tempo 名 節拍；拍子
tmusician 名 音樂家	whistle 名 口哨 動 吹口哨
satisfy 動 使滿足	perfect 形 完美的 動 使完美

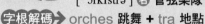

快讀單字 08 **orchestra**
[`ɔrkɪstrə] 名 管弦樂隊

字根解碼 → orches 跳舞 + tra 地點

The new conductor of the **orchestra** comes from England.
新的樂隊指揮來自英國。

MP3 081

必備聯想字 Related Words

accompany [ə`kʌmpənɪ] 動 伴奏;陪伴

Ivy sang and Steven **accompanied** her on the piano.
艾薇唱歌,而史蒂芬彈鋼琴為她伴奏。

conduct [kən`dʌkt] 動 指揮;帶領

The choir of our school **conducted** by Mrs. Carlson won the national contest.
我們學校由卡爾森太太所指揮的合唱團贏得全國比賽。

violin [ˌvaɪə`lɪn] 名 小提琴

Noah took the job and would start playing the **violin** in the club.
諾亞接下工作,將會在夜總會裡演奏小提琴。

instrument [`ɪnstrəmənt] 名 樂器

I can't make the intonation of my voice match a musical **instrument**.
我無法使我聲音的音調和樂器配合起來。

trumpet [`trʌmpɪt] 名 小號;喇叭

The overture begins with a beautiful melody played by a **trumpet**.
這首序曲以小號優美的旋律展開。

拓展!單字充電站 Learn More!

beat 動 打;擊 名 節奏	chord 名 和弦;和音
drum 名 鼓 動 打鼓	flute 名 長笛
bass 名 低音樂器 形 低音的	tune 名 調子 動 調整音調
violinist 名 小提琴手	conductor 名 指揮
pianist 名 鋼琴家;鋼琴師	bow 名 弓 動 鞠躬

09 exhibition
[ˌɛksəˋbɪʃən] 名 展覽

MP3 082

字根解碼 ➜ exhib 展示 + tion/ition 動作

No one is allowed to overstay at the **exhibition** hall.
🔊 超過規定時間，任何人都不能在展示廳逗留。

必備聯想字 Related Words

contemporary [kənˋtɛmpəˌrɛrɪ] 形 當代的 名 同時代的人

The event was documented by a **contemporary** historian.
這起事件被一位當代歷史學者記錄下來。

decoration [ˌdɛkəˋreʃən] 名 裝飾

We loved the **decorations** in the lobby.
我們喜歡在大廳內的裝飾。

museum [mjuˋzɪəm] 名 博物館

A tablet on the **museum** wall lists the names of its founders.
一塊在博物館牆上的石匾上列著創建者之名。

portrait [ˋportret] 名 肖像；畫像

Many pedestrians stopped to watch the street artist draw a **portrait** of a young lady.
許多行人停下腳步，看街頭藝術家畫一位年輕女子的肖像。

realism [ˋrɪəlˌɪzəm] 名 現實主義

Both **realism** and abstractionism are shown in his work of art.
他的藝術作品展現了現實主義和抽象主義。

拓展！單字充電站 Learn More!

exhibit 名 展示品 動 展示；展覽	gallery 名 畫廊
artistic 形 美術的；藝術的	classic 形 經典的 名 經典
the Renaissance 名 文藝復興時期	obscure 形 模糊的 動 使不清楚
naked / nude 形 赤裸的	canvas 名 帆布 動 以帆布覆蓋
frame 名 框架；骨架 動 構築	sketch 名 動 素描；速寫

快讀單字 10

photography

[fə`tɑgrəfɪ] [名] 攝影

MP3 083

字根解碼 photo 光線；攝影的 + graphy 過程

Adam is a well-known expert in **photography**.

亞當是一位出名的攝影專家。

必備聯想字 Related Words

expose [ɪk`spoz] [動] 曝光；使暴露於

You may be **exposed** to a tiny amount of radiation in an X-ray test.
接受 X 光檢查時，你可能會接觸到少量的放射線。

photographer [fə`tɑgrəfɚ] [名] 攝影師

The **photographer** zoomed in on the model's face.
攝影師將畫面拉近到模特兒的臉上。

particular [pɚ`tɪkjəlɚ] [形] 特別的；講究的

The piece of music has been arranged to fit our **particular** performance.
為了符合我們的特殊演出，這首樂曲已被改編。

posture [`pɑstʃɚ] [名] 姿勢 [動] 擺姿勢

Please keep steady of that **posture** while I am working on your portrait.
在我描繪你的肖像時，請保持那個姿勢不動。

vivid [`vɪvɪd] [形] 生動的；有生氣的

These **vivid** paintings were created by a painter aged almost 70.
這些栩栩如生的畫作出自一名年近七十的畫家。

拓展！單字充電站 Learn More!

photograph [名] 照片 [動] 照相	photographic [形] 攝影的
picture [名] 相片 [動] 照相	image [名] 影像；形象
camera [名] 照相機	zoom [動] 將畫面拉近或拉遠
shot [名] 鏡頭；拍攝	ray [名] 光線；射線
gleam [名] 一絲光線 [動] 閃爍	blink [動] 使眨眼；閃爍 [名] 眨眼

快讀單字 11

interior

[ɪn`tɪrɪɚ] [形] 內部的 [名] 內部

MP3 084

字根解碼 inter 在…之間 + ior 比較級

The manager asked the **interior** designer to put the Internet cables under the floor.

經理要求室內設計師將網路線置於地面下。

必備聯想字 Related Words

chamber [`tʃembɚ] / **room** [rum] [名] 房間

After I finish this project, I am going to take a nap in my **chamber**.
在完成這份企劃之後，我要在我的房間小睡一下。

exterior [ɪk`stɪrɪɚ] [名] 外面 [形] 外部的

The **exterior** of Tony's apartment has a large balcony.
東尼的公寓外部有一個寬大的陽臺。

indoors [ˌɪn`dorz] [副] 在室內

The enactment states that one cannot smoke **indoors**.
法規規定不能在室內吸菸。

spacious [`speʃəs] [形] 寬敞的；廣闊的

The newly-built library is quiet and **spacious**.
這間新落成的圖書館既安靜又寬敞。

upright [`ʌpˌraɪt] [副] 直立地 [形] 直立的 [名] 立柱

Mr. Yang stood **upright** waiting for the important guest.
楊先生筆直地站著，等待重要貴賓。

拓展！單字充電站 Learn More!

site [名] 地點；位置 [動] 設置	indoor [形] 室內的；屋內的
inner [形] 內部的；裡面的	outer [形] 外部的；外面的
outward [形] 向外的；往外的	outwards [副] 向外
upper [形] 在上面的；較高的	highly [副] 高高地；高度地
upstairs [副] 在樓上 [形] 樓上的	downstairs [副] 往樓下 [形] 樓下的

快讀單字 12 **preparation**
[ˌprɛpəˈreʃən] 名 準備

MP3 085

字根解碼 pre 之前 + par 準備好 + ation 動作

We should not waste too much time in these **preparation** works.

🔊 我們不應該花太多時間在前置作業上。

🎯 必備聯想字 Related Words

habitual [həˈbɪtʃʊəl] 形 習慣性的

⚓ Learning style means a person's **habitual** and preferred way of learning.
學習風格是指一個人習慣和偏好的學習方法。

modernization [ˌmɑdənəˈzeʃən] 名 現代化

⚓ We enjoy the convenience brought by the **modernization**.
我們很享受現代化所帶來的便利。

prepare [prɪˈpɛr] 動 準備;預備

⚓ Be sure to **prepare** your speech thoroughly.
要確保你有充分準備講稿。

rehearsal [rɪˈhɜsl̩] 名 排演;排練

⚓ The musical was scheduled to begin **rehearsals** for the tour in the North.
為了北方的巡演,這齣歌舞劇已定好排演時間。

specific [spɪˈsɪfɪk] 形 具體明確的;特殊的

⚓ Can we narrow our target consumers to a more **specific** group?
我們可以將目標消費者的範圍縮小到特定族群嗎?

🎓 拓展!單字充電站 Learn More!

setting 名 布景;安置	modernize 動 現代化
rehearse 動 預演;排練	prompt 形 迅速的 動 名 提詞
motion 名 動作	specify 動 詳述;明確說明
organizer 名 組織者	forthcoming 形 即將到來的
energy 名 精力;活力	weary 形 厭煩的 動 厭倦

13 **presentation**
[ˌprɪzɛnˈteʃən] 名 上演；呈現

字根解碼 → present 呈現 **+** ation 動作

MP3 086

Inside the theater, they are preparing for the **presentation** of Webber's "Cats".

🔊 戲院裡正準備上演韋伯的《貓》。

必備聯想字 Related Words

performance [pəˈfɔrməns] 名 演出

⑪ After the **performance**, I must concede that he is an outstanding actor.
看完表演之後，我必須承認他是一位非常傑出的演員。

prolong [prəˈlɔŋ] 動 延長；拉長

⑪ My colleague decided to **prolong** his vacation.
我同事決定延長他的假期。

punctual [ˈpʌŋktʃuəl] 形 準時的

⑪ Tina is really sorry for being late this time and promises that she will be **punctual** afterwards.
蒂娜對這次遲到感到非常抱歉，並表示今後會準時。

successive [səkˈsɛsɪv] 形 連續的；相繼的

⑪ It rained seven **successive** days last week.
上星期連續下了七天的雨。

unique [juˈnik] 形 獨特的 名 獨一無二的人或事物

⑪ A **unique** number is issued to each individual invoice.
每張發票都有一個獨特的編號。

拓展！單字充電站 Learn More!

perform 動 表演；表現	performer 名 表演者
opera 名 歌劇	dramatic 形 戲劇的；戲劇性的
stage 名 舞臺 動 上演	superb 形 極好的；超群的
reality 名 真實；事實	realistic 形 現實的
advance 名 前方 動 將…提前	afterwards 副 以後

快讀單字 14 rotation

[ro`teʃən] 名 旋轉

字根解碼→ rot 旋轉 + ation 動作

The **rotation** of the earth takes about one day.

◀ 地球自轉約需費時一天。

MP3 087

必備聯想字 Related Words

applaud [ə`plɔd] 動 為⋯鼓掌；向⋯喝采

⑪ Following their performance, the audience **applauded** for more than ten minutes.

表演結束後，觀眾給予超過十分鐘的熱烈掌聲。

proficiency [prə`fɪʃənsɪ] 名 精通

⑪ We need someone with great **proficiency** in jazz dance.

我們需要找一位精通爵士舞的人。

prominent [`prɑmənənt] 形 著名的；顯眼的

⑪ Have you ever been to that **prominent** museum?

你有沒有去過那家著名的博物館？

spectator [spɛk`tetɚ] 名 觀眾；旁觀者

⑪ Most **spectators** were shocked by the final outcome.

多數觀眾對於最後的結果感到震驚。

spotlight [`spɑt͵laɪt] 名 聚光燈 動 用聚光燈照

⑪ Can you adjust the **spotlight** to the left?

你能不能將聚光燈往左調整一點？

拓展！單字充電站 Learn More!

dancer 名 舞者	ballet 名 芭蕾
bound 動 名 跳躍	rotate 動 旋轉
swing 名 動 搖動；搖擺	dazzle 動 炫目 名 燦爛
spin 名 動 旋轉	cheer 動 名 喝采；歡呼
applause 名 喝采；鼓掌	gifted 形 有天賦的

15 entertainment
[ˌɛntɚˋtenmənt] 名 娛樂

字根解碼 → inter/enter 在…之中 + tain 抓住 + ment 工具

This **entertainment** company also provides quality DJ services.

🔊 這間娛樂公司也提供高品質的 DJ 服務。

MP3 088

必備聯想字 Related Words

coincidence [koˋɪnsədəns] 名 巧合

Ⓜ Frank's promotion is not a **coincidence** at all.
法蘭克的升遷絕對不是巧合。

- - - - - - - - - - - - - - - - - - - -

comedian [kəˋmidɪən] 名 喜劇演員

Ⓜ The **comedian** made the audience laugh by telling funny stories.
那名喜劇演員藉由說有趣的故事讓觀眾笑了。

- - - - - - - - - - - - - - - - - - - -

display [dɪˋsple] 名 陳列（品）動 展示

Ⓜ The introductory tour gives you an overview of objects on **display**.
簡介導覽中概述各項展覽品的資訊。

- - - - - - - - - - - - - - - - - - - -

highlight [ˋhaɪˌlaɪt] 動 照亮；強調 名 精彩畫面

Ⓜ The **highlight** of the play is where the main character plays three different roles within an hour.
這場戲的精華，在於主角在一個小時內分別扮演三個不同角色的橋段。

- - - - - - - - - - - - - - - - - - - -

magician [məˋdʒɪʃən] 名 魔術師

Ⓜ The **magician** pursues perfection and wonder.
那名魔術師追求完美與驚奇。

拓展！單字充電站 Learn More!

entertain 動 娛樂	comedy 名 喜劇
clown 名 小丑 動 扮小丑	magical 形 魔術的
mask 名 面具；口罩 動 遮蓋	remove 動 移動；搬開
imagine 動 想像	confine 動 限制；使侷限
squeeze 動 名 擠壓；緊握	exclaim 動 驚叫；呼喊

16 **legend**
[`lɛdʒənd] 名 傳奇
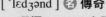 字根解碼 leg 選擇 + end 名詞

MP3 089

In the **legend**, there were nine suns in the sky.
傳說天上原本有九個太陽。

🎯 **必備聯想字** Related Words

absolute [`æbsə,lut] 形 絕對的
You can't deny the possibility since there's nothing **absolute**.
沒有什麼是絕對的,你不能否認這個可能性。

ancient [`enʃənt] 形 古老的;古代的
Ancient people used the sundial to keep track of time.
古代人利用日晷計時。

folklore [`fok,lor] 名 民間傳說
In Chinese **folklore**, the butterfly is an emblem of good fortune.
在中國的民間傳說中,蝴蝶是福氣的象徵。

imaginary [ɪ`mædʒə,nɛrɪ] 形 想像的
Utopia is an **imaginary** and ideal world.
烏托邦代表一個想像中的理想世界。

mysterious [mɪs`tɪrɪəs] 形 神祕的
The police are trying to find out the identity of that **mysterious** man.
警方試圖查出那名神秘男子的身分。

💡 **拓展!單字充電站** Learn More!

legendary 形 傳說的	mystery 名 神祕
myth 名 神話	vague 形 模糊的
realization 名 領悟;意識到	superstitious 形 迷信的
dragon 名 龍	monster 名 怪獸
mermaid 名 美人魚	fairy 名 仙女 形 神仙的
giant 形 巨大的 名 巨人	dwarf 名 矮子 動 使矮小

101

17 **marvelous**

[`mɑrvələs] 形 令人驚訝的

字根解碼 marvel 令人驚奇的事物 + ous 具備…性質

MP3 090

The night scene of the grand waterfall is **marvelous**.

🔊 這個大瀑布在夜晚的景色令人嘆為觀止。

🎯 必備聯想字 Related Words

credible [`krɛdəbl] 形 可信的；可靠的

Few people found Jason's friendship with that actor **credible**.
很少人相信傑森和那位演員是朋友。

miraculous [mə`rækjələs] 形 奇蹟的

His recovery from unconsciousness was regarded as a **miraculous** healing caused by God.
他恢復意識被視為是來自上帝的奇蹟。

ordinary [`ɔrdn̩ˏɛrɪ] 形 普通的；平凡的

Tommy is just an **ordinary** man. Don't expect too much from him.
湯米只是普通人，不要對他期望太高。

recognition [ˏrɛkəg`nɪʃən] 名 認可；認出

William believes that his artwork will receive much **recognition**.
威廉相信自己的藝術作品將會大大地受到賞識。

ridiculous [rɪ`dɪkjələs] 形 荒謬的；可笑的

The director cannot accept such a childish and **ridiculous** idea.
那名導演無法認同這種幼稚而可笑的想法。

🦉 拓展！單字充電站 Learn More!

marvel 名 令人驚奇的事物 動 驚訝	miracle 名 奇蹟
illusion 名 幻覺；假象	doom 名 厄運 動 注定
credibility 名 可信度；確實性	fancy 形 花俏的 名 幻想 動 幻想
fantastic 形 想像中的	shallow 形 膚淺的；淺薄的
recognize 動 認知；認出	symbol 名 象徵；標誌

MP3 091

快讀單字 18 passionate

[`pæʃənɪt] 名 熱情的

字根解碼➤ passion 熱情 + ate 具備…性質

The people in Taiwan are passionate, kind and hospitable.
臺灣人熱情、友善又好客。

必備聯想字 Related Words

conventional [kən`vɛnʃənḷ] 形 傳統的

Some conventional opinions should be adjusted to meet the modern trend.
某些傳統觀念應該調整，以順應現代潮流。

custom [`kʌstəm] 名 習俗；慣例

Setting off sky lanterns used to be a custom at Lantern Festival.
放天燈以前曾是元宵節的一個風俗習慣。

enlighten [ɪn`laɪtṇ] 動 啟發；教育

Ms. Chen enlightened me on the difficult math question.
陳老師啟發我解開困難的數學問題。

excitement [ɪk`saɪtmənt] 名 興奮；刺激

I was shocked when Lucy exclaimed in excitement.
露西因驚喜而大叫的時候，我被嚇了一跳。

participate [pɑr`tɪsə͵pet] 動 參與；參加

We are requested to participate in extracurricular activities at school.
我們在學校被要求參與課外活動。

拓展！單字充電站 Learn More!

tradition 名 傳統；慣例	customary 形 慣例的
participant 名 參與者	participation 名 參與
passion 名 熱情；激情	excite 動 刺激；使興奮
enlightenment 名 啟蒙；教化	feast 名 宴會 動 盛宴款待
convert 動 轉變；變換	pleasure 名 愉悅；愉快

19 religious
[rɪˋlɪdʒəs] 形 宗教的

字根解碼 → relig 人與神的連結 **+** ous/ious 具備…性質

MP3 092

The **religious** connotation of the film is incomprehensible to Western audience.
◀) 這部電影的宗教涵義對歐美國家的觀眾而言不易理解。

🎯 **必備聯想字** Related Words

cathedral [kəˋθidrəl] 名 大教堂
⦿ The magnificent **cathedral** attracted our attention.
壯觀的大教堂吸引了我們的注意力。

confession [kənˋfɛʃən] 名 【宗】告解；坦白
⦿ Danny is a Catholic and goes to **confession** every other week.
丹尼是天主教徒，他每兩週做一次告解。

divine [dəˋvaɪn] 形 超凡的；神性的
⦿ They claimed that this is a **divine** donation.
他們聲稱這是超凡的奉獻。

solemn [ˋsɑləm] 形 嚴肅的；鄭重的
⦿ Their marriage rites in the church were **solemn** and touching.
他們在教堂的結婚儀式既莊重又感人。

worship [ˋwɝʃɪp] 名 動 崇拜；敬仰
⦿ My parents had **worshipped** the Bodhisattva for years.
我父母拜菩薩已拜了好多年。

🎓 **拓展！單字充電站** Learn More!

religion 名 宗教	missionary 名 傳教士 形 傳教的
nun 名 修女；尼姑	sermon 名 布道
blessing 名 恩典；祝福	doctrine 名 教條
gospel 名 福音；真理	heaven / paradise 名 天堂
monk 名 僧侶；修道士	pilgrim 名 朝聖者
bible / Bible 名 聖經	disciple 名 門徒；信徒

快讀單字 20

spiritual

[ˋspɪrɪtʃuəl] [形] 精神的

字根解碼 ➔ spirit 精神；心靈 + al/ual 關於…的

MP3 093

Reading is a **spiritual** experience that gives me satisfaction.

閱讀是一種心靈體驗，為我帶來滿足感。

必備聯想字 Related Words

meditation [ˏmɛdəˋteʃən] [名] 冥想；沉思

The **meditation** was conducted by a priest.
這場冥想由一位牧師主持。

prophet [ˋprɑfɪt] [名] 先知；預言者

It is said that a **prophet** foretold the event in which Jesus Christ came back to life.
據說一位先知預言了耶穌基督復活的事件。

ritual [ˋrɪtʃuəl] [名] 儀式 [形] 儀式的

Some religions lay stress on **ritual** more than others.
有些宗教比其他宗教更注重儀式。

sacrifice [ˋsækrəˏfaɪs] [名] 犧牲 [動] 犧牲；祭祀

The villagers **sacrificed** a huge pig to the gods.
村民們以一頭大豬祭祀眾神。

superstition [ˏsupɚˋstɪʃən] [名] 迷信

Superstitions are sometimes esteemed as part of a cultural heritage.
有時候，迷信也被視為文化遺產的一部分。

拓展！單字充電站 Learn More!

priest [名] 神父；牧師	preach [動] 布道；說教
prayer [名] 禱告；祈禱	meditate [動] 冥想；沉思
sacred [形] 神聖的	purify [動] 淨化；使純淨
saint [名] 聖人 [動] 使成為聖徒	guardian [名] 守護者
witch / wizard [名] 女巫／巫師	peer [名] 同儕 [動] 端詳

快讀單字 21 **cultural**

[ˋkʌltʃərəl] [形] 文化的

字根解碼 ➔ cultur 耕作 + al 關於…的

The classical works of literature are the **cultural** heritage we have inherited from our wise ancestors.

🔊 古典文學作品是傳承祖先智慧的文化遺產。

MP3 094

必備聯想字 Related Words

arouse [əˋrauz] [動] 喚起；激動

💡 The melody of this song **aroused** my sentiment.
這首歌的旋律引起了我的傷感。

conceal [kənˋsil] [動] 隱瞞；隱藏

💡 At this stage, the information of the project must be **concealed**.
在這個階段，企劃的相關資訊都要保密。

constructive [kənˋstrʌktɪv] [形] 建設性的

💡 Can you propose something more **constructive**?
能不能請你提供一些更有建設性的意見呢？

controversial [ˏkɑntrəˋvɝʃəl] [形] 有爭議的

💡 Whether Wendy should be responsible for the damage is **controversial**.
溫蒂是否要對損害負責還是有爭議的。

disclosure [dɪsˋkloʒɚ] [名] 揭發；透露

💡 The **disclosure** of what was hidden will be surprising.
將隱藏的事件揭發開來將會令人大吃一驚。

拓展！單字充電站 Learn More!

society [名] 社會	culture [名] 文化
documentary [名] 記錄片 [形] 文件的	controversy [名] 爭論；辯論
moral [形] 道德上的 [名] 道德	entire [形] 全部的；整體的
essence [名] 本質；精華	purity [名] 純粹；純淨
illustrate [動] 舉例說明	uncover [動] 揭開；揭露

快讀單字 22 assistance

[əˈsɪstəns] 名 協助

字根解碼 ➔ assist 幫助 + ance 動作

MP3 095

I was monstrously touched by Mr. Anderson's selfless **assistance**.

🔊 安德森先生無私的幫助讓我大受感動。

必備聯想字 Related Words

appropriate [əˈproprɪˌet] 形 適當的

Appropriate marketing strategies will be helpful to the sales.
適當的行銷策略能幫助銷售。

charity [ˈtʃærətɪ] 名 慈善；慈善團體

There is a long queue waiting outside for a **charity** show.
慈善表演場地外面排著長長的人龍。

contribution [ˌkɑntrəˈbjuʃən] 名 貢獻

Tourism has no doubt made vital **contribution** to the local economy.
旅遊業無疑已為當地經濟做出重大貢獻。

indifferent [ɪnˈdɪfərənt] 形 漠不關心的

Jamie is such an **indifferent** person who always ignores others' feelings.
傑米是個冷漠的人，總是無視他人的感受。

volunteer [ˌvɑlənˈtɪr] 名 志工 動 自願做

Robert **volunteered** to go to Sydney on business.
羅伯特自願去雪梨出差。

拓展！單字充電站 Learn More!

concern 名 關心的事 動 關心	contribute 動 貢獻；捐獻
include 動 包含；包括	voluntary 形 自願的
aid / assist 動 援助	increase 動 名 增加
secure 動 保護 形 安全的	spread 動 名 散布；擴散
shelter 名 避難所 動 保護；掩護	accustom 動 使習慣於

快讀單字 23 **parade**

[pə`red] [名] 遊行 [動] 參加遊行

字根解碼 par 準備 + ade 名詞／動詞

MP3 096

The St-Patrick's parade in New York is always crowded with tourists.

紐約的聖派翠克遊行總是擠滿了觀光客。

必備聯想字 Related Words

conscientious [ˏkɑnʃɪ`ɛnʃəs] [形] 認真的；盡心盡責的

Mr. Liu has been conscientious about his research work.
劉先生對於研究工作一向很認真。

plead [plid] [動] 懇求；辯護

Eric came last night and pleaded for more time for him.
艾瑞克昨晚有來，並懇求再給他多一點時間。

prior [`praɪɚ] [形] 優先的；在前的 [副] 居先

Prior working experience is of significant importance in your résumé.
之前的工作經驗在履歷中是非常重要的。

protest [`protɛst ] / [ prə`tɛst] [名] [動] 抗議；反對

Several environmental groups protested against the plan.
幾個環保團體對這項計畫表示抗議。

undoubtedly [ʌn`daʊtɪdlɪ] [副] 無庸置疑地

Undoubtedly, Bill has the gift for an excellent artist.
毫無疑問地，比爾擁有成為優秀藝術家的天賦。

拓展！單字充電站 Learn More!

argument [名] 爭論	reaction [名] 反應
meaningful [形] 有意義的	mission [名] 任務；使命
accordance [名] 依照；根據	boycott [名] [動] 杯葛；聯合抵制
solve [動] 解決；解答	follower [名] 跟隨者
propaganda [名] 宣傳活動	policeman / cop [名] 警察

快讀單字 24 journalism

[`dʒɜnḷˌɪzm] 名 新聞業；新聞學

MP3 097

字根解碼→ journal 日報 + ism 工作

Clark began a career in journalism last month.
🔊 克拉克上個月開始在新聞界工作。

必備聯想字 Related Words

columnist [`kɑləmɪst] 名 專欄作家

🔊 Ms. Johnson is a columnist for the Los Angeles News.
強森小姐是洛杉磯新聞報的專欄作家。

headline [`hɛdˌlaɪn] 名 標題 動 下標題

🔊 Did you see the headline in today's newspaper?
你有看到今天報紙的頭條新聞嗎？

illustration [ɪˌlʌs`treʃən] 名 說明；插圖

🔊 Rap's rise is a good illustration of how influential youth culture is on youth attitudes and behavior.
青年文化如何對年輕人的態度和行為造成影響，饒舌音樂是一個很好的例子。

journalist [`dʒɜnḷɪst] 名 記者

🔊 The journalist was interviewing a friend of mine.
新聞記者正在採訪我的一位朋友。

spokesperson [`spoksˌpɜsṇ] 名 發言人

🔊 Aaron is the spokesperson of this company.
艾倫是這家公司的發言人。

拓展！單字充電站 Learn More!

news 名 新聞	issue 名 議題 動 發行
notice 動 注意 名 布告	useful 形 有用的
concise 形 簡潔的	newspaper 名 報紙
caption 名 標題；簡短說明	press 名 新聞界 動 壓下
column 名 專欄；圓柱	commentator 名 時事評論家

25 **influential**
[ˌɪnfluˋɛnʃəl] 形 有影響力的

MP3 098

字根解碼 → in 入內 + flu 流 + ent 性質 + ial …的

The most **influential** person in my life is my father.
🔊 生命中影響我最深的人是我的父親。

必備聯想字　Related Words

authentic [ɔˋθɛntɪk] 形 真實的；真正的

You can compare these two scripts; you'll find which one is **authentic**.
比較一下這兩份手稿，你就能發現哪一份是真跡。

crucial [ˋkruʃəl] 形 至關重要的

The communicative skills are **crucial** to the job of a sales agent.
就這份銷售經紀人的工作而言，溝通技巧十分重要。

meanwhile [ˋminˌhwaɪl] 名 其間 副 同時

Andrew is playing the piano; **meanwhile**, his sister is singing along.
安德魯在彈鋼琴的同時，他的妹妹也跟著琴聲唱歌。

prohibition [ˌproəˋbɪʃən] 名 禁止；禁令

The **prohibition** against feeding animals in the zoo will actually protect them.
禁止餵食動物園裡的動物實際上是在保護牠們。

widespread [ˋwaɪdˌsprɛd] 形 廣為流傳的

Mr. Smith's good deeds have been **widespread**.
史密斯先生的善行已廣為流傳。

拓展！單字充電站　Learn More!

incident 名 事件	turmoil 名 騷動；混亂
effect 名 影響 動 造成	influence 名 動 影響
intent 名 意圖 形 熱切的	intention 名 意圖；意向
commonplace 形 常見的 名 陳腔濫調	meantime 名 其間 副 同時
renew 動 使更新；使復原	tribute 名 致敬；敬意

The Family

PART 05

家人的居家日常

描述家庭關係&家人間的互動，
看完本章，立即熟記居家類單字。

UNIT1 住宅設備、居住環境
UNIT2 打掃各處、做家務
UNIT3 家人們與互動
UNIT4 家庭成員的更迭
UNIT5 照顧家人的健康

01 **residential**

[ˏrɛzə`dɛnʃəl] 形 居住的；住宅的

MP3 099

字根解碼→ resid 居住 + ent …的人 + ial 關於…的

The foreigner didn't satisfy the **residential** qualifications to get a work permit.

🔊 這位外國人不符合居住資格，無法拿到工作許可證。

 **必備聯想字** Related Words

convenience [kə`vinjəns] 名 便利

⓪ You can access any information on this website for full facility and **convenience**.

在這個網站，你能夠很便利地取得各項資訊。

hometown [`hom`taʊn] 名 家鄉

⓪ My **hometown** used to be a quiet country village.

我的家鄉以前是個寧靜的鄉下村落。

inhabitant [ɪn`hæbətənt] 名 居民

⓪ Many **inhabitants** here are those who have migrated from Asia.

這裡有許多居民都是亞洲來的移民。

landlord [`lænd,lɔrd ] / landlady [ `lænd,ledɪ] 名 房東／女房東

⓪ The **landlord** insists that the occupancy should not be shorter than two years.

房東堅持租約期間不應少於兩年。

neighborhood [`nebɚ,hʊd] 名 鄰近；鄰近地區

⓪ Mr. and Mrs. Jones live in an affluent **neighborhood**.

瓊斯夫婦住在一個富裕的社區。

拓展！單字充電站 Learn More!

residence 名 住家；住宅	resident 名 居民 形 居住的
neighbor 名 鄰居 動 與…為鄰	block 名 街區 動 阻塞；封鎖
accommodation 名 適應	convenient 形 方便的
ownership 名 所有權	rent 名 租金 動 租借
rental 名 租金；租賃	tenant 名 房客 動 租賃

快讀單字 02 downtown

[ˌdaʊnˋtaʊn] 形 鬧區的 名 鬧區

MP3 100

字根解碼 down 往 + town 市中心

The Drake Hotel in **downtown** Chicago sits overlooking Lake Michigan.

德雷克飯店坐落在芝加哥市中心，俯瞰密西根湖。

必備聯想字 Related Words

aside [əˋsaɪd] 副 在旁邊；到旁邊

Mark stopped **aside** to let the students pass the road.
馬克靠邊停車，讓學生們通過馬路。

density [ˋdɛnsətɪ] 名 稠密（度）；密度

The students use a hydrometer to measure the **density** of the water.
學生們使用比重計來量測水的密度。

metropolitan [ˌmɛtrəˋpɑlətn̩] 形 大都市的 名 大都市居民

The **metropolitan** transportation is really convenient.
大都市的交通運輸非常方便。

population [ˌpɑpjəˋleʃən] 名 人口

In many countries, there is a drift of **population** from rural areas to the cities.
許多國家都有人口從鄉村地區流動到城市的趨勢。

skyscraper [ˋskaɪˌskrepɚ] 名 摩天大樓

Does the height of **skyscrapers** reflect the latest architecture techniques?
摩天高樓的高度是否能反映最新的建築技術呢？

拓展！單字充電站 Learn More!

supermarket 名 超級市場	market 名 市場 動 銷售
center 名 中心；中央	dense 形 稠密的；密集的
bridge 名 橋；橋梁 動 架橋於	safety 名 安全
sound 名 聲音 動 聽起來	rattle 動 發出嘎嘎聲 名 嘎嘎聲
outskirts 名 郊區	adaptation 名 適應；改編

 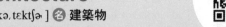

03 architecture

[`ɑrkə,tɛktʃə] 名 建築物

字根解碼 → archi 主要的 + tect 建造者 + ure 名詞

MP3 101

We visited three churches, and I really loved the design of the **architecture**.

🔊 我們參觀了三棟教堂，我真的很喜歡他們的建築設計。

 必備聯想字　Related Words

broaden [`brɔdṇ] 動 加寬；使擴大

🔊 All of us must widen our mind and **broaden** our horizons in the infinity of the universe.

在這無垠的宇宙，我們都該放寬心胸、拓展視野。

cement [sə`mɛnt] 名 水泥 動 用水泥砌合

🔊 Don't step on the hard cold **cement** floor with your bare feet.

不要赤腳踏上冷硬的水泥地板。

concrete [`kɑnkrit] 形 具體的 名 水泥

🔊 I think Oliver committed the crime, but I don't have any **concrete** evidence.

我認為奧利佛犯罪，但我沒有任何具體的證據。

construction [kən`strʌkʃən] 名 建築；結構

🔊 He figured that the **construction** project may be completed within three years.

他估計這項建案應該會在三年內完成。

stationary [`steʃən,ɛrɪ] 形 不動的

🔊 Judy spends several hours a day pedaling a **stationary** bicycle.

茱蒂每天花好幾個小時的時間踩健身腳踏車。

拓展！單字充電站　Learn More!

apartment 名 公寓	mansion 名 大廈
household 名 家庭	architect 名 建築師
construct 動 建構	crane 名 起重機 動 伸（頸）
contractor 名 承包商；立契約者	balcony 名 陽臺；露臺
pillar 名 梁柱；柱子	beam 名 橫梁；光線 動 發射

快讀單字 04 **symmetry**
[`sɪmɪtrɪ] 名 對稱（性）

MP3 102

字根解碼➜ sym 一起 + meter/metry 測量

Some people believe that **symmetry** is one of the standards for beauty.
◀) 有些人認為對稱性是美的標準之一。

必備聯想字 Related Words

circular [`sɜkjələ] 形 圓形的；循環的
⑪ Danny likes your design, especially the **circular** stair in the house.
丹尼喜歡你的設計，尤其是屋內的迴旋狀樓梯。

oval [`ovḷ] 形 橢圓形的 名 橢圓形
⑪ The short hairstyle looks good on Laura's lovely **oval**-shaped face.
短髮造型看起來很適合蘿拉的鵝蛋臉。

rectangle [`rɛktæŋgḷ] 名 長方形；矩形
⑪ Both squares and **rectangles** have four 90 degree angles.
正方形和長方形都有四個九十度角。

square [skwɛr] 名 正方形；廣場 形 正方形的
⑪ A rectangle can be a formation of two **squares**.
一個長方形可以由兩個正方形構成。

triangle [`traɪˌæŋgḷ] 名 三角形
⑪ Ms. Lee asked the students to cut the paper into right **triangles**.
李老師要學生把紙裁成直角三角形。

拓展！單字充電站 Learn More!

shape 名 形狀	dome 名 圓屋頂 動 覆以圓頂
circle 名 圓形 動 圍繞	round 形 圓的 介 在…四周
spiral 形 螺旋的 名 螺旋	cube 名 立方體 動 使成立方形
ceiling 名 天花板	lofty 形 高聳的；極高的
tilt 名 傾斜；偏向 動 使傾斜	lean 動 傾斜 形 精瘦的

05 courtyard
[`kort,jɑrd] 名 庭院

MP3 103

字根解碼 → court 庭院 + yard 房屋周圍的土地

The priest gave an emotional sermon in the chilly **courtyard** on Christmas Eve.

◀)) 神父在聖誕夜於冷冽的庭院中舉行一場感人的布道。

必備聯想字 Related Words

fence [fɛns] 名 籬笆 動 防衛；防護

◐ The wooden **fence** is decorated with roses and morning glories.
這個木造圍籬用玫瑰和牽牛花作裝飾。

landscape [`lænd,skep] 名 風景 動 造景

◐ You can read more about the **landscape** in various areas of Norway in this website.
你可以在這個網站中找到更多有關挪威當地的景觀資訊。

muddy [`mʌdɪ] 形 泥濘的；多爛泥的

◐ The track was very **muddy** after the heavy rain.
這條小徑在大雨過後變得泥濘不堪。

shrub [ʃrʌb] 名 灌木；矮樹

◐ Mary planted some roses and flowering **shrubs** in her yard.
瑪莉在庭院裡種植了一些玫瑰與開花灌木。

sprinkle [`sprɪŋkl̩] 動 澆；灑 名 小雨；少量

◐ The chef **sprinkled** a small amount of salt on the chicken just before cooking.
烹調前，主廚在雞肉上灑了少許鹽巴。

拓展！單字充電站 Learn More!

lawn 名 草地；草坪	plant 名 植物；工廠 動 栽種
gardener 名 園丁	greenhouse 名 溫室
trim 動 名 修剪；修整 形 整齊的	hose 名 水管 動 以水管澆洗
hedge 名 籬笆 動 設定界線	tile 名 磁磚 動 鋪磁磚
spade 名 鏟子	vase 名 花瓶

快讀單字 06 housework
[`haʊs,wɜk] 名 家事

補充詞彙 → household chores 家務

MP3 104

I felt surprised when Tommy helped me with the **housework**.

🔊 湯米幫我做家事的時候，我感到很驚訝。

必備聯想字 Related Words

detergent [dɪ`tɜdʒənt] 名 洗潔劑

The **detergent** can be used to effectively remove coffee or tea stains.
這款洗潔劑能夠有效清除咖啡或茶留下的汙漬。

laundry [`lɔndrɪ] 名 洗衣店；送洗衣物

Nancy always does the **laundry** by hand to save more costs.
為了節省開銷，南西都用手洗衣服。

routine [ru`tin] 名 慣例 形 例行的

Watering the flowers in the courtyard is one of her **routines**.
去庭院澆花是她每天要做的事情之一。

tidy [`taɪdɪ] 形 整潔的 動 整理

Each area in the apartment is kept **tidy** and clean.
這間公寓的各個區域都保持得很整齊和乾淨。

vacuum [`vækjʊəm] 名 真空；吸塵器 動 以吸塵器打掃

My mother went to the mall to buy a new **vacuum**.
為了買一臺新的吸塵器，我母親去了大賣場。

拓展！單字充電站 Learn More!

domestic 形 家庭的；國內的	chore 名 家庭雜務
housekeeper 名 管家	dryer 名 烘衣機
bleach 名 漂白劑 動 漂白	broom 名 掃帚
sweep 動 掃；清掃	mop 名 拖把 動 擦洗
neat / orderly 形 整齊的	polish 名 擦亮；光澤 動 擦亮

07 sponge

[spʌndʒ] 名 海綿 動 用海綿擦拭

補充詞彙→ sponge cake 海綿蛋糕

MP3 105

A **sponge** will absorb more water than it can retain on the surface.

◀ 海綿可以吸收許多表面留不住的水分。

 **必備聯想字** Related Words

container [kən`tenɚ] 名 容器

We couldn't find a suitable **container** to collect these samples.
我們找不到適合收集這些樣本的容器。

faucet [`fɔsɪt] / tap [tæp] 名 水龍頭

Once Andy got home, he turned on the **faucet** to wash his hands.
安迪一回到家，就打開水龍頭洗手。

leak [lik] 名 漏洞 動 漏出；滲透

The fuel tank on the lower left side is **leaking**.
左下方的燃料槽正在漏油。

microwave [`maɪkro͵wev] 名 微波爐 動 微波

Ivy put the noodles in the **microwave** oven to heat them for one minute.
艾薇把麵條放進微波爐中加熱一分鐘。

scrub [skrʌb] 名 刷子 動 刷洗

When Jenny got home, she **scrubbed** off the dirt from her shoes.
珍妮回到家之後，便擦掉鞋子上的灰塵。

拓展！單字充電站 Learn More!

drip 名 水滴 動 滴下	drain 動 排出 名 排水管
rust 名 鐵鏽 動 生鏽	plumber 名 水管工人
refrigerator / fridge 名 冰箱	cupboard 名 碗櫥
foam 名 泡沫 動 起泡沫	soak 動 名 浸泡；浸漬
wipe 動 名 擦；擦淨	apron 名 圍裙

快讀單字 08 garbage / rubbish
[`gɑrbɪdʒ ] / [ `rʌbɪʃ] 名 垃圾

MP3 106

補充詞彙➜ a garbage bag 垃圾袋

The cleaning lady took out the **garbage** bins for each of us.
清掃人員替我們每個人把垃圾桶拿出去。

必備聯想字 Related Words

dusty [`dʌstɪ] 形 灰塵覆蓋的

I couldn't help sneezing when I walked into that **dusty** attic.
走進布滿灰塵的閣樓時，我忍不住一直打噴嚏。

messy [`mɛsɪ] 形 髒亂的；混亂的

Your living room is **messy**. When will you clean it up?
你家客廳很髒亂，你何時才要打掃乾淨？

nasty [`næstɪ] 形 汙穢的；令人作嘔的

Did you see that **nasty** boy? He is Quinn's brother.
你看到那個髒兮兮的男孩了嗎？他是昆恩的弟弟。

sloppy [`slɑpɪ] 形 不整潔的；懶散的

Vicky can't stand her boyfriend being so **sloppy**.
薇琪不能忍受她男朋友這麼邋遢。

stain [sten] / **blot** [`blɑt] 名 汙漬 動 弄髒

I tried hard to remove the **stain** left by the shoe polish.
我嘗試許多方法想把鞋油留下的汙漬擦掉。

拓展！單字充電站 Learn More!

mess 名 凌亂 動 弄亂	object 名 物品 動 抗議
trash 名 垃圾 動 丟棄	spot 名 點 動 弄髒
liquid 名 液體	scrap 名 碎片；少許 動 廢棄
litter 名 雜物 動 亂丟雜物	dirt 名 塵埃；泥；土
dust 名 灰塵 動 拂去灰塵	dump 動 拋棄 名 垃圾場

09 doorway

[ˋdor͵we] 名 門口；出入口

字根解碼 ▶ door 門 + way 通路

MP3 107

Please tell Andrew that I will wait for him in the **doorway**.
🔊 請告知安德魯，我會在門口等他。

必備聯想字　Related Words

arch [artʃ] 名 拱門 動 變成拱形

⓪ According to this map, the road runs directly under the **arch**.
根據這張地圖，這條路會直接穿越拱門底下。

driveway [ˋdraɪ͵we] 名 車道

⓪ Ryan made a 90 degree turn from the **driveway** into the garage.
萊恩把車從私人車道轉九十度角駛入車庫。

marble [ˋmɑrbḷ] 名 大理石

⓪ The statue will be put on the pedestal made of **marble**.
這座雕像會裝上大理石的底座。

porch [portʃ] 名 玄關；門廊

⓪ We can enjoy the cool summer breeze on the **porch** after dinner.
晚餐後，我們可以到門廊上享受清涼的夏夜微風。

threshold [ˋθrɛʃhold] 名 入口；門口

⓪ Peter stood at the kitchen **threshold** and looked at me.
彼得站在廚房門口看著我。

拓展！單字充電站　Learn More!

greet 動 迎接；問候	gate 名 大門
stair 名 樓梯	knob 名 圓形把手
lock 名 鎖 動 上鎖	unlock 動 開鎖；揭開
mat 名 墊子	floor 名 地板 動 鋪設地板
panel 名 鑲板；壁板	pattern 名 圖案；樣式 動 仿造
roof 名 屋頂 動 給…蓋屋頂	basement 名 地下室

MP3 108

快讀單字 10 bedroom

[`bɛd,rum] 名 臥房

補充詞彙→ master bedroom 主臥室

Rick threw open the bedroom window and then his wife closed it.

瑞克突然打開臥室窗戶，然後他太太把它關了起來。

必備聯想字 Related Words

closet [`klɑzɪt ] / wardrobe [ `wɔrd,rob] 名 衣櫥；衣櫃

The servant hung the master's coat in the left closet.

傭人將主人的外套掛在左邊的衣櫥裡。

flush [flʌʃ] 動 沖水 名 紅暈

Jamie flushed the toilet and went back to his room.

傑米沖了馬桶並回到房間。

furniture [`fɜnɪtʃɚ] 名 傢俱

The bed bought from a big furniture warehouse costs less than that in a store.

在批發店買的床比在一般傢俱行的還便宜。

mattress [`mætrɪs] 名 床墊

Allergens may easily get collected on the mattress.

床墊可能很容易積聚過敏原。

quilt [kwɪlt] 名 棉被 動 製被

Your quilt needs to be frequently washed to eliminate airborne dirt.

你的被單應該要常常洗，才能清除空氣中的灰塵。

拓展！單字充電站 Learn More!

sheet 名 床單	blanket 名 毛毯 動 （似）以毯覆蓋
fold 動 名 摺疊；交疊	pillow 名 枕頭
bookcase 名 書架	drawer 名 抽屜
wooden 形 木製的	toilet 名 廁所；洗手間
towel 名 毛巾 動 用毛巾擦	mirror 名 鏡子 動 反映

121

 **family**
[`fæməlɪ] 名 家庭；家人

字根解碼➔ famil 親密的 + y 名詞

MP3 109

As the only child in her **family**, Doris is both selfish and petulant.
🔊 朵莉絲是家中的獨生女，個性自私，脾氣又差。

🎯 **必備聯想字** Related Words

brotherhood [`brʌðə‚hʊd] 名 手足之情

⑪ The crowd was much moved by their **brotherhood**.
群眾被他們的手足之情深深打動。

cousin [`kʌzn̩] 名 表（堂）兄弟姐妹

⑪ My **cousin** enjoys having a stable life. She hates to be disturbed by any changes.
我堂姊喜歡穩定的生活，她很討厭被任何異動打擾。

foster [`fɔstə] 形 收養的 動 收養

⑪ Amelia is my uncle's **foster** daughter; we are very close.
艾蜜莉亞是我叔叔的養女，我們很親密。

nephew [`nɛfju] / **niece** [nis] 名 姪子；外甥／姪女；外甥女

⑪ My **nephew** dreams of becoming a doctor and practicing in the U.S.
我的外甥夢想成為一名醫師，並且在美國執業。

stepchild [`stɛp‚tʃaɪld] 名 繼子；繼女

⑪ Bridget is very strict with her **stepchild**.
布莉姬對她的繼子非常嚴格。

🎯 **拓展！單字充電站** Learn More!

grandfather 名 （外）祖父	grandmother 名 （外）祖母
parent(s) 名 雙親；家長	youthful 形 年輕的
uncle 名 叔叔；伯伯；舅舅；姑丈；姨丈	aunt 名 阿姨；姑姑；伯母；嬸嬸
brother 名 兄弟	daughter 名 女兒
stepfather 名 繼父	stepmother 名 繼母

快讀單字 12 intimate

[`ɪntəmɪt] 形 親密的 名 知己

補充詞彙→ familiar 熟悉的 / confidant 密友

MP3 110

Carrie discussed with her intimate friends whether she should marry James.

🔊 凱莉與密友討論她是否該與詹姆士結婚。

必備聯想字 Related Words

anniversary [ˌænəˋvɝsərɪ] 名 週年紀念日

🔟 The lovers celebrated their 3rd anniversary of meeting each other.
這對情侶慶祝他們的三週年相遇紀念日。

commitment [kəˋmɪtmənt] 名 承諾

🔟 I cannot make such a commitment at the moment.
我目前不能做出這樣的承諾。

divorce [dəˋvors] 名 動 離婚;分離

🔟 Bella has fairly ambivalent feelings towards her divorced mother.
貝拉對與父親離婚的母親有著相當矛盾的情感。

intimacy [ˋɪntəməsɪ] 名 親密

🔟 The intimacy between us will help our cooperation.
我倆之間的親密關係將有助於我們的合作。

separate [ˋsɛprɪt] / [ˋsɛpəˌret] 形 分開的 動 分開

🔟 The switchboard is installed in a separate space at the second floor.
配電盤裝置在二樓的一個獨立空間內。

拓展!單字充電站 Learn More!

engagement 名 訂婚	fiancé / fiancée 名 未婚夫/未婚妻
propose 動 求婚;提議	spouse 名 夫妻;配偶
bridegroom / groom 名 新郎	bride 名 新娘
honeymoon 名 蜜月 動 度蜜月	marriage 名 婚姻
housewife 名 家庭主婦	annual 形 一年的
separation 名 分離	widow / widower 名 寡婦/鰥夫

13 adolescence
[ˌædl̩ˈɛsn̩s] 名 青春期

MP3 111

字根解碼 ad 前往 + ol 滋養 + esce 逐漸 + ence 名詞

Junior high school students are so rebellious because they are in their **adolescence**.

🔊 國中生非常叛逆是因為他們正值青春期。

 **必備聯想字** Related Words

allowance [əˈlauəns] 名 零用錢

My cousin has a home office and makes some **allowance** for herself.
我堂姊在家上班,為自己賺些零用錢。

frown [fraun] 名 不悅之色 動 皺眉

The school principal **frowned** at the noise coming from the classroom.
校長聽到從教室裡傳來的吵鬧聲,皺起了眉頭。

juvenile [ˈdʒuvənl̩] 形 青少年的 名 青少年

The **juvenile** protested that he had never done it.
這名青少年堅稱他沒有做過那件事。

scream [skrim] / **shriek** [ʃrik] 動 名 尖叫

The mother was upset because her baby is **screaming** in the red-eye flight.
由於她的孩子在夜班的飛機上哭鬧,所以那名母親感到心煩。

teenager [ˈtinˌedʒɚ] 名 青少年

Those **teenagers** were condemned for offending school rules.
那些青少年因違反校規而受到譴責。

拓展!單字充電站 Learn More!

nurture 動 養育 名 培育	whine 名 牢騷 動 嘀咕;發牢騷
adolescent 形 青少年的 名 青少年	teenage 形 十幾歲的
youngster 名 年輕人	contradiction 名 矛盾;反駁
nag 動 使煩惱 名 嘮叨的人	glare 名 動 怒視;瞪眼
spoil 動 寵壞;損壞	whip 名 鞭子 動 鞭打

快讀單字 14 reunion

MP3 112

[rɪ`junjən] 名 重聚；團聚

字根解碼 re 再一次 + union 結合

Jonathan introduced his fiancée to everyone in the **reunion** party.
強納森介紹他的未婚妻給同學會上的每個人。

必備聯想字 Related Words

antique [æn`tik] 形 古董的 名 古董

Do you know the market capitalization of this **antique** vase?
你知道這只古董花瓶的市值嗎？

communication [kə,mjunə`keʃən] 名 溝通

More **communication** will be needed to harmonize the company development plan.
我們需要進一步地溝通，以協調公司的發展計畫。

curtain [`kɜtn] 名 窗簾 動 裝上窗簾

Julian stepped into the room and drew the **curtains**.
朱利安走進房間，並拉上窗簾。

energetic [,ɛnə`dʒɛtɪk] 形 精力旺盛的

This puppy is **energetic** and excited about the new family.
這隻小狗精力充沛，對於新的家庭感到很興奮。

transparent [træns`pɛrənt] 形 透明的

A **transparent** film is attached on the surface of the glass.
玻璃上貼了一層透明薄膜。

拓展！單字充電站 Learn More!

occasion 名 場合；事件	conversation 名 交談
communicate 動 溝通	laughter 名 笑；笑聲
shutter 名 百葉窗 動 關上窗	carpet / rug 名 地毯
cushion 名 坐墊 動 緩和…的衝擊	fireplace 名 壁爐
chimney 名 煙囪	cozy 形 舒適的；愜意的

快讀單字 15 **utensil**

[juˋtɛnsl̩] [名] 器皿；用具

MP3 113

字根解碼 ➜ uti/ut 使用 + ensil 用具

The government wants to heighten tariffs on items such as cooking **utensils**.

政府想要提高如廚具等品項的關稅。

必備聯想字 Related Words

kettle [ˋkɛtl̩] [名] 水壺；快煮壺

Mark forgot to plug the **kettle** into an electrical outlet.
馬克忘記替快煮壺插上電源了。

kitchen [ˋkɪtʃɪn] [名] 廚房

The water on the **kitchen** floor is completely drained out.
廚房地板上的水已完全排空。

napkin [ˋnæpkɪn] [名] 餐巾紙

She always wipes her mouth with the **napkin** before drinking the wine.
她在飲酒前都會先用餐巾擦拭嘴巴。

plate [plet] [名] 盤子

Newman's mother was mad at him since he broke the **plate** on purpose.
紐曼故意打破盤子的舉動讓他媽媽很生氣。

stove [stov] [名] 爐子

Once the water is boiled, turn off the **stove** right away.
水一旦煮開，就立即關掉爐火。

拓展！單字充電站 Learn More!

cooker [名] 炊具；烹調器具	oven [名] 烤箱；爐
bottle [名] 瓶子 [動] 用瓶子裝	jar [名] 廣口瓶
jug [名] 水壺 [動] 煮；燉	saucer [名] 淺碟
chopstick(s) [名] 筷子	fork [名] 叉子；岔路
knife [名] 刀 [動] 切	blade [名] 刀鋒；刀身

快讀單字 16 **pregnancy**
[`prɛɡnənsɪ] 名 懷孕

MP3 114

字根解碼 → pre 之前 + gen/gnan 產生 + cy 名詞

It is wiser to eat nutritious food during **pregnancy**.
在懷孕期間吃有營養的食物比較明智。

必備聯想字 Related Words

delivery [dɪ`lɪvərɪ] 名 分娩；傳送
What is the proportion of infants delivered in a **delivery** room?
嬰兒在產房出生的比例是多少？

diaper [`daɪəpə] 名 尿布
It is harmful to the environment to use disposable **diapers**.
使用拋棄式尿布對生態環境有害。

identical [aɪ`dɛntɪk]] 形 相同的
The mother of the **identical** twins could always distinguish her sons.
那對同卵雙胞胎的母親總是能辨認出她的兒子。

infant [`ɪnfənt] 名 嬰兒；幼兒
You should not leave your young **infant** unattended.
你不應該讓你年幼的嬰兒無人照料。

orphanage [`ɔrfənɪdʒ] 名 孤兒院
Children in the **orphanage** are taken good care of.
這家孤兒院的孩童受到良好的照顧。

拓展！單字充電站 Learn More!

pregnant 形 懷孕的	childhood 名 童年
nursery 名 托兒所	orphan 名 孤兒 動 使成孤兒
childish 形 孩子氣的	conceive 動 懷孕；構思
deliver 動 接生；傳送	sleepy 形 想睡的
twin 名 雙胞胎	cradle 名 搖籃 動 放入搖籃
tub 名 盆；桶；浴缸	birth 名 出生；血統

MP3 115

17 funeral

[`fjunərəl] 名 葬禮

字根解碼➜ funer 葬禮儀式 + al 字尾

The dignitary's **funeral** was very solemn.

🔊 這名顯貴的葬禮非常莊嚴。

必備聯想字 Related Words

burial [`bɛrɪəl] 名 葬禮;下葬;埋葬

🄌 All the mourners at the **burial** cried because they loved the deceased a lot.

參加葬禮的送葬者們都很喜歡那位死者,所以都哭了。

---

cemetery [`sɛmə,tɛrɪ] 名 公墓

🄌 My grandfather was buried in a Catholic **cemetery**.

我爺爺被葬在一個天主教的墓園裡。

---

corpse [kɔrps] 名 屍體;殘骸

🄌 The man called the police immediately after he found the **corpse**.

一發現屍體,那名男子就報警了。

---

dispose [dɪ`spoz] 動 處理;配置

🄌 Each industry should **dispose** the chemical waste properly.

每個產業都應該妥善處理化學廢料。

---

mournful [`mɔrnfəl] 形 令人悲慟的

🄌 Have you ever heard a **mournful** story about this family?

你曾聽說過有關這家人的一個悲傷故事嗎?

拓展!單字充電站 Learn More!

grave 名 墳墓 形 重大的	tomb 名 墳墓;墓碑
disposal 名 處理;配置	coffin 名 棺材
console 動 安慰;慰問	mourn 動 哀慟;哀悼
bury 動 埋葬;安葬	dead 形 死的;已廢的
death 名 死;死亡	die 動 死;(草木等)枯萎

快讀單字 18 **heritage**
[`hɛrətɪdʒ] 名 遺產

字根解碼➜ herit 繼承 + age 名詞

My grandfather left me a **heritage** of NT$10,000,000.
我爺爺留給我新臺幣一千萬元的遺產。

MP3 116

必備聯想字 Related Words

inherit [ɪn`hɛrɪt] 動 繼承；接受

There are studies to indicate that the tendency toward shyness may be **inherited**.
有研究指出，害羞的傾向可能是遺傳而來的。

mortal [`mɔrtḷ] 形 致命的 名 凡人

Phil's injury was minor, and fortunately not **mortal**.
菲爾的傷勢輕微，且幸運的是無生命危險。

offspring [`ɔf͵sprɪŋ] 名 後裔；子孫

The comet is going to come back in 2061 and our **offspring** will be able to see it.
這個慧星將在西元二○六一年回來，我們的子孫將能看見它。

relative [`rɛlətɪv] 形 相關的 名 親戚

Some of my **relatives** immigrated to Switzerland for a better life.
為了更好的生活，我的部分親戚移民到瑞士。

solitary [`sɑlə͵tɛrɪ] 形 單獨的 名 獨居者

Simon likes to take a **solitary** walk in the afternoon.
賽門喜歡在下午的時候獨自去散步。

拓展！單字充電站 Learn More!

predecessor 名 祖先；前輩	ancestor 名 祖先；祖宗
solitude 名 獨居；獨處	heir 名 繼承人
relation 名 關係；關聯	relationship 名 關係；人際關係
era 名 時代；年代	relic 名 遺物；遺風
lifelong 形 終身的	fortune 名 財富；運氣

快讀單字 19 **symptom**

[`sɪmptəm] [名] 症狀；徵兆

字根解碼 sym 一起 + ptom 下降

The doctor prescribed the drug to mollify the signs and **symptoms** of the infection.

醫師開立藥物以緩和感染的徵象與症狀。

MP3 117

必備聯想字 Related Words

disorder [dɪs`ɔrdɚ] [名] 不適；混亂 [動] 使混亂

Anorexia is an eating **disorder** where people starve themselves.

厭食症是一種飲食失調的症狀，人們會讓自己挨餓。

fatal [`fetḷ] [形] 致命的；生死攸關的

The brain damage may pose a **fatal** risk to this patient.

腦部損傷可能為這名病患帶來死亡風險。

immune [ɪ`mjun] [形] 免疫的；免除的

We must exercise regularly in order to strengthen our **immune** system.

我們要經常運動，以強化免疫系統的功能。

stumble [`stʌmbḷ] [動] 跌倒 [名] 絆倒

Peter **stumbled** over a tree root and twisted his ankle.

彼得被樹根絆倒扭傷了腳踝。

vomit [`vɑmɪt] [名] [動] 嘔吐

She was terribly ill and **vomited** up all she had just eaten.

她病得很嚴重，把剛剛吃的都吐了出來。

拓展！單字充電站 Learn More!

ache [名] [動] 疼痛	sore [形] 疼痛的 [名] 痛處
cough [名] [動] 咳嗽	dizzy [形] 暈眩的
faint [形] 頭暈的 [動] [名] 暈倒	fever [名] 發燒；發熱
shiver [名] [動] 發抖；打顫	bleed [動] 流血；出血
rash [名] 疹子 [形] 輕率的	starve [動] 挨餓；餓死

快讀單字 20 epidemic
[ˌɛpɪˋdɛmɪk] 名 傳染病 形 流行的

MP3 118

字根解碼➜ epi 在⋯之中 + dem 人民 + ic 名詞

The **epidemic** in this region may flare up again during next winter.

◀) 這個地區的傳染病疫情可能在下個冬季再度爆發。

必備聯想字 Related Words

asthma [ˋæzmə] 名 氣喘；哮喘

These patients with **asthma** need regular preventive medication.
這些氣喘病患需要定期的預防性藥物治療。

chronic [ˋkrɑnɪk] 形 慢性病的；長期的

The **chronic** illness made my brother prematurely old.
我弟弟所患的慢性病造成他的提前衰老。

contagious [kənˋtedʒəs] 形 傳染的

This infectious disease may be catching and **contagious**.
這種感染病可能帶有傳染性，並可能經由接觸傳染。

diabetes [ˌdaɪəˋbitiz] 名 糖尿病

Diabetes has become an ordinary disease in modern society.
糖尿病已經成為現代社會的普遍疾病。

disease [dɪˋziz] 名 病；疾病

It is wise to treat a **disease** while it is still in its incipient stage.
發病初期就予以治療，才是明智的。

拓展！單字充電站 Learn More!

ill 形 生病的 副 惡劣地 名 不幸	flu 名 流行性感冒
cancer 名 癌症	tumor 名 腫瘤
pneumonia 名 肺炎	plague 名 瘟疫
lately 副 最近；近來	habit 名 習慣
dismay 名 沮喪 動 使沮喪	vigor 名 活力；精力

21 🔊 **groan / moan**
[gron] / [mon] 動 呻吟 名 呻吟聲

MP3 119

補充詞彙➜ agony 極度痛苦 / disapproval 不贊成

The worker **groaned** with pain while we called the ambulance.

🔊 我們打電話叫救護車時，這名工人痛苦地呻吟著。

必備聯想字 Related Words

discomfort [dɪsˋkʌmfət] 名 不適 動 使不安

The **discomfort** may disappear in a short time after you stop the drug.
在你停用藥物後，不適感即可能在短時間內消退。

isolate [ˋaɪsˌet] 動 隔離；孤立

His sense of inferiority made him **isolated** from the public.
他的自卑感使他遠離大眾。（isolated 孤立的；分離的）

murmur [ˋmɝmə] 名 低語 動 小聲說話；抱怨

The CEO frowned and then **murmured** to one of the managers.
執行長先是皺眉，接著對其中一位經理低聲地說了一些話。

sneeze [sniz] 動 打噴嚏 名 噴嚏

Remember to cover your mouth when you cough or **sneeze**.
咳嗽或打噴嚏時，記得要搗住你的嘴巴。

split [splɪt] 動 裂開 名 裂口

Disagreement **split** the Board into rival fractions.
意見不合將董事會分裂成敵對的派系。

拓展！單字充電站 Learn More!

weak 形 虛弱的；脆弱的	nightmare 名 惡夢
stroke 名 中風 動 撫摸	tumble 動 名 跌倒；墜落
rush 名 緊急；匆忙 動 急送	isolation 名 隔離；孤立
suffer 動 受苦；遭受	wander 動 徘徊；漫步 名 漫遊
stiff 形 僵直的；僵硬的	heal 動 治癒；使恢復健康

快讀單字 22

prevention

[prɪˋvɛnʃən] [名] 預防

MP3 120

字根解碼 pre 之前 + ven 來 + tion 動作

The doctors intend to implement an intensive aftercare prevention program.

醫師打算施行密集的術後照護預防計畫。

必備聯想字 Related Words

abuse [əˋbjuz] [名] 濫用 [動] 濫用；虐待

Do you know the warning signs of alcohol and drug abuse?
你知道有關酒精和藥物濫用的警訊嗎？

certainty [ˋsɝtəntɪ] [名] 確實；必然的情況

The doctor can answer your question with clear certainty.
那位醫師可以清楚肯定地回答你的問題。

elderly [ˋɛldəlɪ] [形] 上了年紀的

A priority seat is provided for the elderly, pregnant women and young children.
博愛座是為老弱婦孺所提供。

healthful [ˋhɛlθfəl] [形] 有益健康的

Maintaining a healthful body weight will be beneficial to the kidney.
維持健康的體重對腎臟的運作會有益處。

recovery [rɪˋkʌvərɪ] [名] 恢復；痊癒

It's believed that the patient's recovery is a miracle.
大家都認為這位病人能康復是奇蹟。

拓展！單字充電站 Learn More!

healthy [形] 健康的；健全的	adult [名] 成年人 [形] 成人的
recover [動] 恢復；使恢復原狀	prevent [動] 防止；預防
senior [形] 年長的 [名] 長者	cane [名] 手杖；藤條
hoarse [形] 沙啞的；刺耳的	feeble [形] 虛弱的；衰弱的
limp [名] [動] 跛行	fearful [形] 嚇人的；可怕的

 **23 prescription**
[prɪˋskrɪpʃən] 名 處方；指示

 pre 之前 + scrib/scrip 寫 + tion 動作

 MP3 121

This ointment is available on **prescription** only.
🔊 這種藥膏憑處方才買得到。

必備聯想字　Related Words

antibiotic [ˌæntɪbaɪˋɑtɪk] 名 抗生素 形 抗生的
⑪ The patient who continues puking should receive **antibiotics**.
這個病患一直嘔吐，應該要接受抗生素治療。

capsule [ˋkæpsl] 名 膠囊
⑪ These **capsules** should be stored in a dry place away from direct sunlight.
這些膠囊應該存放於乾燥處，並遠離陽光直射。

dose [dos] 名 一劑藥量 動 服藥
⑪ One **dose** of the vaccine is enough for adults.
對成人來說，一劑疫苗的注射就足夠了。

medicine [ˋmɛdəsṇ] 名 藥；醫學
⑪ Keep the **medicine** away from the reach of children under six years old.
藥物要放在六歲以下小孩拿不到的地方。

therapy [ˋθɛrəpɪ] 名 治療；療法
⑪ This disease is likely to rebound once the **therapy** is discontinued.
治療中斷後，這個疾病可能會再復發。

拓展！單字充電站　Learn More!

prescribe 動 開處方	abbreviate 動 縮寫；縮短
drugstore 名 藥房	therapist 名 治療師
pharmacist 名 藥師	pharmacy 名 藥房；藥劑學
aspirin 名 阿斯匹靈	pill 名 藥丸；藥片
tablet 名 塊；片	fluid 名 流體 形 流質的

PART 06

Relationships

搞好人際關係

從 say hello 到深入互動或溝通，
用英文替人際加分，到哪裡都吃得開。

UNIT1 人際關係面面觀
UNIT2 百感交集的情緒
UNIT3 描述性格與特徵
UNIT4 聊天八卦與交際
UNIT5 表達想法與互動

 **01** **greeting(s)**
[`gritɪŋ] 名 問候；招呼

字根解碼→ greet 問候 + ing 動作

A handshake is considered the most common **greeting**.
🔊 握手被視為一種最普遍的問候方式。

 **必備聯想字** Related Words

acquaint [ə`kwent] 動 使認識；使熟悉
Judy needs some time to get **acquainted** with her colleagues.
茱蒂需要花點時間認識同事。

appreciation [ə͵priʃɪ`eʃən] 名 欣賞；感謝
A gratuity is a tip given to show **appreciation** for service.
小費是一筆用來感謝他人服務的費用。

hesitate [`hɛzə͵tet] 動 遲疑；猶豫
Since the company is said to be involved in a bribery scandal, many investors have **hesitated**.
據說這間公司牽涉賄賂醜聞，許多投資客因而遲疑。

instinct [`ɪnstɪŋkt] 名 直覺；本能
It is a primitive **instinct** to flee a place of danger.
遇到危險就逃跑是人類的原始本能。

introduction [͵ɪntrə`dʌkʃən] 名 介紹；引進
I didn't recognize Dylan until I listened to his self-**introduction**.
在聽了狄倫的自我介紹後，我才認出他。

拓展！單字充電站 Learn More!

introduce 動 介紹	dialogue 名 對話
identify 動 認出	background 名 背景
grin 名 動 露齒而笑	appreciate 動 欣賞
hearty 形 由衷的；熱誠的	peek / peep 名 動 偷看；窺視
hesitation 名 猶豫；躊躇	nod 名 動 點頭

快讀單字 02 external
[ɪk`stɜnḷ] 形 外在的 名 外觀
字根解碼➜ extern 外部 + al 關於…的

MP3 123

There's an **external** injury on David's right arm.
🔊 大衛的右手臂上有明顯的外傷。

必備聯想字 Related Words

beautiful [`bjutəfəl] 形 美麗的;漂亮的
The box wrapped with gold ribbon looks very **beautiful**.
這個用金色緞帶包裝的盒子看起來十分漂亮。

genetic [dʒə`nɛtɪk] 形 基因的;遺傳的
One question that is being debated these days is whether or not **genetic** engineering is a good thing.
基因工程是好或壞,最近常被拿來討論。

outstanding [͵aut`stændɪŋ] 形 傑出的
With his **outstanding** merits, Julian definitely deserves the promotion.
憑藉著過人的優點,朱利安當然值得晉升。

perception [pɚ`sɛpʃən] 名 感覺;感知
Alice was upset because Frank didn't care about her **perception**.
法蘭克不在乎她的感覺,這讓愛麗絲感到難過。

stylish [`staɪlɪʃ] 形 時髦的;流行的
Caroline is wearing a pair of **stylish** shoes.
卡洛琳穿著一雙時髦的鞋子。

拓展!單字充電站 Learn More!

born 形 天生的	handsome 形 英俊的
beauty 名 美人	gene 名 基因;遺傳因子
sort 名 種類 動 把…分類	suit 名 套裝 動 適合
outgoing 形 外向的	sexy 形 性感的
ugly 形 醜的;難看的	shabby 形 衣衫襤褸的

 **03 friendship**

[`frɛndʃɪp] 名 友誼

MP3 124

字根解碼➔ friend 朋友 + ship 關係

Chad terminated our **friendship** without saying a word.

🔊 查德什麼話都沒說，就與我絕交了。

 **必備聯想字** Related Words

acquaintance [ə`kwentəns] 名 認識的人

🎙 Donna met an old **acquaintance** in the waiting room.
唐娜在候車室巧遇一位老朋友。

companion [kəm`pænjən] 名 同伴

🎙 Derrick is my **companion** in my childhood.
德瑞克是我的兒時玩伴。

contact [kən`tækt ] / [ `kɑntækt] 動 與…聯絡 名 聯繫

🎙 For further information, please **contact** Mr. Lin by e-mail.
如需進一步的資訊，請透過電子郵件聯繫林先生。

interact [ˌɪntɚ`ækt] 動 互動

🎙 Although Harry lives with his family, he seldom **interacts** with them.
雖然哈利與家人住在一起，卻很少與家人互動。

retain [rɪ`ten] 動 保持；留住

🎙 Sean still **retains** a clear memory of those days.
尚恩對那段日子記憶猶新。

拓展！單字充電站 Learn More!

familiar 形 熟悉的	nickname 名 綽號 動 取綽號
rely 動 依賴；依靠	cherish 動 珍惜；珍愛
faithful 形 忠實的	reliance 名 信賴；依賴
remain 動 剩下；保持	alone 副 單獨地 形 單獨的
lonely 形 孤單的；寂寞的	lifetime 名 一生；終身
quarrelsome 形 愛爭吵的	nuisance 名 討厭的人或事物

04 charm

[tʃɑrm] 名 魅力 動 使陶醉

補充詞彙➜ a man of great charm 魅力十足的男性

MP3 125

In my opinion, no one can resist Ivy's **charm**.
◀》就我看來，沒有人能夠抵擋艾薇的魅力。

必備聯想字 Related Words

devote [dɪ`vot] 動 將⋯奉獻給

① Though Mark is just a part-time worker, he is fully **devoted** to his job.
雖然馬克只是個兼職員工，但他全心為工作付出。

fascination [ˌfæsə`neʃn] 名 魅力；迷惑

① The fans found certain **fascination** in his songs.
粉絲們覺得他的歌曲有種特殊的魅力。

fate [fet] / **destiny** [`dɛstənɪ] 名 命運

① It's difficult to persuade Tom since he never believes in **fate**.
湯姆從不相信命運，所以很難說服他。

maturity [mə`tjʊrətɪ] 名 成熟；完善

① **Maturity** is to know how to control your own behavior.
成熟是要懂得如何控制自己的行為。

temptation [tɛmp`teʃən] 名 誘惑；引誘

① Can you withstand the **temptation**?
你能夠抵擋誘惑嗎？

拓展！單字充電站 Learn More!

affection 名 情感；情愛	devotion 名 摯愛；奉獻
affectionate 形 充滿深情的	tempt 動 誘惑；引起
heterosexual 形 名 異性戀（的）	homosexual 形 名 同性戀（的）
indulge 動 沉溺於	pursue 動 追求；追趕
pursuit 名 追求；尋求	mature 形 成熟的
swear 動 發誓；宣示	tickle 動 名 搔癢；呵癢

快讀單字 05 🔊 **breakup**

[`brek.ʌp] 🔵名 分手；瓦解

字根解碼 ➔ break 毀壞 ＋ up 完全地

Kyle's girlfriend howled that she doesn't want a breakup.
🔊 凱爾的女友怒吼著說不要分手。

MP3 126

🎯 **必備聯想字** Related Words

consideration [kən.sɪdə`reʃən] 🔵名 考慮

🔔 I need a serious **consideration** before answering your question.
在回答你的問題之前，我必須仔細考慮一下。

dislike [dɪs`laɪk] 🔵動 討厭 🔵名 反感

🔔 I **disliked** your boyfriend when I first met him.
初遇你男友時，我並不喜歡他。

distant [`dɪstənt] 🔵形 疏遠的；遠離的

🔔 Gina's home is **distant** from her office.
吉娜家離她公司很遠。

envious [`ɛnvɪəs] 🔵形 羨慕的；嫉妒的

🔔 I felt **envious** when I saw my neighbor driving a brand new car.
當我看到鄰居開新車時，我好羨慕。

reject [rɪ`dʒɛkt ] / refuse [ rɪ`fjuz] 🔵動 拒絕

🔔 He has prejudice against foreigners, and thus has **rejected** all the foreign applicants.
他對外籍人士有偏見，因此拒絕了所有外籍申請者。

🔋 **拓展！單字充電站** Learn More!

eager 🔵形 渴望的；熱切的	alienate 🔵動 使感情疏遠
consider 🔵動 仔細考慮	envy 🔵名🔵動 羨慕；嫉妒
jealous 🔵形 嫉妒的；吃醋的	jealousy 🔵名 嫉妒；猜忌
defect 🔵名 缺陷 🔵動 脫離；叛逃	deny 🔵動 否認；拒絕…的要求
rejection / refusal 🔵名 拒絕	grumble 🔵動 抱怨 🔵名 牢騷
weep 🔵動 哭泣；流淚	single 🔵形 單身的 🔵名 單身者

快讀單字 06 attitude
[ˋætətjud] 名 態度

MP3 127

字根解碼→ apt/att 適合的 + itude 抽象名詞

She was disappointed at her students for having a passive learning **attitude**.

◀) 她對於學生被動的學習態度感到失望。

必備聯想字 Related Words

deliberate [dɪˋlɪbərɪt] / [dɪˋlɪbə‚ret] 形 故意的 動 仔細考慮

Ⓜ Ivy treated her sister with **deliberate** ignorance.
艾薇故意不理她妹妹。

gracious [ˋgreʃəs] 形 親切的；慈祥的

Ⓜ Her **gracious** grandmother bakes cookies for her every morning.
她慈祥的奶奶每天早上替她烤餅乾。

reckless [ˋrɛklɪs] 形 魯莽的 / **rude** [rud] 形 粗魯的

Ⓜ The **reckless** driver caused this car accident.
那個魯莽的司機造成這次的車禍事件。

severe [səˋvɪr] 形 嚴厲的；嚴重的

Ⓜ Nelson suffered a **severe** punishment for his mistakes.
尼爾森因為犯錯而受到嚴懲。

tendency [ˋtɛndənsɪ] 名 傾向；趨勢

Ⓜ There is a **tendency** for young girls to wear miniskirts in summer.
年輕女孩通常會在夏天穿著迷你裙。

拓展！單字充電站 Learn More!

manner 名 禮貌；方法	stereotype 名 刻板印象
persevere 動 堅持不懈	humble 形 謙虛的
contentment 名 滿足；滿意	gentle 形 溫柔的
sincere 形 誠摯的；真誠的	sincerity 名 誠懇；真誠
bore 動 使厭煩 名 令人厭煩的人	irritable 形 易怒的；暴躁的

 07 **emotion**

[ɪˋmoʃən] 名 情感；感情

字根解碼 → e 向外 + mot 移動 + ion 名詞

MP3 128

Tony is used to expressing his **emotions** in a vehemently passionate style.

🔊 東尼習慣以激昂的方式表達情感。

🎯 **必備聯想字** Related Words

emotional [ɪˋmoʃənl] 形 感情脆弱的

🔊 The sad movie made Janet feel very **emotional**.
那部悲傷的電影讓珍妮特很感傷。

- -

fortunate [ˋfɔrtʃənɪt] 形 幸運的

🔊 We are all very **fortunate** to have clean water in our homes.
我們很幸運，在我們的家園有乾淨的水。

- -

gratitude [ˋgrætə,tjud] 名 感激

🔊 Jodie wrote a letter of **gratitude** to Mr. Watson after the interview.
喬蒂在面試後，寫了一封感謝信給華森先生。

- -

horrify [ˋhɔrə,faɪ] 動 使害怕

🔊 The smell of durian really **horrifies** me, and I do not want to eat it at all.
我對榴槤的氣味感到恐懼，一點也不想吃它。

- -

mood [mud] 名 心情；心境

🔊 I can't go out with a dreary **mood**, so I decide to cancel my date.
我不能帶著陰鬱的心情出門，所以我決定取消約會。

🎓 **拓展！單字充電站** Learn More!

thankful 形 感激的；感謝的	grateful 形 感激的；感謝的
merry 形 歡樂的；愉快的	calm 動 使平靜 形 平靜的
sentiment 名 傷感；情緒	frighten 動 使震驚；使驚恐
tire 動 使疲倦 名 輪胎	horrible 形 可怕的
horror 名 恐怖；震驚	gasp 名 動 倒抽一口氣

快讀單字 08 quarrel

[`kwɔrəl] 名 動 爭執；爭吵

補充詞彙 find fault with sb. 挑剔某人；吹毛求疵

MP3 129

Quarrels arise because our desires conflict with those of others.

之所以會發生爭吵，是因為利益和他人相衝突。

必備聯想字 Related Words

annoy [ə`nɔɪ] 動 使惱怒；使生氣

The noise from a turbine persists and **annoys** the residents.
渦輪機的噪音持續不斷，令當地居民感到困擾。

apologize [ə`pɑlə‚dʒaɪz] 動 道歉；認錯

Leo **apologized** for breaking Jessica's cell phone.
里歐為弄壞潔西卡的手機道歉。

conflict [`kɑnflɪkt] / [ kən`flɪkt] 名 衝突 動 起衝突

The chairman was trying to settle the **conflict** but in vain.
主席試圖平息糾紛，但失敗了。

despise [dɪ`spaɪz] / **scorn** [skɔrn] 動 鄙視；輕蔑

That famous actor **despises** those who come from Africa.
那位有名的演員鄙視來自非洲的人。

tension [`tɛnʃən] 名 緊張；張力

Too much **tension** gives me a headache. I can't take the stress anymore.
太緊張導致我頭痛，我沒辦法再承受這些壓力了。

拓展！單字充電站 Learn More!

dispute 名 動 爭論；爭執	tense 形 緊張的 動 使繃緊
ironic 形 諷刺的；挖苦的	bother 動 打擾 名 煩惱
annoyance 名 煩惱；惱怒	irritate 動 使生氣
scold 動 名 責罵；斥責	nonsense 名 胡說
regret 動 後悔 名 悔意	apology 名 道歉

09 furious
[`fjʊrɪəs] 形 狂怒的

字根解碼➔ furi 盛怒；狂暴 + ous 具備…性質

MP3 130

Mandy is **furious** at her son because he cheated on the exam.
🔊 曼蒂的兒子考試作弊，這讓她非常憤怒。

🎯 **必備聯想字** Related Words

hatred [`hetrɪd] 名 憎惡；憎恨
⑪ The motive for the attack seems to be racial **hatred**.
　那起攻擊事件的動機似乎是種族仇恨。

humiliate [hju`mɪlɪˏet] 動 侮辱；使丟臉
⑪ Losing the case **humiliated** that famous lawyer.
　這件案子的敗訴讓那位知名律師蒙羞。

provoke [prə`vok] 動 激起；煽動
⑪ Disastrous "urban renewal" in the 1950s **provoked** such a furious backlash in Boston.
　災難性的都市重建於五○年代在波士頓引起激烈的反彈。

rage [redʒ] 名 狂怒 動 發怒
⑪ I was shocked when my supervisor became irrational with **rage**.
　當我主管憤怒到失去理智的時候，我嚇了一跳。

thrust [θrʌst] 動 猛塞；推 名 用力推
⑪ The man **thrusts** himself into the crowded train.
　男子將自己塞進擁擠的火車內。

💡 **拓展！單字充電站** Learn More!

curse 名 詛咒 動 咒罵	roar 名 怒吼 動 吼叫
punch 名 打擊 動 以拳頭重擊	slam 名 砰然聲 動 砰地關上
slap 名 耳光 動 打耳光	crack 名 裂縫 動 使破裂
dare 動 敢；竟敢	spite 名 惡意；怨恨
insult 名 動 侮辱；冒犯	resentment 名 憤慨

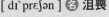

快讀單字 🔊 10 **depression**

[dɪ`prɛʃən] 名 沮喪

字根解碼 de 向下 + prem/press 壓 + ion 動作

MP3 131

Most people with serious **depression** will show weight loss with diminished appetite.

🔊 大部分心情沮喪的人，會出現體重降低和食慾減退的情況。

必備聯想字 Related Words

anxious [`æŋkʃəs] 形 焦慮的；擔憂的

Ⅲ If you feel **anxious**, you had better stay away from noisy areas.
如果你覺得心煩氣躁，最好離吵鬧的區域遠一點。

frustration [ˌfrʌs`treʃən] 名 挫折；失敗

Ⅲ A little **frustration** won't beat Daniel. He will be alright soon.
一點點挫折打擊不了丹尼爾，他很快就會沒事的。

grief [grif] 名 悲傷；悲痛

Ⅲ It's a **grief** that the mother lost her child.
那名母親失去了孩子，真是令人感到悲痛。

sorrow [`saro] 名 悲傷 動 感到哀傷

Ⅲ The movie is full of **sorrow** and it makes me cry.
這部電影充滿悲傷，使我哭泣。

vulnerable [`vʌlnərəbl] 形 脆弱的；敏感的

Ⅲ After breaking up with Tim, she was too **vulnerable** to accept new wooers.
自從與提姆分手後，她變得非常脆弱而不能接受新的追求者。

拓展！單字充電站 Learn More!

sigh 動 名 嘆息	afraid 形 害怕的
anxiety 名 不安	sob 名 動 啜泣；嗚咽
sorrowful 形 悲傷的	gloomy 形 幽暗的；黯淡的
depress 動 壓下；降低	grieve 動 使悲傷；使苦惱
despair 名 動 絕望	pity 名 遺憾；同情 動 憐憫

145

11 personality

[ˌpɝsṇˈæləti] 名 個性；人格

字根解碼 → personal 個人的 + ity 性質

MP3 132

Quiet people don't usually have the **personality** to host TV shows.

🔊 文靜的人通常不具備電視節目主持人的特徵。

必備聯想字　Related Words

melancholy [ˈmɛlənˌkɑlɪ] 名 憂鬱 形 憂鬱的

🔟 Excessive **melancholy** is Tiffany's major defect.
過度多愁善感是蒂芬妮最大的缺點。

naive [nɑˈiv] 形 天真的；輕信的

🔟 The **naive** style of the painting is inspired by the painter's children.
這幅畫天真無邪的風格，是畫家從他孩子身上找到的靈感。

sophisticated [səˈfɪstɪˌketɪd] 形 久經世故的

🔟 Kevin's new supervisor is a **sophisticated** woman.
凱文的新主管是個世故老練的女人。

stubborn [ˈstʌbɚn] / obstinate [ˈɑbstənɪt] 形 頑固的

🔟 If my partner continues to be **stubborn**, I would cancel the contract.
如果我的合夥人繼續這樣固執己見，那我會取消合約。

thoughtful [ˈθɔtfəl] 形 體貼的；細心的

🔟 It's **thoughtful** of you to help the old man.
你幫助那位老人家的舉動真是體貼。

拓展！單字充電站　Learn More!

temper 名 脾氣；性情	personal 形 個人的
sentimental 形 感情用事的	mischievous 形 愛惡作劇的
naughty 形 淘氣的；頑皮的	loyal 形 忠實的；忠誠的
shy 形 害羞的；羞怯的	boredom 名 無聊；乏味
vicious 形 邪惡的；不道德的	lousy 形 卑鄙的；討厭的

快讀單字 🐦 12 intelligence

[ɪnˋtɛlədʒəns] 名 智力

字根解碼 → intel 在…之間 + lig 選擇 + ence 名詞

Laura's **intelligence** is the most valuable asset of our creative team.

🔊 蘿拉的智慧是我們創意團隊最有價值的資產。

🎯 必備聯想字 Related Words

clumsy [ˋklʌmzɪ] / awkward [ˋɔkwəd] 形 笨拙的

Ⓜ Ted is a **clumsy** guy who cannot express his feelings clearly.
泰德生性笨拙，無法清楚地表達自己的感受。

ignorance [ˋɪgnərəns] 名 無知；愚昧

Ⓜ **Ignorance** would decrease one's beauty.
無知會減損一個人的美。

intellectual [͵ɪntlˋɛktʃuəl] 形 智力的 名 知識分子

Ⓜ The **intellectual** property right is protected by law.
法律保障智慧財產權。

intuition [͵ɪntjuˋɪʃən] 名 直覺

Ⓜ Sometimes you have to trust your **intuition**.
有時候你必須相信自己的直覺。

rational [ˋræʃənl] 形 理性的；明事理的

Ⓜ There must be a **rational** explanation for her resignation.
她的辭職一定有合理的解釋。

🔋 拓展！單字充電站 Learn More!

genius 名 天才	idiot 名 笨蛋
intelligent 形 聰明的	clever 形 聰明伶俐的
wisdom 名 智慧	brilliant 形 出色的
foolish 形 愚笨的	ignorant 形 無知的
intend 動 打算；計畫	tease 動 嘲弄；取笑

快讀單字 13 **optimistic**
[ˌɑptə`mɪstɪk] 形 樂觀的

MP3 134

字根解碼 opt 希望 + im 在裡面 + istic 形容詞

You have to be **optimistic** with your future in this company.
🔊 你必須對你在這間公司的未來抱持樂觀態度。

◎ **必備聯想字** Related Words

negative [`nɛgətɪv] 形 否定的 名 否定

⑪ The violent fluctuation in prices has a **negative** influence on people's daily lives.
價格劇烈波動對人們的日常生活造成負面影響。

optimism [`ɑptəˌmɪzəm] 名 樂觀主義

⑪ The doctor expressed **optimism** about the patient's recovery.
醫師對那位病人的康復持樂觀態度。

overcome [ˌovə`kʌm] 動 擊敗；克服

⑪ No matter what may come, we have to **overcome** it.
無論接下來發生什麼，我們都要戰勝它。

pessimism [`pɛsəmɪzəm] 名 悲觀主義

⑪ Your **pessimism** towards life may lead to sickness.
你看待人生的悲觀態度可能會導致生病。

positive [`pɑzətɪv] 形 積極的 名 正面

⑪ A good education should help children to cultivate a **positive** attitude towards life.
良好的教育應該要幫助孩子培養對人生的積極態度。

🦉 **拓展！單字充電站** Learn More!

purpose 名 目的；意圖	vigorous 形 有活力的
cheerful 形 愉快的	persist 動 堅持；固執
rejoice 動 非常高興；深感欣喜	confidence 名 信心
confident 形 有信心的	lively 形 活潑的；有生氣的
pessimistic 形 悲觀的	passive 形 被動的

 **14 generous**
[`dʒɛnərəs] 形 慷慨的

MP3 135

字根解碼➔ gener 出生高貴 + ous 具備…性質

Our host for the evening was extremely **generous** and caring.
今晚的主人非常慷慨大方又善解人意。

必備聯想字 Related Words

charitable [`tʃærətəbḷ] 形 仁慈的

The **charitable** organization has a large membership of volunteers.
該慈善機構擁有眾多志工會員。

hospitable [`hɑspɪtəbḷ] 形 好客的

Alison is always **hospitable**. She likes to invite friends to her place.
艾莉森一向很好客,她喜歡邀請朋友到她家作客。

regardless [rɪ`gɑrdlɪs] 形 不關心的 副 不顧一切地

Mr. Jones decided to sell the old house **regardless** of the tax problems.
不管稅務問題,瓊斯先生決定要把那棟老房子賣掉。

spontaneous [spɑn`tenɪəs] 形 自發的

My affection toward you when we first met is **spontaneous**.
初次見面那時候,我對你的情感是發自內心的。

stingy [`stɪndʒɪ] 形 吝嗇的;小氣的

The **stingy** recruiter only made an offer of 20 thousand dollars per month.
那個小氣的招募者只提供每個月兩萬元薪水的工作。

拓展!單字充電站 Learn More!

hospitality 名 好客	generosity 名 慷慨
virtue 名 美德;德行	compassionate 形 有同情心的
earnest 形 誠摯的 名 誠摯	helpful 形 有用的
greed 名 貪心;貪婪	greedy 形 貪婪的
selfish 形 自私的	render 動 讓與;交納

快讀單字 15 **pretend**

[prɪ`tɛnd] [動] 假裝；佯裝

字根解碼 pre 之前 + tend 伸展

MP3 136

Ms. Smith was just **pretending** to be listening to the salesman.

史密斯小姐只是假裝在聽業務員說話。

必備聯想字 Related Words

arrogant [`ærəgənt] [形] 傲慢的；自大的

More and more people found the newcomer a little **arrogant**.
愈來愈多的人發現這位新人有些自大。

boast [bost] [動] [名] 吹噓；自誇

Tommy **boasts** that he can finish the work in ten minutes.
湯米吹噓自己可以在十分鐘內完成這項工作。

disguise [dɪs`gaɪz] [動] 假扮 [名] 掩飾

The actress **disguised** herself with a brown wig and glasses.
那位女演員戴著棕色假髮和眼鏡喬裝打扮了自己。

honest [`ɑnɪst ] / **truthful** [ `truθfəl] [形] 誠實的

To be **honest**, I think they overpriced the dress.
說實話，我覺得這件洋裝的定價過高。

reliable [rɪ`laɪəbḷ] [形] 可靠的；可信賴的

Don't worry. This information came from a very **reliable** source.
別擔心，這個消息的來源非常可靠。

拓展！單字充電站 Learn More!

honesty [名] 誠實	liar [名] 說謊者
dishonest [形] 不誠實的	flatter [動] 諂媚；奉承
disgust [名] 厭惡 [動] 使厭惡	vanity [名] 虛榮心
timid [形] 膽小的；膽怯的	frustrate [動] 挫敗
indignant [形] 憤怒的	dignity [名] 尊嚴；威嚴

快讀單字 16 talkative
[`tɔkətɪv] 形 健談的
字根解碼→ talk 說話 + ive/ative 具備…性質

MP3 137

This **talkative** baker is promoting their specialties.
🔊 這位健談的麵包師傅正在推銷他們的特色產品。

必備聯想字 Related Words

courteous [`kɜtɪəs ] / polite [ pə`laɪt] 形 有禮貌的

My experience in Taiwan was great; most of the people were very **courteous**.
我對臺灣的感覺很好，大部分的人都很有禮貌。

courtesy [`kɜtəsɪ] 名 禮貌；禮節

As an international receptionist, Ann showed her **courtesy** to all the guests.
身為國際級的接待人員，安有禮貌地對待每位賓客。

friendly [`frɛndlɪ ] / amiable [ `emɪəbḷ] 形 友善的

The inhabitants in this village are very outgoing and **friendly**.
這個村落的居民非常直率及友善。

imaginative [ɪ`mædʒə͵netɪv] 形 有想像力的

Karl is an **imaginative** writer. Most of his plots are original.
卡爾是個很有想像力的作家，他大部分的情節都是原創的。

interaction [͵ɪntə`ækʃne] 名 互動

There were incidental **interactions** between those two strangers last Sunday.
上週日那兩位陌生人之間有偶然的互動。

拓展！單字充電站 Learn More!

welcome 動 歡迎 形 受歡迎的	witty 形 機智的；風趣的
humor 名 幽默；幽默感	humorous 形 幽默的
imagination 名 想像力	merit 名 優點；價值
considerate 形 體貼的	sociable 形 愛交際的
infer 動 推斷；推理	acute 形 敏銳的；尖銳的

17 gossip
[ˋgɑsəp] 名 八卦 動 聊是非

MP3 138

補充詞彙 → gossip about sb. 講某人的閒話

Ken despised the tabloids that spread groundless rumors and **gossips**.

肯看不起散布不實謠言及八卦的小報。

必備聯想字 Related Words

description [dɪˋskrɪpʃən] 名 描述；敘述
Stella gave a vivid **description** of her trip in India.
史黛拉把她去印度的旅行描述得栩栩如生。

mutual [ˋmjutʃuəl] 形 相互的；彼此的
A happy marriage must be based on **mutual** respect between husband and wife.
幸福的婚姻必須建立在丈夫和妻子之間的相互尊重。

prejudice [ˋprɛdʒədɪs] 名 偏見 動 使存有偏見
Don't hold any **prejudice** before you really talk to that person.
在還沒有真正跟那個人說話之前，別先有偏見。

response [rɪˋspɑns] 名 回覆；答覆
Don't worry. This is just a normal biological **response**.
別擔心，這只是一個正常的生物反應。

rumor [ˋrumɚ] 名 謠言 動 謠傳
The **rumor** of the inside trading has no foundation in fact.
內線交易的流言根本毫無根據。

拓展！單字充電站 Learn More!

fetch 動 取得；去拿來	stare 動 名 盯；凝視
keen 形 熱切的；渴望的	whisper 名 動 輕聲細語
overhear 動 無意中聽到	descriptive 形 描述的
respond 動 回應	conscious 形 意識到的；有知覺的
amaze 動 使吃驚	giggle 名 動 咯咯笑

152

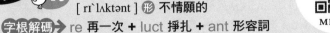

快讀單字 18 **reluctant**
[rɪˋlʌktənt] 形 不情願的

字根解碼 re 再一次 + luct 掙扎 + ant 形容詞
Wendy was **reluctant** to take over Bill's work.
溫蒂不想接下比爾的工作。

🎯 必備聯想字 Related Words

astonishment [əˋstɑnɪʃmənt] 名 吃驚
To my **astonishment**, I saw a snake swallowing a mouse.
我看到一條蛇吞下一隻老鼠，這讓我嚇了一大跳。

distraction [dɪˋstrækʃən] 名 分心；不安
The professor was not happy with Albert's **distraction**.
教授因為亞伯特分心而不高興。

encounter [ɪnˋkaʊntɚ] 動 遭遇 名 邂逅
The team has **encountered** some problems in promoting the new product.
這個團隊在促銷新商品上遭遇到一些困難。

mischief [ˋmɪstʃɪf] 名 胡鬧；危害
The teacher is annoyed by Tommy's **mischief**.
老師被湯米的胡鬧弄得相當苦惱。

tiresome [ˋtaɪrsəm] 形 令人厭倦的；煩人的
Dr. Lee's speech was so **tiresome** that most of the audience fell asleep.
李博士的演講太過無聊，以致於大部分的聽眾都睡著了。

🦉 拓展！單字充電站 Learn More!

tedious 形 沉悶的	trouble 名 麻煩 動 使煩惱
intense 形 緊張的	harsh 形 嚴厲的；嚴酷的
awe 名 動 敬畏；畏怯	hasty 形 快速的；倉促的
immediate 形 立即的	distract 動 分散；轉移
upset 形 心煩的 動 使心煩	astonish 動 使吃驚

19 deceive

[dɪ`siv] 動 欺騙；蒙蔽

字根解碼➔ de 分離 + ceive 拿

Tom's wife confides in him, and he has never **deceived** her.

◀) 湯姆的老婆信賴他，而他從未欺騙過她。

必備聯想字　Related Words

beware [bɪ`wɛr] 動 當心；小心

➊ **Beware** of pickpockets when you shop in department stores.
在百貨公司購物時應小心扒手。

---

cunning [`kʌnɪŋ ] / **sly** [ slaɪ ] / **tricky** [ `trɪkɪ] 形 狡猾的

➊ The **cunning** businessmen are going to auction those invaluable antiques illegally.
這群不肖商人打算要非法拍賣價值連城的骨董。

---

hostile [`hɑstl] 形 懷敵意的

➊ The dog seems to be **hostile**. It barks whenever I walk by.
那隻狗似乎有些敵意，我每次經過牠都會吠。

---

interfere [ˌɪntɚ`fɪr] 動 妨礙

➊ Since you are not responsible for the case, please do not **interfere**.
既然你不負責這件案子，請不要插手干涉。

---

repetition [ˌrɛpɪ`tɪʃən] 名 重複

➊ No **repetition** in the report is allowed. Make it as concise as possible.
報告裡不可有重複之處，盡可能讓內容簡潔一點。

拓展！單字充電站　Learn More!

aware 形 察覺的；知道的	attention 名 注意；專心
disturb 動 打擾；使不安	weird 形 怪異的
sneak 動 偷偷地走 名 告狀者	harassment 名 騷擾
seduce 動 引誘；慫恿	endanger 動 使遭遇危險
terror 名 恐怖；驚駭	betray 動 出賣；背叛

快讀單字 20 conscience

[`kɑnʃəns] 名 良知；良心

字根解碼 con 共同 + sci 知道 + ence 名詞

MP3 141

A successful business relationship should be based on both sides' **conscience**.

成功的商業關係必須建立在雙方的良知上。

必備聯想字 Related Words

dedicate [`dɛdə‚ket] 動 奉獻；貢獻

My mother **dedicates** her life to the family.
我的母親全心奉獻於家庭。

determination [dɪ‚t3mə`neʃən] 名 決心

Admiration can be earned with hard work or with **determination**.
人可以透過努力或決心而贏得他人的敬佩。

discreet [dɪ`skrit] 形 謹慎的；慎重的

When it comes to personal issues, we should be **discreet**.
若涉及隱私，我們就應該謹慎一點。

integrity [ɪn`tɛgrətɪ] 名 正直；廉正

Mr. Johnson is known to be a man of **integrity**.
強森先生以正直聞名。

morality [mə`rælətɪ] 名 道德；德行

Morality is an important subject for little children.
道德教育對小朋友而言是重要的課程。

拓展！單字充電站 Learn More!

bosom 名 胸懷	graceful 形 優雅的
dedication 名 奉獻	depend 動 依賴；信賴
dependent 形 依賴的 名 從屬者	determine 動 決定；使下決心
loyalty 名 忠誠；忠心	mighty 形 有力的；強大的
endure 動 忍受；忍耐	endurance 名 耐力
perceive 動 察覺；意識到	secret 形 祕密的 名 祕密

21 mental
[`mɛntl] 形 心理的；精神的

MP3 142

字根解碼→ ment 心智 + al 形容詞

Psychology is the study of human and animal **mental** functions and behavior.
🔊 心理學是人類以及動物心理運作和行為的研究。

必備聯想字 Related Words

concept [`kɑnsɛpt] 名 概念；觀念

He is familiar with the **concept** that where there is a will, there is a way.
他熟知有志者事竟成的道理。

....

eccentric [ɪk`sɛntrɪk] 形 古怪的 名 古怪的人

Jessica is so **eccentric** that I couldn't communicate with her.
潔西卡真的很古怪，我沒辦法和她溝通。

....

esteem [ɪ`stim] 名 動 尊重；尊敬

We have the highest **esteem** for your honesty and courage.
我們對您的誠實和勇氣致最高的敬意。

....

expectation [ˌɛkspɛk`teʃən] 名 期望

Oliver works hard to meet his parents' **expectation**.
奧利佛努力工作，以達到父母的期望。

....

mentality [mɛn`tælətɪ] 名 心理狀態

The psychologist followed the patient's **mentality** closely.
心理學家仔細觀察這個病人的心理狀態。

....

拓展！單字充電站 Learn More!

conception 名 概念；構想	ethical 形 道德的；倫理的
ego 名 自我；自我意識	willing 形 願意的；心甘情願的
submit 動 屈服；提交	freak 名 怪胎 動 使發瘋
bizarre 形 古怪的	potential 形 潛在的 名 潛力
deem 動 視為；認為	motto 名 座右銘
repay 動 償還；報答	owe 動 虧欠；欠（債等）

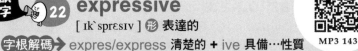

快讀單字 22 **expressive**
[ɪkˋsprɛsɪv] 形 表達的

字根解碼 → expres/express 清楚的 + ive 具備…性質

MP3 143

I asked Linda to explain the situation because she is very **expressive**.

◀) 我請琳達來解釋這個情況，因為她很善於表達。

必備聯想字 Related Words

decision [dɪˋsɪʒən] 名 決定；決心

① This **decision** caused the value of our stock to plummet.
這個決定導致我們的股票價值暴跌。

imply [ɪmˋplaɪ] 動 暗示；含有

① Don employed a lot of jargon in the report to **imply** his superior knowledge.
唐在報告中使用了大量的術語，以顯示他過人的專業知識。

misunderstand [ˌmɪsʌndɚˋstænd] 動 誤解

① Ms. Huang must have **misunderstood**--I never told her the coffee would be free.
黃小姐一定是誤會了，我從來沒跟她說咖啡是免費的。

persuasive [pɚˋswesɪv] 形 有說服力的

① That is a **persuasive** theory and many scientists continue using it.
那是個具說服力的理論，很多科學家沿用至今。

quote [kwot] 動 引用；引述 名 報價；引號

① The speaker **quoted** the saying of President Lincoln in his speech.
這位演講者在演講中引述了林肯總統的一段話。

拓展！單字充電站 Learn More!

hint 名 動 暗示	implication 名 言外之意
implicit 形 含蓄的；不明確的	dubious 形 含糊的
indicate 動 暗示；指出	indication 名 暗示；表示
certify 動 證明；證實	ponder 動 仔細考慮
decisive 形 決定性的	hopeful 形 有希望的

快讀單字 23 articulate

[ɑrˋtɪkjəlɪt] 形 發音清晰的 動 清楚表達

字根解碼➜ articul 部分 + ate 具備⋯性質；動詞

MP3 144

The **articulate** speech is of great importance for a good reporter.

🔊 清楚的發音對一名好的報告者來說非常重要。

🎯 必備聯想字 Related Words

ambiguous [æmˋbɪgjʊəs] 形 含糊不清的

Ⓜ Darren's **ambiguous** stance toward the issue is very confusing.
戴倫在這個議題上的曖昧立場令人十分困惑。

eloquent [ˋɛləkwənt] 形 辯才無礙的

Ⓜ Our CEO is pretty **eloquent** and thus made an excellent speech.
我們總裁的口才很好，因此做了一場精采的演說。

explanation [ˌɛkspləˋneʃən] 名 解釋；說明

Ⓜ After Ashley's **explanation**, the answer to the problem was evident.
經艾希莉解釋之後，這個問題的答案變得顯而易見。

mumble [ˋmʌmbḷ] 動 含糊地說 名 含糊不清的話

Ⓜ Were you **mumbling** something? I didn't hear what you said.
你是不是嘀咕了些什麼？我沒有聽到你的話。

stutter [ˋstʌtɚ] 動 結巴地說 名 口吃

Ⓜ Patrick usually **stutters** in front of strangers.
派翠克在陌生人面前通常都會結巴。

👨‍🎓 拓展！單字充電站 Learn More!

explain 動 解釋；說明	pronounce 動 發音
narrator 名 敘述者	elaborate 形 精心製作的 動 詳述
formulate 動 制定；規劃	contemplate 動 苦思；思忖
falter 動 結巴地說話	shortcoming 名 缺點；短處
ambiguity 名 模稜兩可	excuse 動 原諒 名 藉口

快讀單字 24 behavior

[bɪ`hevjɚ] 名 行為舉止

字根解碼 be 表強調 + hab/hav 舉動 + or/ior 狀態

MP3 145

The model student is always modest in his behavior.
那名模範生的行為表現總是很得體。

必備聯想字 Related Words

elegant [`ɛləgənt] 形 優雅的；精緻的

The top model, Adriana Lima, always looks elegant and stylish.
頂尖模特兒利瑪看起來總是很優雅時尚。

escape [ə`skep] 動 逃跑 名 逃脫；漏出

This competitive atmosphere made me want to escape for a moment.
這種競爭的環境使我想要暫時逃離。

modest [`mɑdɪst] 形 謙虛的；端莊的

Mr. Miller is a modest man with good manners.
米勒先生是位有禮貌的謙虛男子。

similarity [ˌsɪmə`lærətɪ] 名 相似；類似

There is no single similarity between you and your brother.
你跟你弟弟沒有一點相似之處。

suppress [sə`prɛs] 動 壓抑；制止

The rebellion was suppressed in a couple of days.
叛亂在幾天之內被鎮壓下來。

拓展！單字充電站 Learn More!

behave 動 舉止；表現	deed 名 行為；行動
modesty 名 謙虛；有禮	mild 形 溫和的
seek 動 尋找；探索	pace 名 步調 動 踱步
shrug 名 動 聳肩	sniff 動 名 聞；吸入
similar 形 相似的	alike 副 相似地 形 相似的
straight 副 直地 形 坦率的 名 直線	flip 動 輕拍；翻轉 名 跳動

25 comfort

[`kʌmfət] 名 舒適 動 安慰

字根解碼 → com 表強調 + fort 強壯的

MP3 146

The steady throb of her heart gave the infant **comfort**.
🔊 她心臟的穩定跳動給了這個嬰兒安慰。

必備聯想字 Related Words

compassion [kəm`pæʃən] 名 同情；憐憫

People who suffer hardship and distress deserve **compassion**.
經歷困苦與不幸的人需要別人的同情。

embrace [ɪm`bres] 動 擁抱；包含 名 擁抱

The soccer players **embraced** each other to celebrate the championship.
這些足球隊員彼此擁抱，以慶祝奪冠。

mercy [`mɜsɪ] 名 慈悲；憐憫

The judge had no **mercy** for the murderer and sentenced him to death.
法官沒有同情那位兇手，並判他死刑。

soothe [suð] 動 安慰；撫慰

Nancy got up and took some medicine to **soothe** her headache.
南西下床服了一些藥來減緩頭痛的症狀。

sympathetic [ˌsɪmpə`θɛtɪk] 形 有同情心的

He was **sympathetic** to cancer patients because his mother suffered from it, too.
他對於癌症病患感到同情，因為他母親也為此所苦。

拓展！單字充電站 Learn More!

sympathy 名 同情	tender 形 溫柔的
encourage 動 鼓勵	careful 形 小心的
patience 名 耐心	patient 形 有耐心的 名 病人
ashamed 形 羞愧的；難為情的	shame 名 羞愧 動 使羞愧
shameful 形 丟臉的；可恥的	straightforward 形 坦率的

PART
07

Keep Learning

知識就是力量

踏入校園，讓知識更進一步，
各種專業英文，本章通通教給你。

UNIT1 從入學到畢業
UNIT2 經濟與數學
UNIT3 歷史、哲學、文化
UNIT4 文學、出版與語言
UNIT5 物理和化學發展

university / college

[ˌjunəˋvɝsətɪ] / [ˋkɑlɪdʒ] 名 大學

MP3 147

字根解碼➔ uni 一個 + vers 轉移 + ity 狀態

The freshmen entered their first year of **university** with ripe minds.

🔊 新生第一年進入大學，就已經具備成熟的心智。

必備聯想字 Related Words

academic [ˌækəˋdɛmɪk] 形 學院的

Dr. Miller was rewarded by the government for his **academic** achievement.

米勒教授因他的學術成就而獲得政府獎勵。

advanced [ədˋvænst] 形 高級的；高等的

These students have reached the **advanced** level already.

這群學生已達高級班的水準了。

auditorium [ˌɔdəˋtorɪəm] 名 禮堂；會堂

Eva's concert will be held in the **auditorium** of our school next Sunday.

下個星期天，伊娃的音樂會將在我們學校的禮堂舉行。

intermediate [ˌɪntəˋmidɪət] 形 中級的 名 中間事物

All freshmen have to pass the **Intermediate** Level of GEPT.

所有大一生都必須通過全民英檢中級。

tuition [tjuˋɪʃən] 名 學費；教學

Mrs. Chen withdrew all her savings from the bank for her son's **tuition**.

陳太太為了兒子的學費，從銀行提領出所有的存款。

拓展！單字充電站 Learn More!

campus 名 校園	dormitory / dorm 名 宿舍
academy 名 學院	major 形 主要的 名 動 主修
education 名 教育	educational 形 教育性的
elementary 形 基本的	register 動 登記 名 登記簿
registration 名 註冊	faculty 名 全體教職員

快讀單字 02 examination / exam

[ɪɡ͵zæmə`neʃən ] / [ ɪɡ`zæm] 名 考試

MP3 148

字根解碼 examin 衡量；測量 + ation 動作

We will have a final **examination** at the end of the semester.

我們學期末將會有期末考。

必備聯想字 Related Words

comprehend [͵kɑmprɪ`hɛnd] 動 理解；領會

Danny couldn't **comprehend** the sentences because they were too complicated.
因為這些句子太複雜，所以丹尼無法理解。

concentrate [`kɑnsɛn͵tret] 動 集中

Bill tried to **concentrate** on the report at hand.
比爾試著專注於手邊的報告。

concentration [͵kɑnsɛn`treʃən] 名 專心

It is hard to keep students' **concentration** nowadays.
要維持現在學生的專注力是很困難的一件事。

memorize [`mɛmə͵raɪz] 動 記住；背熟

Be sure to **memorize** all the formulas on the textbook.
務必背熟課本上的所有公式。

scholarship [`skɑlə͵ʃɪp] 名 獎學金

Anna got a **scholarship** to the Massachusetts Institute of Technology.
安娜拿到去麻省理工學院讀書的獎學金。

拓展！單字充電站 Learn More!

library 名 圖書館	textbook 名 教科書
preview 名 動 預習	review 名 動 複習
examiner 名 主考官	examinee 名 應試者
transcript 名 成績單；副本	flunk 動 名 失敗；不及格
cheat 動 作弊；欺騙 名 騙子	blank 形 空白的 名 空白

03 lecture

[`lɛktʃɚ] 名 演講 動 對…演講

字根解碼→ lect 聚集 + ure 名詞

There is a **lecture** on Internet applications this afternoon.
◄) 今天下午有場關於網路應用的演講。

MP3 149

必備聯想字 Related Words

assignment [ə`saɪnmənt] 名 作業；分派

① Adam put off doing all his **assignments**; consequently, he failed the course.
亞當的作業全都遲交，結果被當了。

bachelor [`bætʃələ] 名 學士；單身漢

① A **bachelor's** degree is still a prerequisite for most employers.
大學學歷還是許多僱主用人的一項必要條件。

ceremony [`sɛrə͵monɪ] 名 典禮

① The graduation **ceremony** will be held on June 21st.
畢業典禮將於六月二十一日舉行。

curriculum [kə`rɪkjələm] 名 課程

① English is a compulsory foreign language on the school **curriculum**.
英語是學校課程中的必修外語。

diploma [dɪ`plomə] 名 畢業文憑

① Cindy's family congratulated her on obtaining a college **diploma**.
辛蒂的家人恭喜她拿到了大學文憑。

拓展！單字充電站 Learn More!

knowledge 名 知識	professor 名 教授
semester 名 學期	freshman 名 新生
sophomore 名 二年級生	recite 動 背誦；朗誦
extracurricular 形 課外的	graduate 名 畢業生 動 畢業
graduation 名 畢業	certificate 名 證書 動 發證書

快讀單字 04 seminar

[ˋsɛmənɑr] 名 研討會

MP3 150

補充詞彙➜ a graduate student 研究生

Frank didn't attend the **seminar** on chemistry yesterday.
法蘭克沒有參加昨天的化學研討會。

必備聯想字 Related Words

assert [əˋsɜt] 動 主張；斷言
Ivan looked at the map and **asserted** that we should keep on going.
埃文看了地圖，主張我們應該繼續前進。

consult [kənˋsʌlt] 動 請教；查詢
Amy is **consulting** the doctor at obstetrics about the post-pregnancy care.
艾咪正在詢問婦產科醫師有關產後照護的問題。

exclude [ɪkˋsklud] 動 不包含
Because of her awful performance, Bella will be **excluded** from the list.
由於貝拉的表現差勁，將被排除在名單之外。

reference [ˋrɛfərəns] 名 參考資料
For more details, please refer to the **references** given at the end of the book.
想知道更多細節，請參考本書最後的參考資料。

summarize [ˋsʌməˌraɪz] 動 總結
Mr. Chen asked us to **summarize** the article into a few sentences.
陳老師要求我們用幾行句子替本文做摘要。

拓展！單字充電站 Learn More!

instructor 名 指導者	guidance 名 指導；引導
subject 名 科目；主題	summary 名 摘要；總結
scholar 名 學者	derive 動 源自；衍生出
quotation 名 引述；引用	assume 動 假定為
solution 名 解答；解決辦法	coherent 形 有條理的；連貫的

快讀單字 05 analysis

[əˋnæləsɪs] 名 分析

字根解碼 → ana 向後 + lyse/lysis 放鬆

Professor Lee is satisfied with your **analysis** of the potential market.

🔊 李教授對你做的潛在市場分析感到很滿意。

MP3 151

必備聯想字　Related Words

assure [əˋʃʊr] 動 保證；使確信

🔊 The delivery company **assured** us that the package will be delivered on time.
　貨運公司承諾我們包裹會準時送達。

consequent [ˋkɑnsəˌkwɛnt] 形 必然的；隨之發生的

🔊 I think the result is **consequent** and foreseeable.
　我認為這個結果是必然而且可以預見的。

demonstrate [ˋdɛmənˌstret] 動 證明；示威

🔊 The researcher **demonstrated** the theory to be wrong.
　研究人員證明了那個理論是錯誤的。

notion [ˋnoʃən] 名 觀念；意見

🔊 You need to have a clear **notion** of what to do in the future.
　你對於未來的出路應該要有清楚的想法。

universal [ˌjunəˋvɝsḷ] 形 普遍的 名 普遍性

🔊 **Universal** Hi-tech is one of the most successful enterprises in the world.
　國際高科技公司是世界上最成功的企業之一。

拓展！單字充電站　Learn More!

analyze 動 分析；解析	possibility 名 可能性
demonstration 名 證明	hypothesis 名 假說
objective 形 客觀的 名 目標	subjective 形 主觀的 名 主格
theory 名 理論；學說	principle 名 原則；原理
typical 形 典型的	paradox 名 自相矛盾的言論

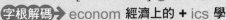

快讀單字 06 **economics**
[ˌikə`nɑmɪks] 名 經濟學

MP3 152

字根解碼 econom 經濟上的 + ics 學

He is a leading authority in **economics**. His opinions are widely respected and followed.
他是經濟學的領導權威，他的意見備受尊崇及效法。

必備聯想字 Related Words

assess [ə`sɛs] 動 評估；對…進行估價

It would be a matter of **assessing** whether the student is qualified for the talented class.
要決定這名學生是否有進資優班的資格，就看評估的結果。

average [`ævərɪdʒ] 形 平均的 名 平均 動 平均（數）為…

Sarah's grade is not that good but it's above **average**.
莎拉的成績沒有非常好，但高於平均分數。

commerce [`kɑmɜs] 名 商業；貿易

The company has made its fortunes from overseas **commerce**.
這家公司已從海外貿易賺了不少錢。

estimate [`ɛstə,met ] / [ `ɛstɪmət] 動 估計 名 估計（數）

The national revenue is **estimated** to exceed 2 billion dollars this year.
國家稅收今年預計將超過二十億元。

merchant [`mɜtʃənt ] / **dealer** [ `dilə] 名 商人

Any knowledgeable concrete **merchant** would be able to advise you.
任何一位有見識的混凝土商都能夠擔任你的顧問。

拓展！單字充電站 Learn More!

economy 名 經濟	economic 形 經濟上的
economist 名 經濟學家	statistic(s) 名 統計數字
statistical 形 統計（學）的	accounting 名 會計學
amount 名 總數 動 合計	gross 形 總量的 動 總收入為… 名 總量
balance 名 平衡 動 使平衡	especially 副 特別地

（Entering College! The Quickest Review for English.）

 07 arithmetic
[əˋrɪθmətɪk] 名 算術 形 算術的

字根解碼 ➤ arithmet 算數 **+** ic 學

MP3 153

Rita is good at numbers and so she always gets good grades in **arithmetic** tests.

◀》 芮塔很擅長算術，因此總會在算術測驗中得到好成績。

必備聯想字　Related Words

algebra [ˋældʒəbrə] 名 代數學
Ⓜ Our **algebra** class is on every Monday morning.
我們的代數課是在每個星期一的早上。

- -

calculate [ˋkælkjə‚let] 動 計算
Ⓜ The measurable and evaluable test parameters will be **calculated**.
這些可測量和可評估的測試參數將會經過計算。

- -

equation [ɪˋkweʃən] 名 方程式
Ⓜ Who knows the solution to this mathematical **equation**?
誰知道這個數學方程式的解答？

- -

multiply [ˋmʌltəplaɪ] 動 使相乘；大幅增加
Ⓜ Eight **multiplied** by ten is eighty.
八乘以十等於八十。

- -

subtract [səbˋtrækt] 動 減去；扣除
Ⓜ **Subtract** two from nine and you'll have seven.
九減二等於七。

- -

拓展！單字充電站　Learn More!

formula 名 公式	plus 介 加上 名 加號 形 正的
minus 介 減 名 減號 形 負的	addition 名 加法；增加
double 形 副 雙倍的（地）動 加倍	triple 形 三倍的 動 變成三倍
approximate 形 大約的	sum 名 總數 動 合計
calculation 名 計算	calculator 名 計算機

168

 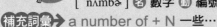

08 number
[`nʌmbə] 名 數字 動 編號

MP3 154

補充詞彙 a number of + N 一些…

He took a look at my math test and told me to use ordinal **numbers**.
他看了一眼我的數學試卷，告訴我要使用序數。

必備聯想字 Related Words

accurate [`ækjərɪt ] / **exact** [ ɪg`zækt] 形 準確的

- Johnny is sure that the numbers are **accurate**.
  強尼確定那些數據是正確的。

fraction [`frækʃən] 名 分數；小數；部分

- 1/2 and 2/3 are both **fractions**.
  二分之一和三分之二都是分數。

mathematical [ˌmæθə`mætɪkl̩] 形 數學的

- The accountant is very much interested in **mathematical** questions.
  這位會計師對數學問題十分有興趣。

multiple [`mʌltəpl̩] 形 複數的；多數的

- It took him twenty minutes to finish those **multiple** choice questions.
  他花了二十分鐘回答那些多選題。

percentage [pə`sɛntɪdʒ] 名 百分率

- The figures are expressed as **percentages**.
  這些數字是用百分比表示的。

拓展！單字充電站 Learn More!

even 形 偶數的；相等的 副 甚至	odd 形 單數的；奇怪的
mathematics / math 名 數學	quarter 名 四分之一；一刻鐘
proportion 名 比例 動 使成比例	percent 名 百分比
million 名 百萬	billion 名 十億
kilogram 名 公斤	kilometer 名 公里

PART 01 / PART 02 / PART 03 / PART 04 / PART 05 / PART 06 / PART 07 / PART 08 / PART 09 / PART 10

09 measure
[ˋmɛʒɚ] 動 測量 名 度量單位

字根解碼 ➔ mens/meas 測量 + ure 名詞（動作結果）

MP3 155

When **measuring** the screen size of a TV, you have to **measure** the diagonal length.

🔊 測量電視螢幕的尺寸時，你必須測量對角線的長度。

 必備聯想字　Related Words

accuracy [ˋækjərəsɪ] 名 正確（性）

🔟 The security analyst usually predicts market changes with **accuracy**.
那名證券分析師對於市場波動的預測通常很精準。

centimeter [ˋsɛntə͵mitɚ] 名 公分

🔟 The box is 35 **centimeters** in width, and will be charged an extra fee.
這個盒子有三十五公分寬，因此將被索取額外費用。

handful [ˋhændfəl] 名 一把；少數；少量

🔟 Doris scooped up a **handful** of soil into the flowerpot.
朵莉絲舀起一把泥土放到花盆裡。

maximum [ˋmæksəməm] 形 最大的 名 最大量

🔟 The **maximum** speed of the racing car is 210 miles per hour.
賽車的最快車速是每小時兩百一十英里。

measurable [ˋmɛʒərəb]] 形 可測量的

🔟 These **measurable** quantities are not secrets at all.
這些可測量的數值根本不算是祕密。

拓展！單字充電站　Learn More!

inch 名 英寸	foot 名 英尺；腳 動 步行
scale 名 刻度；尺度	dozen 名 一打
gallon 名 加侖	liter 名 公升
gram 名 公克	ounce 名 盎司
pound 名 磅	ton 名 噸

快讀單字 🎧10 **geometry**

[dʒɪˈɑmətrɪ] 名 幾何學

MP3 156

字根解碼➔ geo 土地 + meter/metry 測量

Mr. Chang told us to bring our protractor since we will be doing **geometry**.

🔊 因為之後會做幾何習題，所以張老師叫我們帶量角器。

🎯 **必備聯想字** Related Words

diagram [ˈdaɪəˌɡræm] 名 圖表 動 圖示

Dr. Johnson used several **diagrams** to explain the concept.
強森博士用幾張圖表來解釋這個觀念。

diameter [daɪˈæmətɚ] 名 直徑

Can you measure the **diameter** of the Sun?
你有辦法測量太陽的直徑嗎？

explicit [ɪkˈsplɪsɪt] 形 明確的；清楚的

Be sure to give Ms. Liu an **explicit** answer before Friday.
請在星期五之前給劉小姐一個明確的答案。

parallel [ˈpærəˌlɛl] 形 平行的 名 平行線 動 與⋯平行

The teacher asked me to draw two **parallel** lines with a ruler.
老師要求我用尺畫出兩條平行線。

radius [ˈredɪəs] 名 半徑；半徑範圍

Have you finished calculating the circle's **radius** yet?
你計算好這個圓的半徑了嗎？

🦉 **拓展！單字充電站** Learn More!

chart 名 圖表；曲線圖	graph 名 圖表 動 圖示
graphic 形 圖解的 名 圖表（常複數）	scope 名 範圍；領域
length 名 長度	curve 名 曲線 動 彎曲
angle 名 角度	dimension 名 尺寸；維度
simplicity 名 簡單；單純	simply 副 簡直；僅僅

11 civilization

[ˌsɪvḷə`zeʃən] 名 文明

MP3 157

字根解碼 civi/civil 公民 + ize 動詞 + ation 名詞

The ancient **civilization** of Cambodia was found by a French explorer.

一位法國探險家發現了柬埔寨古文明。

必備聯想字 Related Words

complicate [`kɑmplə͵ket] 動 使複雜

He is annoyed because you **complicated** the problem by doing so.
他感到惱怒是因為你這麼做讓問題變得更複雜。

namely [`nemlɪ] 副 就是；即

Two boys, **namely**, Mike and Billy, were punished by the teacher for stealing.
就是麥克與比利這兩個男孩因為偷竊而被老師處罰。

previous [`privɪəs] 形 先前的；以前的

Let's talk about your **previous** complaint about your classmates.
我們來談談你先前對同學的抱怨吧。

tolerable [`tɑlərəbḷ] 形 可容忍的

Sublease is not **tolerable** and you will lose the deposit.
分租是不被允許的，且押金會被沒收。

undergo [͵ʌndɚ`go] 動 經歷；度過

David has to **undergo** a wrist X ray because of a wrist fracture.
大衛的腕關節骨折了，必須接受腕部 X 光檢查。

拓展！單字充電站 Learn More!

improvement 名 改善	historian 名 歷史學家
historic 形 有歷史意義的	historical 形 歷史的；史學的
medieval 形 中世紀的	civilize 動 使文明；教化
remember 動 記得	complete 形 完整的 動 完成
complexity 名 複雜（性）	integration 名 完成；統合

快讀單字 12 sociology

[ˌsoʃɪˋɑlədʒɪ] 名 社會學

MP3 158

字根解碼 soci 同伴 + ology 學說

Professor Lee's **sociology** course is really popular among students.

李教授的社會學課程很受學生的歡迎。

必備聯想字 Related Words

humanity [hjuˋmænətɪ] 名 人道；人性

Jack is a humanitarian. He cares about **humanity** issues.
傑克是人道主義者，他關心人道議題。

liberal [ˋlɪbərəl] 形 開明的；自由主義的

Lucy has a **liberal** mind towards her children's education.
露西對於她孩子的教育相當開明。

progressive [prəˋgrɛsɪv] 形 進步的；逐漸的

The **progressive** reduction of birth rate worries the president.
出生率的逐漸降低讓總統感到擔憂。

significant [sɪgˋnɪfəkənt] 形 有意義的

It is reasonable to assume that such change can bring about **significant** effects.
認為這樣的改變能帶來重大影響是很合理的。

tolerance [ˋtɑlərəns] 名 寬容；寬大

My mother showed a lot of **tolerance** to the interests I had as a child.
母親對我小時候的各種興趣展現了高度的包容心。

拓展！單字充電站 Learn More!

socialism 名 社會主義	socialize 動 使社會化
liberty 名 自由；自由權	factor 名 因素；要素
accord 名 一致；符合 動 和…一致	essential 形 基本的 名 基本要素
tolerate 動 忍受；容忍	tolerant 形 忍耐的；容忍的
significance 名 重要性	furthermore 副 再者；此外

13 philosophy
[fə`lɑsəfɪ] 名 哲學

字根解碼➔ philo 愛 + soph 智慧 + y 名詞

MP3 159

Nowadays, more and more westerners are curious about Eastern **philosophy**.

🔊 如今有愈來愈多的西方人對東方哲學感到好奇。

必備聯想字　Related Words

abstract [`æbstrækt] 形 抽象的

🄶 The professor spent a lot of time explaining the **abstract** concept.
教授花了很多時間解釋這個抽象概念。

distinctive [dɪ`stɪŋktɪv] 形 區別的

🄶 Dr. Lee's concept is **distinctive** from other people's ideas.
李教授的構想與其他人的想法有很大的區別。

philosopher [fə`lɑsəfə] 名 哲學家

🄶 **Philosophers** have been puzzling about this riddle for hundreds of years.
哲學家對這個難題已經苦思數百年。

psychology [saɪ`kɑlədʒɪ] 名 心理學

🄶 Dr. Jones is a well-known expert in the field of **psychology**.
瓊斯博士是心理學領域的著名專家。

wary [`wɛrɪ] 形 注意的；警惕的

🄶 Barton overheard the secret and was **wary** of telling it.
巴頓無意間聽到了祕密，小心地不洩露出去。

拓展！單字充電站　Learn More!

philosophical 形 哲學的	psychologist 名 心理學家
cognitive 形 認知的	prototype 名 原型；標準
profound 形 深奧的	speculate 動 沉思；推測
relate 動 有關；敘述	aspect 名 方面；觀點
analogy 名 相似之處；類比	virtual 形 實質上的；【電腦】虛擬的

快讀單字 14 **persuasion**
[pəˋsweʒən] 名 說服

字根解碼➔ per 完全地 + suad 說服 + tion/sion 動作

MP3 160

Bill decided to eat organic food by his girlfriend's **persuasion**.

◀》 比爾的女友說服他開始吃有機食品。

必備聯想字 Related Words

classify [ˋklæsəˏfaɪ] 動 將⋯分類

⓪ We need to **classify** a mass of information by means of some orderly system.

我們需要條理分明的系統將資料分類。

conference [ˋkɑnfərəns] 名 會議

⓪ Many experts will be invited to attend this **conference** on drug control.

這次的會議邀請了許多專家出席，一同討論藥物管制的議題。

definition [ˏdɛfəˋnɪʃən] 名 定義

⓪ For the **definition** of terms, please refer to Appendix I.

有關詞彙的定義，請參閱附錄一。

disagree [ˏdɪsəˋgri] 動 不同意

⓪ I am sorry but I **disagree** on what you just said.

很抱歉，但是我不同意你剛剛說的話。

emphasize [ˋɛmfəˏsaɪz] 動 強調

⓪ Ms. Lee always **emphasizes** the importance of learning new words in context.

李老師總在強調利用文章脈絡來學習新單字的重要性。

拓展！單字充電站 Learn More!

discussion 名 討論	debate 名 動 辯論
disapprove 動 反對	detail 名 細節 動 詳述
emphasis 名 強調；重點	define 動 下定義
classification 名 分類	reasonable 形 合理的
opinion 名 意見；主張	persuade 動 說服

175

15 admire

[əd`maɪr] 動 欽佩；讚賞

字根解碼➜ ad 前往 + mir/mire 驚訝

MP3 161

Dr. Martin Luther King Jr. is the person that I **admired** the most.

🔊 馬丁・路德・金恩博士是我最欽佩的人。

必備聯想字 Related Words

admirable [`ædmərəbḷ] 形 值得讚揚的

I've been to many **admirable** places, but no place is as **admirable** as Taiwan.
我去過很多令人讚嘆的國家，但都比不上臺灣。

adore [ə`dor] 動 崇拜；敬愛

These sculptures have been **adored** for generations.
這些雕像世代以來為人所景仰。

connection [kə`nɛkʃən] 名 連結；關聯

The man insisted that he had no **connection** with the defendant.
男子堅持自己與被告沒有任何關係。

permissible [pə`mɪsəbḷ] 形 可允許的

Excuse me. Smoking is not **permissible** here.
不好意思，此處不准吸菸。

respectable [rɪ`spɛktəbḷ] 形 可尊敬的

Charles is a **respectable** leader. You can learn a lot from him.
查爾斯是一位可敬的領導者，你可以從他身上學到很多東西。

拓展！單字充電站 Learn More!

ethic(s) 名 道德標準	admiration 名 敬佩
respect 名 動 尊敬；敬重	pride 名 自豪；自尊心 動 得意
proud 形 驕傲的；有自尊心的	respectful 形 有禮的；尊重人的
important 形 重要的	importance 名 重要性
sight 名 見解；視界 動 瞄準	stun 動 大吃一驚；使目瞪口呆

快讀單字 16 grammatical
[grə`mætɪkḷ] 形 文法上的

MP3 162

字根解碼 grammatic 文法；哲學 + al 關於…的
There are several **grammatical** errors in Roger's paper.
羅傑的報告裡有幾處文法上的錯誤。

必備聯想字 Related Words

alphabet [`ælfə,bɛt] 名 字母；字母系統
The index at the back of the book is arranged by **alphabet**.
這本書後面的索引是按照字母順序排列的。

compound [`kɑmpaʊnd ] / [ kəm`paʊnd] 名 複合物 形 複合的 動 混合
Take one word for example. "Red-haired" is a **compound** adjective.
舉一個單字為例，Red-haired 是一個複合形容詞。

functional [`fʌŋkʃənḷ] 形 作用的
This lamp is not only **functional** but also decorative.
這盞燈不但具備功能，裝飾性也很強。

initial [ɪ`nɪʃəl] 形 開始的 名 首字母
G.M. are the **initials** for Gregory Moore.
G.M. 是葛雷格·摩爾的縮寫。

syllable [`sɪləbḷ] 名 音節
In the word "campus," the emphasis is on the first **syllable**.
「campus」這個單字的重音落在第一個音節。

拓展！單字充電站 Learn More!

vocabulary 名 字彙	consonant 名 子音
vowel 名 母音	grammar 名 文法
fundamental 形 基礎的	countable 形 可數的
singular 形 單數的 名 單數	plural 形 複數的 名 複數
finite 形 限定的；有限的	proverb 名 諺語
antonym 名 反義字	synonym 名 同義字

 **literature**

[`lɪtərətʃə] 名 文學

字根解碼 liter 文字 + ate 形容詞 + ure 名詞

MP3 163

Debby has a comprehensive knowledge of Taiwanese **literature**.

🔊 黛比對臺灣文學有全面的認識。

必備聯想字 Related Words

autobiography [ˌɔtəbaɪ`ɑgrəfɪ] 名 自傳

Ⓜ The former president published his **autobiography** last year.
前總統去年出版了他的自傳。

literary [`lɪtəˌrɛrɪ] 形 文學的

Ⓜ Laura is the **literary** editor of the magazine.
蘿拉是這本雜誌的文字編輯。

poetic [po`ɛtɪk] 形 詩的；充滿詩意的

Ⓜ I plan to make a collection of her entire **poetic** output.
我計畫收藏她的全部詩作。

translation [træns`leʃən] 名 翻譯

Ⓜ Ms. Lin is working on a **translation** of the text from Spanish into Chinese.
林小姐正著手進行一項將西班牙語翻譯成中文的文案。

volume [`vɑljəm] 名 卷；冊；音量

Ⓜ There are thirty-six **volumes** in the series.
這個系列有三十六冊。

拓展！單字充電站 Learn More!

biography 名 傳記	fantasy 名 幻想；空想
translate 動 翻譯	fable 名 寓言；神話
fiction 名 小說	novel 名 長篇小說 形 新奇的
prose 名 散文	verse 名 詩句；詩
poem 名 （一首）詩	poet 名 詩人

快讀單字 18 manuscript

[`mænjə, skrɪpt] 名 手稿；原稿

MP3 164

字根解碼→ manu 手 + script 寫

I am lucky to read the novelist's early chapters in manuscript.

◀) 我很幸運能閱讀這位小說家的前幾章手稿。

必備聯想字 Related Words

autograph [`ɔtə, græf] 名 動 親筆簽名

ⓘ The famous actress autographed her new book to promote it.
作為宣傳，那位知名女演員在她的新書上簽名。

interpret [ɪn`tɜprɪt] 動 解讀；口譯

ⓘ It's difficult to interpret what people are saying when their mouths are full.
當人們的嘴巴塞滿東西時，很難理解他們在說些什麼。

metaphor [`mɛtəfə] 名 隱喻；象徵

ⓘ Sunlight is the metaphor for freedom and the joy of living.
陽光是自由和快樂生活的隱喻。

reputation [ˌrɛpjə`teʃən] / fame [fem] 名 名聲

ⓘ Having published many important papers, he enjoys a high reputation as a scholar.
他是一位聲望很高的學者，發表過許多重要的文章。

signature [`sɪgnətʃə] 名 簽名；簽署

ⓘ The pair of basketball shoes with Kobe Bryant's signature definitely cost you a fortune.
這雙有著小飛俠布萊恩簽名的籃球鞋一定花了你不少錢。

拓展！單字充電站 Learn More!

author / writer 名 作家	novelist 名 小說家
talent 名 天賦；才能	content 名 內容；目錄
paragraph 名 段落	rhyme 名 韻腳 動 押韻
draft 名 草稿 動 草擬	adapt 動 改編；改寫
resemble 動 像；類似	handwriting 名 筆跡

 **19 publication**
[ˌpʌblɪˋkeʃən] 名 出版

MP3 165

字根解碼➜ public 公眾的 + ate 動詞 + ion 動作

The **publication** of this dictionary has been postponed to next month.

◀) 這本字典已延期到下個月出版。

◎ **必備聯想字** Related Words

circulation [ˌsɝkjəˋleʃən] 名 循環；發行量

⑪ The newspaper's **circulation** is growing fast.
這個報紙的發行量正迅速增加。

commentary [ˋkɑmənˌtɛrɪ] 名 注釋；說明

⑪ The **commentary** for this chemical term is on the end of the page.
這個化學術語的注釋在本頁頁尾。

composition [ˌkɑmpəˋzɪʃən] 名 作文；樂曲；構成

⑪ Your **composition** should not exceed 500 words.
你的作文不應超過五百字。

modify [ˋmɑdəˌfaɪ] 動 調整；修改

⑪ You cannot **modify** it by yourself because that may void the warranty.
你不能任意修改，否則可能會使保固失效。

subscribe [səbˋskraɪb] 動 訂閱；捐款；簽署

⑪ **Subscribe** to at least one scientific periodical if you want to keep abreast of advances in science.
如果你想跟上科學的腳步，至少得訂閱一本科學期刊。

🦉 **拓展！單字充電站** Learn More!

publisher 名 出版者；出版社	compile 動 編譯；彙整；蒐集
journal 名 期刊；日誌	catalogue 名 目錄 動 編入目錄
revise 動 修正；校訂	revision 名 修訂；校訂
version 名 版本；改編形式	interpretation 名 解釋；說明
copyright 名 版權 動 取得版權	circulate 動 循環；流通；傳閱

快讀單字 20 intonation

[ˌɪntoˈneʃən] 名 語調

字根解碼 in 在裡面 ＋ ton 語調 ＋ ation 動作

The woman's voice has a slight Taiwanese intonation.
這名女性說話時帶有輕微的台語腔調。

必備聯想字 Related Words

accent [ˈæksɛnt] 名 腔調；口音
Mocking one's accent is very inappropriate.
嘲笑一個人的口音是非常不適當的舉動。

dictation [dɪkˈteʃən] 名 口述；命令
The assistant wrote from her supervisor's dictation.
助理按她主管的口述寫下內容。

fluent [ˈfluənt] 形 流利的；流暢的
This taxi driver is fluent in both Chinese and English.
這名計程車司機會說流利的中文和英文。

inclusive [ɪnˈklusɪv] 形 包含在內的
Please preview chapter six, inclusive of pages 139 to 146.
請預習第六章，範圍包括第一百三十九頁到第一百四十六頁。

translator [trænsˈletə] 名 譯者
The general manager introduced the translator to the audience.
總經理將譯者介紹給觀眾。

拓展！單字充電站 Learn More!

language 名 語言	narrative 名 敘述 形 敘事的
pronunciation 名 發音	literal 形 字面的；逐字的
mastery 名 掌握；精通	fluency 名 流暢；流利
alien 形 外國的 名 外星人	context 名 上下文；文章脈絡
dictate 動 口述；命令	dialect 名 方言
idiom 名 成語；慣用語	phrase 名 片語 動 用言語表達

 **21 progress**

[`prɑgrɛs ] / [ prə`grɛs] 名 進展 動 進步

MP3 167

字根解碼➜ pro 向前地 **+** gress 走

The project is in **progress** and everything is going well so far.

🔊 這個專案已經在進行中,目前一切都很順利。

必備聯想字 Related Words

astronomy [əs`trɑnəmɪ] 名 天文學

The boy's interest in **astronomy** gets stronger as he learns more about it.

探索得愈多,那名男孩對天文學的興趣就變得愈濃厚。

distinguish [dɪ`stɪŋgwɪʃ] 動 分辨;區別

He can **distinguish** genuine leather from compound ones.

他分辨得出真皮與合成皮的不同。

prime [praɪm] 形 首要的 名 最初;全盛期

The **prime** minister in this country is close to people.

這個國家的首相很親民。

scientific [ˌsaɪən`tɪfɪk] 形 科學(上)的

The country's economic plight is strangling its **scientific** institutions.

該國的經濟困境扼殺了其科學機構的發展。

ultimate [`ʌltəmɪt] 形 最終的 名 基本原則;極限

The team's **ultimate** goal is to identify the toxic chemicals.

該團隊的最終目標在於找出有毒的化學製品。

拓展!單字充電站 Learn More!

science 名 科學;自然科學	scientist 名 科學家
astronomer 名 天文學家	discovery 名 發現
endeavor 名 動 努力;盡力	distinguished 形 卓越的
phase 名 階段 動 分階段實行	realize 動 實現;使成為現實
primary 形 主要的;首要的	relevant 形 相關的

快讀單字 22 physics

[`fızıks] 名 物理學

字根解碼 physic 自然 + ics 學

MP3 168

The **physics** assignment is a scientific report regarding water.

物理課的作業是要寫一份關於水的科學報告。

必備聯想字 Related Words

atomic [ə`tɑmık] 形 原子的；原子能的

The **atomic** weapons can cause great damage.
原子武器所造成的損害極大。

complex [`kɑmplɛks] 形 複雜的 名 複合物

I can't figure out how to operate this camera because it's too **complex**.
我不知道如何操作這臺相機，它太複雜了。

current [`kɜənt] 形 目前的 名 水流；電流

The performance of the **current** series transcends that of last generation's products.
目前系列產品的性能優於前一代的產品。

nuclear [`njuklıə] 形 核子的；原子核的

The question of **nuclear** weapons has been removed from the agenda.
核子武器的問題已從議案中移除。

radiate [`redı‚et] 動 放射 形 放射狀的

The warmth **radiating** from the stove heats the room.
從暖爐散發出來的熱量溫暖整個房間。

拓展！單字充電站 Learn More!

physicist 名 物理學家	atom 名 原子；微量
nucleus 名 原子核；中心	particle 名 微粒；極小量
radiation 名 輻射；發光；放射	spectrum 名 光譜
momentum 名 動量；動能	continuous 形 連續的
structure 名 結構；構造；組織	structural 形 結構上的

快讀單字 23 **material**

[məˋtɪrɪəl] [名] 材料

補充詞彙 substance 物質 / solid 固體的

MP3 169

A large and heterogeneous collection of **materials** will be examined.

大量且成分各異的原料將被檢驗。

必備聯想字 Related Words

aluminum [əˋlumɪnəm] [名] 鋁

The price of the **aluminum** alloy is increasing.
鋁合金的價格正在上漲中。

brass [bræs] [名] 黃銅；銅器 [形] 銅器的

Andy cleans his **brass** collection carefully every day.
安迪每天都很小心地擦拭他的銅器收藏。

copper [ˋkɑpɚ] [名] 銅 [形] 銅製的

The **copper** products of the company have entered into mass production.
這間公司的銅製產品已進入量產階段。

hydrogen [ˋhaɪdrədʒən] [名] 氫

The water molecule contains two atoms of **hydrogen**.
水分子含有兩個氫原子。

oxygen [ˋɑksədʒən] [名] 氧；氧氣

Insufficient **oxygen** supply to the brain may be life-threatening.
腦部供氧不足可能致命。

拓展！單字充電站 Learn More!

element [名] 要素；成分	metal [名] 金屬 [形] 金屬製的
golden [形] 金色的；黃金的	silver [名] 銀 [形] 銀製的；銀色的
iron [名] 鐵 [動] 燙平 [形] 鐵的	tin [名] 錫 [動] 鍍錫
carbon [名] 碳	removal [名] 除去；移動
perspective [名] 觀點 [形] 透視的	likewise [副] 同樣地；照樣地

快讀單字 24 chemistry

[`kɛmɪstrɪ] 名 化學

MP3 170

字根解碼 chemist 鍊金術士 + ry 狀態；性質

Mr. Robinson is a lecturer in **Chemistry** at Cambridge University.

羅賓森先生是劍橋大學的化學講師。

必備聯想字 Related Words

component [kəm`ponənt] 名 成分 形 構成的

Danny is in the laboratory, trying to figure out the **components** of it.
丹尼在實驗室，正試著找出它的成分。

comprise [kəm`praɪz] 動 由…構成

A water molecule **comprises** 1 atom of oxygen and 2 of hydrogen.
水分子由一個氧原子與兩個氫原子構成。

consist [kən`sɪst] 動 組成；構成

The lab kit **consists** of a syringe and a needle.
這個實驗室工具箱內含一個注射器和一個針頭。

contrast [`kɑntræst ] / [ kən`træst] 名 對比 動 對照

The color of the walls presents a striking **contrast** to that of the roof.
牆壁與屋頂的顏色形成強烈對比。

practical [`præktɪk]] 形 實用的；實踐的

Edward's opinion is based on his **practical** experience.
愛德華的意見乃是基於他的實際經驗。

拓展！單字充電站 Learn More!

chemical 形 化學的 名 化學製品	chemist 名 化學家
feedback 名 回饋；反饋	constitute 動 構成；組成
molecule 名 分子	acid 名 酸性物質 形 酸的
condense 動 凝結；濃縮	active 形 活躍的；積極的
synthetic 形 人造的 名 合成物	mixture 名 混合物；混合

25 variable

[`vɛrɪəb!] 名 變數 形 易變的

字根解碼 → vari 改變 + able 能夠

MP3 171

The **variables** of the experiment should be listed.

實驗的變數應該要列表記錄。

必備聯想字 Related Words

consistent [kən`sɪstənt] 形 一致的

The quantity on hand is not **consistent** to the inventory index.
目前的實際存貨量與庫存索引不一致。

constant [`kɑnstənt] 形 不變的 名 常數

Those **constants** are the fundamentals of physics.
那些常數是物理的基本知識。

deserve [dɪ`zɜv] 動 應得；應受

A top-notch researcher like Jason definitely **deserves** the compliments.
像傑森這樣頂尖的研究員，當然應該得到讚賞。

restriction [rɪ`strɪkʃən] 名 限制

The contract has made **restrictions** on the employees' vacation.
契約已針對員工的休假做出限制。

suppose [sə`poz] 動 假定；猜想

I **suppose** that the scholar would explain the theory in detail.
我猜那名學者應該會詳細解釋這個理論。

拓展！單字充電站 Learn More!

combine 動 結合	combination 名 結合
integrate 動 整合	contain 動 包含
precise 形 精確的	restrain 動 抑制
restraint 名 克制；控制	restrict 動 限制；約束
shorten 動 縮短；使變少	breakthrough 名 突破
reverse 動 反轉 形 相反的	attain 動 達成；獲得

PART
08

The Nature

珍惜大自然資源

掌握動物、資源、以及保育相關字，
大眾關切的焦點英文，一個都不漏。

UNIT1 地理環境與植物
UNIT2 大自然現象、天文
UNIT3 陸地生物觀察
UNIT4 海洋環境與生物
UNIT5 資源與永續發展

 **01 forest**
[`fɔrɪst] 名 森林

補充詞彙➜ get lost in the forest 在森林裡迷路

MP3 172

We humans keep destroying **forests** and upsetting the balance of nature.
🔊 我們人類持續破壞森林，並擾亂大自然的平衡。

🎯 **必備聯想字** Related Words

bamboo [bæm`bu] 名 竹子
🔊 The hut on the hill is built of **bamboo**.
山丘上的小屋是用竹子建造而成的。

---

evergreen [`ɛvɚˌgrin] 形 常綠的 名 常綠樹
🔊 Pine, like fir and holly, is an **evergreen** tree.
松樹就像杉樹和冬青一樣是常綠樹。

---

herb [hɝb] 名 草本植物；藥草
🔊 Our secret recipe is a mix of **herbs** and spices as a seasoning.
我們的祕方是混合多種中藥材和香料所製成的調味料。

---

meadow [`mɛdo] 名 草地；草坪
🔊 The castle has a 1,000 square feet **meadow**.
這座城堡有片一千平方英尺大的草坪。

---

thrive [θraɪv] 動 繁茂；興旺
🔊 Dragon fruit **thrives** in this hot weather.
在這種熱天氣之下，火龍果會長得很繁茂。

🦉 **拓展！單字充電站** Learn More!

oasis 名 綠洲	bush 名 灌木叢；灌木
ivy 名 常春藤	maple 名 楓樹
pine 名 松樹	oak 名 橡樹
trunk 名 樹幹	cherry 名 櫻桃 形 櫻桃木的
shady 形 成蔭的；多蔭的	shade 名 陰暗 動 遮蔽

快讀單字 02 blossom

MP3 173

[`blɑsəm] 名 盛開 動 開花

補充詞彙➜ cherry blossom 櫻花

The **blossoms** of plants, shrubs and trees on the street are so beautiful.

這條街上的植物、灌木和樹木所開的花真是美麗。

必備聯想字 Related Words

fragrant [`fregrənt] 形 芳香的；有香味的

Ms. Jones' garden is full of **fragrant** herbs.
瓊斯小姐的花園裡長滿有香味的草本植物。

grassy [`græsɪ] 形 長滿草的

The Jones went on a picnic on the **grassy** meadow.
瓊斯一家人到草地上野餐。

origin [`ɔrɪdʒɪn] 名 起源；由來

Without the certificate of **origin**, the importer's whole cargo of tea is worth nothing.
沒有產地證明，這個進口商一整個貨櫃的茶葉都沒了價值。

stem [stɛm] 名 花梗；莖幹 動 起源於

Duncan cut the **stem** of the rose with his knife.
鄧肯用他的小刀割斷這朵玫瑰花的花梗。

toxic [`tɑksɪk] 形 有毒的

Certain odorous gases may be **toxic** and even carcinogenic.
有些難聞的氣味可能帶有毒性，甚至可能致癌。

拓展！單字充電站 Learn More!

bud 名 花苞；芽 動 發芽	bloom 名 動 開花
flower 名 花卉 動 開花	jasmine 名 茉莉
lotus 名 蓮花	lily 名 百合
violet 形 紫羅蘭色的 名 紫羅蘭	fragrance 名 芳香；香味
lush 形 青翠的	cotton 名 棉花

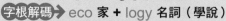

03 ecology

[ɪˋkɑlədʒɪ] 名 生態學

字根解碼➜ eco 家 + logy 名詞（學說）

MP3 174

Dr. Lee will give us a lecture on **ecology**.
🔊 李博士將對我們演講生態學。

 必備聯想字　Related Words

bacteria [bækˋtɪrɪə] 名 細菌

🕮 **Bacteria** can multiply if the water is kept on the shelves for too long.
如果水放在架上太久的話，會造成細菌繁殖。

---

continent [ˋkɑntənənt] 名 大陸

🕮 Dinosaurs started to evolve differently when a single land mass divided into several **continents**.
當單一板塊分成數個大陸時，恐龍開始了不同的進化。

---

desert [ˋdɛzət] / [dɪˋzɜt] 名 沙漠 動 拋棄

🕮 A **desert** is an arid region with annual rainfall generally less than five inches.
沙漠一般指的是年降雨量少於五英寸的乾旱之地。

---

environmental [ɪnˏvaɪrənˋmɛntḷ] 形 環境的

🕮 It's important for everyone to decrease the **environmental** destruction.
減少環境的破壞對每個人來說都是很重要的一件事。

---

monotony [məˋnɑtənɪ] 名 單調；千篇一律

🕮 I'm tired of Frank's **monotony**, so I stop seeing him.
我厭倦了無趣的法蘭克，所以我不再與他見面。

拓展！單字充電站　Learn More!

continental 形 大陸的	environment 名 環境
region 名 區域；地帶	regional 形 區域的
jungle 名 （熱帶）叢林	chirp 名 動 蟲鳴鳥叫
echo 名 回音 動 產生回響	swamp 名 沼澤 動 陷入
rocky 形 岩石的；多岩石的	prone 形 易於…的；有…傾向的

190

快讀單字 04 **geography**
[dʒɪ`ɑgrəfɪ] 名 地理

MP3 175

字根解碼 geo 土地 + graph 寫 + y 名詞

My youngest brother is strongly interested in **geography**.
我最小的弟弟對地理學特別有興趣。

必備聯想字 Related Words

altitude [`æltəˌtjud] 名 高度；海拔
This balloon can ascend to an **altitude** of 10 km.
這個氣球可以升高到海拔十公里的高度。

basin [`besn̩] 名 盆地；盆
Taipei **Basin** is the second largest **basin** in Taiwan.
臺北盆地是臺灣第二大盆地。。

hemisphere [`hɛməsˌfɪr] 名 半球
We live in the northern **hemisphere**.
我們住在北半球。

peninsula [pə`nɪnsələ] 名 半島
The television tower is located on the tip of the **peninsula**.
電視塔位於半島頂端。

vast [væst] 形 廣闊的；廣大的
We saw many zebras running on the **vast** prairie in Africa.
我們在非洲看見許多斑馬在廣闊的大草原上奔跑。

拓展！單字充電站 Learn More!

geographical 形 地理的	zone 名 地區 動 劃分區域
mountainous 形 多山的	plain 形 明白的；平坦的 名 平原
steep 形 險峻的；陡峭的	slope 名 斜坡；坡度
peak 名 山頂 動 達到高峰	depth 名 深度；厚度
gap 名 峽谷；缺口	height 名 高度
hollow 形 中空的 名 洞穴	pebble 名 小圓石；卵石

191

05 location

[lo`keʃən] 名 位置;場所

字根解碼➜ loc 位置 + ate 動詞 + ion 動作

Will the plague be more likely to occur in rural **locations**?
農村地區會比較容易發生瘟疫嗎?

必備聯想字 Related Words

apart [ə`pɑrt] 副 分散地;遠離地

She tore the rose **apart** and scattered the petals over the bed.
她撕開了這朵玫瑰花,將花瓣撒在床上。

latitude [`lætə͵tjud] 名 緯度

On the map, we charted the **latitude** and longitude of the site.
我們在地圖上標出這個地點的緯度和經度。

longitude [`lɑndʒə͵tjud] 名 經度

Mary couldn't tell the difference between latitude and **longitude**.
瑪莉搞不清楚緯度和經度有什麼不同。

polar [`polə] 形 極地的;電極的

Because of the greenhouse effect, the habitats of **polar** bears lessen.
由於溫室效應,北極熊的棲息地減少了。

vertical [`vɜtɪkl̩] 形 垂直的 名 垂直線

The teacher asked us to draw a **vertical** line on the paper.
老師叫我們在紙上畫一條垂直線。

拓展!單字充電站 Learn More!

locate 動 座落於	oriental 形 東方的 名 東方人
island 名 島嶼	guide 名 嚮導 動 引導
east 名 東方 副 向東方	eastern 形 東方的
west 名 西方 副 向西方	western 形 西方的 名 西方人
north 名 北方 副 向北方	northern 形 北方的
south 名 南方 副 向南方	southern 形 南方的

192

快讀單字 06 **scenery**

[ˋsinərɪ] [名] 風景；景色

MP3 177

字根解碼 scene 景色 + ery 地點

The **scenery** from Ali Mountain early in the morning is absolutely majestic.

阿里山早晨的風景實在很壯觀。

必備聯想字 Related Words

border [ˋbɔrdɚ] [名] 邊境；邊界 [動] 毗鄰

Luna lives in a small town near the **border** between Spain and France.

露娜住在西班牙和法國邊界附近的小鎮。

canyon [ˋkænjən] [名] 峽谷

We camped in the **canyon** and it was very cold at night.

我們在峽谷中露營，那兒晚上非常冷。

scenic [ˋsinɪk] [形] 風景優美的

Linda took a **scenic** route from Taichung to Hualien.

琳達選擇了從臺中到花蓮的一條風景優美的路線。

spectacle [ˋspɛktək!] [名] 奇觀；景象

All the tourists were amazed by the **spectacle**.

所有的旅客都對這個景象嘆為觀止。

wilderness [ˋwɪldɚnɪs] [名] 荒野；荒漠

It is dangerous to walk across the **wilderness** alone.

獨自走過這片荒野很危險。

拓展！單字充電站 Learn More!

broad [形] 寬闊的；寬的	breadth [名] 寬度；幅度
valley [名] 山谷；溪谷	deepen [動] 加深；變深
ridge [名] 山脊 [動] 使成脊狀	cliff [名] 斷崖；懸崖
cave [名] 洞穴 [動] 屈服	waterfall [名] 瀑布
wave [名] 波浪 [動] 搖動	spectacular [形] 可觀的 [名] 奇觀

07 volcano
[vɑl`keno] 名 火山

補充詞彙➜ an active volcano 活火山

It has been many years since the **volcano** last erupted.
🔊 這座火山距上次爆發至今已經過了很多年。

MP3 178

🎯 **必備聯想字** Related Words

earthquake [`ɜθ,kwek] 名 地震
🕮 The configuration of the mountain changed after the **earthquake**.
地震改變了山的結構。

enormous [ɪ`nɔrməs] 形 巨大的
🕮 Near the shore, the waves were **enormous**.
海岸附近的浪很大。

erupt [ɪ`rʌpt] 動 爆發；噴出
🕮 The volcano hasn't **erupted** for hundreds of years; it is a dormant volcano.
這座火山已數百年未爆發；它是一座休火山。

fierce [fɪrs] 形 酷烈的；粗暴的
🕮 Most foreigners can't stand the **fierce** heat in summer here.
大多數的外國人受不了此處夏季的酷熱。

vapor [`vepɚ] 名 蒸氣；水氣
🕮 The jet flew across the sky and left a trail of **vapor**.
噴射機飛過天空，留下了一條飛機雲。

🎓 **拓展！單字充電站** Learn More!

scene 名 風景	crater 名 火山口 動 使成坑
vibrate 動 震動	vibration 名 震動
ash 名 灰；灰燼	smog 名 煙霧；煙
fume 動 激怒 名 蒸氣	rarely 副 很少；難得
heighten 動 提高	bare 形 光禿禿的 動 露出

08 **phenomenon**

[fə`namə,nan] 名 現象

字根解碼➜ phan/phenomen 出現 **+** on 名詞

MP3 179

The rainbow is a natural **phenomenon**.

彩虹是一種自然現象。

必備聯想字　Related Words

blaze [blez] 名 火焰 動 燃燒

The whole building was in a **blaze** in a few minutes.
幾分鐘之內，整棟建築物變成了一片火海。

breeze [briz] 名 微風 動 微風吹拂

I was delighted with the **breeze** and felt refreshed after a long day of work.
辛苦了一整天後，我喜歡微風拂來的感覺，使我重新打起了精神。

drought [draʊt] 名 乾旱；旱災

The country was afflicted by **drought** last year.
這個國家去年為乾旱所苦。

flame [flem] 名 火焰 動 點燃

The crowd cried out in horror as the car burst into **flames**.
當汽車突然起火燃燒時，群眾驚恐地大聲呼喊。

twilight [`twaɪ,laɪt] 名 黃昏；黎明

Jennifer and her friends walked home at **twilight**.
珍妮佛與朋友在黃昏時走路回家。

拓展！單字充電站　Learn More!

dawn 名 黎明 動 天剛亮	bright 形 明亮的 副 明亮地
rise 動 上升；升起 名 增加；升高	sunny 形 充滿陽光的
dusk 名 黃昏；薄暮	dry 形 乾燥的 動 使乾燥
mist 名 霧 動 以霧籠罩	foggy 形 多霧的
flake 名 雪花 動 剝落	suburban 形 郊外的

195

climate

[`klaɪmɪt] 名 氣候

字根解碼➜ clim 地區 + ate 具備…性質

MP3 180

Many countries and businesses pledged to combat global **climate** change.

🔊 許多國家和企業承諾要對抗全球氣候的變遷。

必備聯想字　Related Words

humidity [hju`mɪdətɪ] 名 濕度；濕氣

The temperature is twenty-eight while the **humidity** is in the low thirties.

氣溫是二十八度，濕度是三十多度。

moderate [`madərɪt] 形 溫和的；適度的

I like to soak myself in the **moderate** weather and let my soul free.

我喜歡將自己沉浸在這溫和的天氣裡，釋放我的靈魂。

moisture [`mɔɪstʃɚ] 名 濕氣；水分

They examined the rail and said it was rusted due to the **moisture**.

他們檢視了鐵軌，說鐵軌因為潮濕而生鏽了。

research [rɪ`sɝtʃ] 名 動 研究；調查

Jeff is making an in-depth **research** on practical cases.

傑夫正在進行實務案件的深入研究。

tropical [`trapɪkl̩] 形 熱帶的

Sugar cane grows better in **tropical** climates.

甘蔗比較適合生長在熱帶氣候。

拓展！單字充電站　Learn More!

researcher 名 研究員；調查員	tropic 名 回歸線 形 熱帶的
humid 形 潮濕的	damp 形 潮濕的 名 潮濕
moist 形 潮濕的	freeze 動 凍結
frost 名 霜；冷淡 動 結霜	penetrate 動 滲透；刺入
example 名 例子；範例	rainfall 名 降雨量

快讀單字 **10 season**
[ˋsizn̩] 名 季節

MP3 181

補充詞彙 be in season （水果、蔬菜）當令的
Charlotte likes to see the variation of the **seasons** in the countryside.
◀ 夏洛特喜歡觀賞鄉間四季的變化。

必備聯想字 Related Words

forecast [ˋfɔrˌkæst] 名 動 預測
The captain will broadcast weather **forecast** in the aircraft.
機長將會在飛機上廣播氣象預報。

temperature [ˋtɛmprətʃɚ] 名 溫度
Some fruit decays very quickly in room **temperature**.
有些水果在室溫下很快就腐爛了。

thermometer [θɚˋmɑmətɚ] 名 溫度計
Mercury is a liquid metal widely used in **thermometers**.
水銀是在溫度計中廣為使用的液態金屬。

warmth [wɔrmθ] 名 暖和；親切
The **warmth** in the room makes Julia feel comfortable.
房間裡的溫暖讓茱莉亞覺得很舒服。

weather [ˋwɛðɚ] 名 天氣 動 風化
We may hope for an improvement in the **weather** tomorrow.
但願明天天氣會變好。

拓展！單字充電站 Learn More!

spring 名 春天；彈簧 動 跳躍	fall 名 秋天；落下 動 跌落
root 名 根；根源	leaf 名 葉子
Fahrenheit 名 華氏溫度	Celsius 名 攝氏溫度
warm 形 溫暖的 動 使暖和	cloudy 形 多雲的
chill 名 寒冷 動 使變冷	chilly 形 寒冷的；冷颼颼的

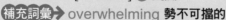

hurricane

[`h3ɪ,ken] 名 颶風

補充詞彙→ overwhelming 勢不可擋的

MP3 182

There is a **hurricane** coming, so be prepared.

🔊 有個颶風要來了，要做好準備。

 **Related Words**

fury [`fjʊrɪ] 名 （天氣等的）猛烈；狂怒

🔊 Based on the weather forecast, the **fury** of the hurricane has abated.
據天氣預報顯示，颶風的威力已經減弱了。

lightning [`laɪtnɪŋ] 名 閃電；電光

🔊 The baby cried when thunder and **lightning** ripped the sky.
小嬰孩聽到雷電劃破天空的聲音後嚎啕大哭。

stormy [`stɔrmɪ] 形 暴風雨的

🔊 Our ship went through the **stormy** seas safely.
我們的船平安通過了暴風雨海面。

thunder [`θʌndɚ] 名 雷 動 打雷

🔊 We heard a clap of **thunder** after the lightning.
我們在這個閃電之後聽到一聲雷鳴。

tornado [tɔr`nedo] 名 龍捲風

🔊 Florida suffered from several **tornadoes** this past summer.
今年夏天佛羅里達州遭受到多個龍捲風的襲擊。

🦉 拓展！單字充電站　**Learn More!**

typhoon 名 颱風	collapse 名 倒塌；崩潰 動 坍塌
peril 名 危險 動 使…有危險	misery 名 悲慘；痛苦
blast 名 強風 動 爆炸	sudden 形 突然的 名 突然
umbrella 名 雨傘	drop 動 掉落 名 一滴
soar 動 上升；猛增	snowy 形 多雪的
flood 名 洪水 動 淹沒	degree 名 程度；等級

快讀單字 🔊 12 **galaxy**
[ˋgæləksɪ] 名 星系；星雲

MP3 183

補充詞彙→ the solar system 太陽系

Several astronomers have discovered a new **galaxy** in the distance.
🔊 幾位天文學家發現了遠處一個新的星系。

🎯 **必備聯想字** Related Words

eclipse [ɪˋklɪps] 名【天】蝕 動 遮蔽
⓫ Did you observe the total lunar **eclipse** last weekend?
你有觀測上週末的月全蝕嗎？

eternal [ɪˋtɜnḷ] 形 永恆的；不朽的
⓫ Rome is sometimes called the **Eternal** City.
羅馬有時被稱為永恆之城。

glitter [ˋglɪtɚ] / **sparkle** [ˋspɑrkḷ] 動 名 閃爍；閃耀
⓫ Michelle's diamond ring **glitters** on her finger.
米雪兒的鑽戒在她的手指上閃閃發亮。

orbit [ˋɔrbɪt] 名（天體等的）運行軌道 動 繞軌道運行
⓫ The spacecraft **orbited** Mars two times and landed on it.
太空船繞行火星兩周後降落其上。

radiant [ˋredjənt] / **shiny** [ˋʃaɪnɪ] 形 發光的
⓫ What is that **radiant** object on the tall building?
那棟高聳建築物上的發光物體是什麼？

🔋 **拓展！單字充電站** Learn More!

universe 名 宇宙	sphere 名 球；天體
lunar 形 月亮的；陰曆的	solar 形 太陽的
planet 名 行星	eternity 名 永恆；永遠
comet 名 彗星	twinkle 動 名 閃爍
glow 動 發光 名 光輝	comprehensive 形 廣泛的

13 **creature**

[`kritʃə] 名 生物;動物

字根解碼 → creat 創造 + ure 結果

MP3 184

Of all living **creatures** on Earth, insects are the most plentiful.

🔊 地球上的所有生物中,以昆蟲最為繁多。

 必備聯想字 Related Words

crawl [krɔl] 動 名 爬行;緩慢移動

Judy screamed when she saw the table was **crawling** with ants.
看到桌上爬滿了螞蟻,茱蒂尖叫出聲。

reptile [`rɛptaɪl] 名 爬蟲類 形 爬行的

Reptiles are cold-blooded animals.
爬蟲類是冷血動物。

stimulate [`stɪmjə‚let] 動 刺激

Massaging the scalp may **stimulate** blood flow and promote hair growth.
對頭皮進行按摩可能有助於刺激血流和促進頭髮生長。

tame [tem] 形 馴服的 動 馴服

A **tame** lion can be as gentle as a lamb.
受馴服的獅子可以像羔羊一樣溫馴。

vitality [vaɪ`tælətɪ] 名 生命力

This tiny plant you bought shows strong **vitality**.
你買的這株小植物展現了強大的生命力。

拓展!單字充電站 Learn More!

chimpanzee 名 黑猩猩	gorilla 名 大猩猩
camel 名 駱駝	penguin 名 企鵝
lizard 名 蜥蜴	koala 名 無尾熊
leopard 名 豹	flesh 名 肉體
crocodile 名 鱷魚	predator 名 肉食性動物;掠奪者

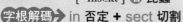

快讀單字 14

insect

[`ɪnsɛkt] [名] 昆蟲

字根解碼 in 否定 + sect 切割

Bees and grasshoppers are gregarious **insects**.

蜜蜂和蚱蜢是群居類的昆蟲。

MP3 185

必備聯想字 Related Words

buzz [bʌz] [動] 嗡嗡叫 [名] 嗡嗡聲

I can't hear you clearly. My ears are **buzzing** now.

我聽不清楚你在說什麼，我的耳朵現在只聽到嗡嗡聲。

caterpillar [`kætɚ͵pɪlɚ] [名] 毛毛蟲

My sister is afraid of **caterpillars**.

我姊姊很怕毛毛蟲。

mosquito [mə`skito] [名] 蚊子

The baby was crying loudly because of a **mosquito** bite.

這個小嬰兒因為被蚊子咬而放聲大哭。

sanitation [͵sænə`teʃən] [名] 公共衛生

The engineer proposed a plan to improve **sanitation**.

這位工程師提出了一個改善公共衛生的計畫。

sting [stɪŋ] [名] 刺痛 [動] 叮；刺；螫

Don't hit the hive, or the bees will **sting** you.

不要打蜂巢，否則蜂群會螫你。

拓展！單字充電站 Learn More!

grasshopper [名] 蚱蜢	cricket [名] 蟋蟀
butterfly [名] 蝴蝶	dragonfly [名] 蜻蜓
ladybug [名] 瓢蟲	beetle [名] 甲蟲
hive [名] 蜂巢	moth [名] 蛾
spider [名] 蜘蛛	flea [名] 跳蚤
common [形] 常見的；普通的	speed [名] 速度 [動] 快速前進

快讀單字 15 sparrow
[`spæro] 名 麻雀

補充詞彙➜ nest 巢；窩 / claw （動物的）爪

MP3 186

The eagle caught the sparrow by its claws within seconds.
🔊 幾秒之間，老鷹就用牠的爪子抓住麻雀。

必備聯想字 Related Words

hover [`hʌvɚ] 動 名 盤旋；徘徊
⑪ A vulture hovers in the wide blue sky.
一隻禿鷹在廣闊的藍天盤旋。

overlook [,ovɚ`luk] 動 俯瞰；看漏
⑪ You can overlook the city on the top of the hill.
你可以從山丘上俯瞰這座城市。

parrot [`pærət] 名 鸚鵡 動 機械性地模仿
⑪ Allen keeps teaching his parrot to say his name.
艾倫一直在教他的鸚鵡說他的名字。

swift [swɪft] 形 迅速的
⑪ Cats, tigers and cougars are swift animals.
貓、老虎和美洲獅都是敏捷的動物。

telescope [`tɛlə,skop] 名 望遠鏡
⑪ The researcher used the telescope to take some pictures of the lunar eclipse.
研究員用這部望遠鏡拍了幾張月蝕的照片。

拓展！單字充電站 Learn More!

fowl 名 鳥；野禽	woodpecker 名 啄木鳥
owl 名 貓頭鷹	pigeon 名 鴿子
hawk 名 隼；鷹	peacock 名 孔雀
robin 名 知更鳥	alive 形 活的；有生氣的
waken 動 喚醒；激發	usual 形 平常的；通常的

快讀單字 16 biological

[ˌbaɪə`lɑdʒɪkl] 形 生物學的

MP3 187

字根解碼 → biology 生物學 + ical 有關的

Brian is doing some **biological** research in the laboratory.
布萊恩正在實驗室做一些生物學研究。

必備聯想字 Related Words

breed [brid] 動 生育；孕育 名 品種

The students are **breeding** a new orchid in the greenhouse.
學生們在溫室裡培育新品種的蘭花。

diversity [daɪ`vɝsətɪ] 名 多樣性

A study of environmental factors which may impact the **diversity** of organisms is underway.
一項關於環境因子對生物多樣性影響的研究正在進行中。

inland [`ɪnlənd] 形 內陸的 副 在內地 名 內陸

The geographer is working on the distribution of **inland** rainforest.
這個地理學家正在研究內陸雨林的分布。

mammal [`mæml] 名 哺乳動物

Female **mammals** give birth to live offspring rather than laying eggs.
雌性哺乳動物生出活的幼獸，而不是生蛋。

migrant [`maɪgrənt] 名 候鳥；移民 形 移居的

Every winter, several species of **migrants** come to Taiwan from the north.
每年冬天，幾種候鳥自北方飛來臺灣。

拓展！單字充電站 Learn More!

biology 名 生物學	mainland 名 大陸
diverse 形 互異的；多樣的	migration 名 遷移
edge 名 邊緣 動 徐徐移動	mate 名 配偶 動 交配
perch 名 棲息處 動 棲息	gigantic 形 巨大的
general 形 一般的 名 將軍	knowledgeable 形 博學的

17 evolution
[ˌɛvəˋluʃən] 名 演化；進展
字根解碼➔ evolv/evolu 展開 + tion 動作
We know that Huxley was an exponent of Darwin's theory of **evolution**.
🔊 我們知道赫胥黎是達爾文進化論的擁護者。

MP3 188

🎯 **必備聯想字** Related Words

accommodate [əˋkɑməˌdet] 動 使適應
🕮 Ms. Chen thinks it difficult to **accommodate** to living in England, so she rejected the job offer.
陳小姐認為英國的生活很難適應，所以她拒絕了工作機會。

dinosaur [ˋdaɪnəˌsɔr] 名 恐龍
🕮 The boy has collected more than 200 kinds of **dinosaur** models.
這個男孩已經蒐集了超過兩百種的恐龍模型。

existence [ɪgˋzɪstəns] 名 存在
🕮 Bill is an atheist who doesn't believe in the **existence** of God.
比爾是不信上帝存在的無神論者。

fossil [ˋfɑsl̩] 名 化石 形 守舊的
🕮 This country abounds in **fossil** fuel.
這個國家擁有大量的化石燃料。

gradual [ˋgrædʒuəl] 形 逐漸的
🕮 Cindy made a **gradual** improvement in her attitude toward people.
辛蒂逐漸改善她對人的態度。

🔋 **拓展！單字充電站** Learn More!

prehistoric 形 史前的	formation 名 構成；形成
radical 形 根源的 名 根本	exist 動 存在；生存
evolve 動 演化；進化	disappear 動 消失；不見
alternate 形 供替換的 動 交替	affect 動 影響；對⋯發揮作用
scatter 動 使分散 名 分散	ensure 動 確保；保證

18 surroundings

[sə`raundɪŋs] 名 環境；周圍

MP3 189

字根解碼 surround 環繞 + ing 狀態

The **surroundings** in this neighborhood are really nice.

這一區的環境相當好。

必備聯想字 Related Words

horizon [hə`raɪzn̩] 名 地平線

I saw the sun leap above the **horizon**, knowing another morning is coming.

我看到太陽躍上地平線，就知道另一天的早晨即將到來。

immense [ɪ`mɛns] 形 巨大的

What should we prepare to cross this **immense** desert?

要橫越這片廣大的沙漠，我們應該準備什麼？

outdoors [`aut`dorz] 副 在戶外

It is warm enough to be **outdoors** all night.

天氣夠暖和，可以整晚待在戶外。

strait [stret] 名 海峽

It's really quite a feat for a teenager to swim across the **strait**.

對一個青少年來說，能泳渡海峽實在是一大壯舉。

tribe [traɪb] 名 部落；種族

The facial tattoo is a notable trait for Atayal **tribe**.

紋面是泰雅族顯著的特徵。

拓展！單字充電站 Learn More!

surround 動 環繞	horizontal 形 水平的 名 水平線
creek / stream 名 小溪	brook 名 溪流
lake 名 湖；湖泊	ripple 名 漣漪 動 起漣漪
beach 名 海灘 動 把…拖上岸	sand 名 沙子 動 沙淤
bubble 名 泡沫 動 使冒泡	wet 形 潮濕的 動 弄濕

19 habitat

[`hæbə,tæt] 名 棲息地

字根解碼 ➤ habit 居住 + at 在…的地方

MP3 190

It is reported that the number of pandas in the world has dwindled due to loss of **habitat**.

🔊 據報導，全球熊貓的數量由於喪失棲息地而減少了。

必備聯想字　Related Words

alligator [`ælə,getə] 名 鱷魚；短吻鱷

🔊 Fish, snakes and **alligators** all lay eggs.
　魚類、蛇和鱷魚都會生蛋。

harbor [`hɑrbə] 名 港灣；海港

🔊 We sailed from Pearl **Harbor** with a cargo of coal.
　我們載滿一船煤從珍珠港啟航。

hippopotamus [ˌhɪpə`pɑtəməs ] / **hippo** [ `hɪpo] 名 河馬

🔊 There are two **hippopotami** floating in the middle of the pond.
　有兩隻河馬漂浮在池塘中央。

strand [strænd] 動 擱淺；處於困境 名 海濱

🔊 A school of dolphins **stranded** at the coast, some of which were dead.
　一群海豚擱淺在岸邊，其中有幾隻死了。

workshop [`wɝkʃɑp] 名 研討會；工作坊

🔊 All the employees must attend the **workshop** this afternoon.
　所有員工都必須參加今天下午的工作坊。

拓展！單字充電站　Learn More!

ocean / sea 名 海洋	gulf 名 海灣
dolphin 名 海豚	seagull / gull 名 海鷗
whale 名 鯨魚	turtle 名 海龜
tortoise 名 烏龜；陸龜	lay 動 產卵；放置
seal 名 海豹 動 獵海豹	slay 動 殺害；殺死

快讀單字 20 pollution
[pəˋluʃən] 名 汙染

字根解碼 por/pol 之前 + lu 弄髒 + tion 動作

MP3 191

Environmental **pollution** is causing abnormal weather conditions.
🔊 環境汙染造成了氣候的異常。

必備聯想字 Related Words

assumption [əˋsʌmpʃən] 名 假設；假定
It is a logical **assumption** that she will attend the conference.
按理，她將會出席研討會。

investigator [ɪnˋvɛstəˏgetə] 名 研究者
Some **investigators** found that several kinds of animals in the woods vanished.
一些研究者發現樹林中有好幾種動物消失了。

otherwise [ˋʌðəˏwaɪz] 副 否則；要不然
My doctor advised me to eat healthier food; **otherwise**, I may get sick.
醫師勸我吃健康一點的食物；否則，我可能會生病。

survey [ˋsɝve] / [səˋve] 名 動 考察；勘測
This is an exploratory **survey** on the quality of life of RA patients.
這是一項以類風濕性關節炎病患為探討對象的生活品質調查報告。

urge [ɝdʒ] 名 迫切的要求 動 催促
An **urge** to be promoted drives Anna to work harder than anyone else.
想升職的慾望迫使安娜比其他人更努力工作。

拓展！單字充電站 Learn More!

pollute 動 汙染	confirm 動 證實
observe 動 觀察；觀測	observer 名 觀察者
observation 名 觀察	superficial 形 表面的
source 名 來源；根源	theoretical 形 理論上的
undertake 動 從事；承擔	forsake 動 拋棄；放棄

21 experimental

[ɪk͵spɛrə`mɛntl] 形 實驗性的

字根解碼→ experiment 實驗 **+** al 關於…的

MP3 192

The **experimental** test is to verify the stability of the substance.

◀) 這項實驗性測試的目的是要驗證該物質的穩定性。

必備聯想字 Related Words

extract [ɪk`strækt ] / [ `ɛkstrækt] 動 拔出；提取 名 提取物

What are the procedures of **extracting** coal from the mines?
從礦井中採煤的程序有哪些呢？

initiate [ɪ`nɪʃɪ͵et ] / [ ɪn`nɪʃɪɪt] 動 開始 形 新加入的 名 新加入者

We **initiated** our new special project by the end of this month.
我們這個月底前開始進行新的特別專案。

interval [`ɪntəvl] 名 間隔；時間

Hugo came back here at an **interval** of seven years.
雨果時隔七年之後再回到這裡。

laboratory [`læbrə͵torɪ] / **lab** [læb] 名 實驗室

Over one hundred specimens of virus are kept in the **laboratory**.
這間實驗室存放了超過一百個病毒樣本。

microscope [`maɪkrə͵skop] 名 顯微鏡

The **microscope** with large scan range is more expensive.
這臺顯微鏡可提供寬廣的視線範圍，因此價格也比較昂貴。

拓展！單字充電站 Learn More!

approach 名 手段；方法 動 接近	experiment 名 動 實驗
standard 形 標準的 名 標準	sample 名 樣本 動 取樣
counterpart 名 對應的人或物	schedule 名 計畫表 動 將…列表
instant 形 即時的 名 頃刻	alternative 形 二選一的 名 選擇
analytical 形 分析的	analyst 名 分析家

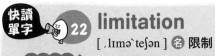

22 limitation

[ˌlɪməˋteʃən] 名 限制

MP3 193

字根解碼➜ limit 限制 + ation 動作

This is a nice house, but it has limitations on some equipment.

◀》 這是一棟好房子,但它在某些設備上有限制。

必備聯想字 Related Words

confusion [kənˋfjuʒən] 名 迷惑

In order to avoid confusion, you had better use some examples.
為了不使人困惑,你最好舉例。

continual [kənˋtɪnjʊəl] 形 連續的

We don't like Tina; her continual complaints make us upset.
我們不喜歡蒂娜,她總是不停抱怨,害我們心情低落。

exaggerate [ɪgˋzædʒəˌret] 動 誇大

When telling a story, my mother tends to exaggerate it.
在講故事的時候,我母親通常會誇大一些。

replace [rɪˋples] 動 取代;以…代替

You should replace the battery of the emergency light as soon as possible.
你應該盡快更換緊急照明燈的電池。

substitute [ˋsʌbstəˌtjut] 名 代替者;代替物 動 替代

We are looking for a substitute for Danny after his resignation.
我們正在尋找丹尼辭職後的替代人選。

拓展!單字充電站 Learn More!

means / method 名 方法	sticky 形 黏的;棘手的
skip 動 略過 名 省略	omit 動 忽略不做;省略
partial 形 部分的	replacement 名 取代
priority 名 優先權	confuse 動 使疑惑
tangle 名 糾結 動 使糾結	continue 動 繼續

23 **resource**

[rɪˋsors] 名 資源

字根解碼 → re 再一次 + surge/source 上升

MP3 194

As the earth has finite **resources**, it is important to conserve them.

◀ 由於地球的資源有限，因此節約資源就顯得很重要。

🎯 **必備聯想字** Related Words

abundant [əˋbʌndənt] 形 豐富的

🔊 The advancement in technology has brought this country **abundant** yield.
科技的進步已帶給這個國家豐足的收益。

available [əˋveləb!] 形 可取得的

🔊 In the remote areas, mobile libraries are **available**.
在偏遠地區有流動圖書館。

crystal [ˋkrɪst!] 名 水晶 形 水晶的

🔊 My mother has a **crystal** box containing precious jewels.
我母親有個裝著珍貴珠寶的水晶盒。

permanent [ˋpɝmənənt] 形 永久的；固定性的

🔊 The damage to the nerve may be **permanent** and result in serious diseases.
神經損傷可能會帶來永久傷害，並造成嚴重疾病。

petroleum [pəˋtrolɪəm] 名 石油

🔊 As oil price went up, the usage of **petroleum** went downwards.
因為油價上漲，所以石油的使用量下降了。

🔋 **拓展！單字充電站** Learn More!

nature 名 自然界；自然	natural 形 天然的；自然的
provide 動 提供；供給	rare 形 稀有的；罕見的
wood / timber 名 木材	coal 名 煤；煤塊
crude 形 粗製的；粗糙的	torch 名 火炬 動 放火燒
drill 名 鑽機 動 鑽孔	abundance 名 充裕；充足

24 **consume**

[kəm`sjum] 動 消耗；耗費

字根解碼→ con 共同 + sume 拿

MP3 195

Do you know how much gas is **consumed** per mile by a car?

你知道一輛汽車每英里耗費多少汽油嗎？

必備聯想字　Related Words

canal [kə`næl] 名 運河；河渠

There has been an increase in navigation through the Panama **Canal**.
航行巴拿馬運河的船隻增加了。

exploit [ɪk`splɔɪt ] / [ `ɛksplɔɪt] 動 利用；剝削 名 功績

Most of the natural resources have been **exploited** in the last twenty years.
大部分的自然資源在近二十年來遭過度開發。

nevertheless [ˌnɛvəðə`lɛs] 副 儘管如此

Adam felt ill yesterday; **nevertheless**, he still went to work.
亞當昨天身體不舒服，儘管如此，他還是去上班了。

reservoir [`rɛzəˌvɔr] 名 水庫；蓄水池

The investigators will visit the **reservoir** next Thursday.
調查員下週四將會去參訪水庫。

scarce [skɛrs] 形 稀少的；缺乏的

Water becomes **scarce** when it doesn't rain for a long time.
好一段時間不下雨時，就會缺水。

拓展！單字充電站　Learn More!

cycle 名 週期 動 循環	reduce 動 減少；縮小
waste 名 動 浪費	precious 形 珍貴的
specimen 名 樣本；樣品	species 名 物種
fade 動 逐漸消失	require 動 需要
dam 名 水壩 動 築壩蓄水	steady 形 穩定的 動 穩固

211

快讀單字 25 **destructive**

[dɪˋstrʌktɪv] [形] 毀滅性的

字根解碼 ➔ destruct 破壞 + ive 具備…性質

MP3 196

It was the most **destructive** typhoon in twenty years.

那是二十年來最具毀滅性的颱風。

必備聯想字 Related Words

contaminate [kənˋtæmə͵net] [動] 汙染

The leakage of oil has **contaminated** the beach.
漏油已經汙染了海灘。

extinct [ɪkˋstɪŋkt] [形] 滅絕的

The scene of cloning **extinct** animals can only be found in fiction.
只有在小說裡才看得到複製絕種動物的場景。

ozone [ˋozon] [名] 臭氧

If **ozone** depletion continues, disasters worldwide might happen.
如果臭氧的消耗持續，可能會發生遍及全球的災難。

questionnaire [͵kwɛstʃəˋnɛr] [名] 問卷

We need some tourists to help complete these **questionnaires**.
我們需要找一些觀光客來填寫這些問卷。

terrify [ˋtɛrə͵faɪ] [動] 使恐懼；使害怕

Lily was so **terrified** by the big bug that she cried out immediately.
莉莉被大蟲嚇到，以致於立刻放聲大叫。

拓展！單字充電站 Learn More!

neglect [動] [名] 忽略；疏忽	problem [名] 問題
question [名] 問題 [動] 質疑	destroy [動] 毀壞；破壞
destruction [名] 破壞	local [形] 當地的 [名] 當地居民
dreadful [形] 可怕的	burn [動] 燃燒 [名] 燒傷
threaten [動] 威脅；恐嚇	pirate [名] 海盜 [動] 掠奪

快讀單字 26

disaster

[dɪ`zæstɚ] [名] 災害；災難

字根解碼 dis 表貶義 + aster 星星

The surrounding area has been declared a **disaster** zone.

附近地區已被宣告為災區。

MP3 197

必備聯想字 Related Words

catastrophe [kə`tæstrəfɪ] [名] 大災難

No one expects that a tiny mistake could become this **catastrophe**.
沒人預料到一個小錯誤會釀成這場大災難。

iceberg [`aɪs͵bɝg] [名] 冰山

The **iceberg** will blockade the sea water from flowing freely.
冰山會阻擋海水自由流動。

landslide [`lænd͵slaɪd] [名] 山崩

The gap between the hills has widened after the **landslide**.
山崩之後，山間的峽谷擴大了。

possible [`pɑsəbḷ ] / **probable** [ `prɑbəbḷ] [形] 可能的

We are trying to find a feasible way to cut down as much as **possible**.
我們正試著找出可行的方法，盡可能降低開支。

reflection [rɪ`flɛkʃən] [名] 深思；反省；倒影

Dora made the decision without the **reflection**.
朵拉未經深思就做了那個決定。

拓展！單字充電站 Learn More!

glacier [名] 冰河	melt [動] 溶解；融化
drift [動] 漂移 [名] 漂流物	reflect [動] 反射；照出
disastrous [形] 災難性的	drastic [形] 激烈的
actual [形] 實際的	cruel [形] 殘酷的
drown [動] 淹沒	surge [名] 大浪 [動] 洶湧

27 conservation

[ˌkɑnsəˈveʃən] 名 保存；維護

MP3 198

字根解碼➜ conserv 保存 + ation 動作

Many **conservation** projects are carried out to protect our environment.

🔊 為了保護自然環境，實施了許多自然資源保存計畫。

必備聯想字 Related Words

indispensable [ˌɪndɪsˈpɛnsəbl̩] 形 不可缺少的

🕮 My organizer has been an **indispensable** tool for my business.
在工作上，我的記事本是不可或缺的工具。

invaluable [ɪnˈvæljəbl̩] 形 無價的

🕮 Your friendship is **invaluable** to me.
你的友情對我來說是無價之寶。

preservation [ˌprɛzəˈveʃən] 名 保存；保藏

🕮 They are concerned about the chemicals used in food **preservation**.
他們擔心那些用於食品保存的化學物。

protective [prəˈtɛktɪv] 形 保護的

🕮 Firefighters have to wear **protective** clothing when they are on duty.
消防隊員值勤時需要穿著防護性衣料。

recycle [rɪˈsaɪkl̩] 動 回收利用

🕮 We need to **recycle** usable materials to conserve the environment.
為了保護環境，我們需要回收可用的材料。

拓展！單字充電站 Learn More!

administer 動 管理；照料	administration 名 管理
protect 動 保護；防護	protection 名 保護
reproduce 動 再生產；複製；翻拍	conserve 動 保存 名 蜜餞
revolve 動 旋轉；循環	distinction 名 區別
manage 動 管理；經營	boost 動 推動 名 促進

214

PART
09

Nation & Law

社會現象面面觀

關切國際焦點、提升公民素養，
學會這些英文，打開廣闊的世界觀。

UNIT1 公民與國家改革
UNIT2 政權與立法
UNIT3 法律與罪責
UNIT4 戰爭與軍事布局
UNIT5 外交與國際互動

01 nationality
[ˌnæʃən`ælətɪ] 名 國籍

字根解碼➜ national 國家的 **+** ity 性質

What is the **nationality** of the foreign applicant?
🔊 那位外籍申請者的國籍是什麼？

MP3 199

必備聯想字 **Related Words**

anonymous [ə`nɑnəməs] 形 匿名的
❶ **Anonymous** leaflets have been circulated in the city.
　匿名的傳單已在城市裡傳閱開來。

----

emigrate [`ɛmə͵gret] 動 移居外國
❶ They **emigrated** from Taiwan to England thirty years ago.
　他們在三十年前從臺灣移民到英格蘭。

----

immigrant [`ɪməgrənt] 名 （外來）移民者
❶ Many **immigrants** choose selling traditional food as a way to make their living.
　許多移民選擇以販售傳統食物的方式謀生。

----

immigrate [`ɪmə͵gret] 動 遷移；移入
❶ Jessica's family **immigrated** to America when she was a baby.
　在潔西卡還是小嬰兒時，全家人移民到美國。

----

patriot [`petrɪət] 名 愛國者
❶ A **patriot** is a person who loves his/her country.
　一個愛國者是熱愛自己國家的人。

拓展！單字充電站 **Learn More!**

nationalism 名 國家主義	homeland 名 祖國；本國
patriotic 形 愛國的	foreign 形 外國的；外來的
foreigner 名 外國人	dual 形 兩的；雙重的
emigration 名 移民出境	emigrant 名 移民國外者
customs 名 海關	crowd 名 人群 動 擠滿

快讀單字 02 election

[ɪˋlɛkʃən] 名 選舉

字根解碼 e 向外 + lect 選擇 + ion 名詞

About 3,000 police will be deployed to help maintain law and order in the **election**.

選舉時大約會有三千名警力幫忙維持治安。

必備聯想字 Related Words

candidate [ˋkændədet] 名 候選人

The inverse public opinion surprised both of the presidential **candidates**.
倒轉的公眾意見令兩名總統候選人感到驚訝。

eliminate [ɪˋlɪmə‚net] 動 消除；排除

He **eliminated** unnecessary words to make the speech concise.
他刪除多餘的字，以使演說更簡潔一點。

majority [məˋdʒɔrətɪ] 名 多數；大多數

The vast **majority** of our products are exported to Southeast Asia.
我們的產品大多數出口到東南亞。

nomination [‚naməˋneʃən] 名 提名；任命

The chairperson was not happy about Joe's **nomination**.
主席不高興喬被提名。

responsibility [rɪ‚spansəˋbɪlɪtɪ] 名 責任

As far as I know, the mayor has to take the whole **responsibility**.
據我所知，市長必須負全責。

拓展！單字充電站 Learn More!

elect 動 選舉 形 當選的	nominate 動 提名；指定
nominee 名 被提名人	responsible 形 負責任的
status 名 地位；身分	voter 名 選民；投票人
poll 名 民調；投票數 動 進行民調	ballot 名 選票 動 投票
improve 動 改善；改進	prospect 名 前景 動 勘查

03 🗣 **corruption**

[kə`rʌpʃən] 名 腐敗；墮落

字根解碼➔ cor 表強調 + rupt 破壞 + ion 名詞

MP3 201

The president was deposed due to **corruption**.

🔊 總統因貪汙而遭罷免。

🎯 **必備聯想字** Related Words

brutal [`brutl] 形 殘暴的；粗暴的

🔊 She applied for a restraining order to keep her **brutal** husband away from her.

她申請了禁制令，以讓粗暴的老公離她遠一點。

---

conservative [kən`sɜvətɪv] 形 保守的 名 守舊者

🔊 Their tastes are very **conservative**. Your design might be too modern for them.

他們的品味非常保守，你的設計對他們來說可能太前衛了。

---

equality [ɪ`kwɑlətɪ] 名 平等；相等

🔊 Antiracism means the promotion of racial **equality**.

反種族主義主張促進種族平等。

---

obedient [ə`bidjənt] 形 服從的；順從的

🔊 As a member of the Jones, he is **obedient** to his family rules.

身為瓊斯家的一份子，他很遵守家規。

---

overthrow [ˌovə`θro] 動 推翻；瓦解

🔊 They have been scheming to **overthrow** the monarch.

他們正在密謀推翻國王。

🦆 **拓展！單字充電站** Learn More!

dictator 名 獨裁者	royal 形 皇家的；王室的
revolt 名 反叛 動 叛變	mob 名 暴民 動 聚眾滋事
chaos 名 大混亂；無秩序	operational 形 運作上的；作戰上的
confront 動 面對；面臨	obedience 名 服從；遵守
obey 動 遵守；服從	forgive 動 原諒；寬恕

快讀單字 04 **poverty**
[`pɑvətɪ] 名 貧窮；貧困

字根解碼 pover 窮困的 + ty 情況

MP3 202

The case illustrates that many people still live in poverty.
這個案例說明許多人仍然生活貧困。

必備聯想字 Related Words

deprive [dɪ`praɪv] 動 剝奪；從…奪走

No one can function properly if one is deprived of adequate sleep.
沒有人能在被剝奪了充足睡眠的情況下，還正常發揮的。

desperate [`dɛspərɪt] 形 不顧一切的

Amanda is desperate to earn peer group recognition.
亞曼達渴望獲得同儕的認同。

pathetic [pə`θɛtɪk] 形 可悲的；可憐的

The pathetic politician was stunned by his son's criminal involvement.
這位可悲的政治家對於他兒子涉嫌犯罪感到震驚。

struggle [`strʌgl] 名 掙扎 動 努力；奮鬥

Victory is a success in a struggle, war, or competition.
勝利是在奮鬥、戰爭或競爭下的一種成功。

survivor [sə`vaɪvə] 名 生還者；倖存者

A couple of survivors were dug out from the debris one week after the earthquake.
在地震後一週，有幾位倖存者從殘骸中被發現了。

拓展！單字充電站 Learn More!

minority 名 少數	hardship 名 艱難；辛苦
decline 名 動 下降；衰敗	downward(s) 副 下降地
survival 名 倖存；殘存	survive 動 倖存；活下來
ragged 形 破爛的；衣衫襤褸的	needy 形 貧困的；貧窮的
miserable 形 不幸的	misfortune 名 不幸
cruelty 名 殘酷；殘忍	awful 形 可怕的；嚇人的

05 # regulation

[ˌrɛgjəˋleʃən] 名 法規；調整

MP3 203

字根解碼➔ regul 規則 + ation 狀態

If he violates the **regulations**, his work permit may be revoked.

🔊 如果他違反規定的話，他的工作證也許會被吊銷。

🎯 **必備聯想字** Related Words

abolish [əˋbɑlɪʃ] 動 廢止；革除

These regulations are likely to be **abolished** by the end of the month.
這些規章很可能會在月底前廢除。

advocate [ˋædəvəkɪt] / [ˋædvəˌket] 名 提倡者 動 提倡

James was a strong **advocate** of free market policies.
詹姆士是自由市場政策的堅定擁護者。

apparent [əˋpærənt] 形 明顯的

There is an **apparent** success in reducing teen crime after imposing a curfew.
實施宵禁對於降低青少年犯罪有顯著的效果。

circumstance [ˋsɝkəmˌstæns] 名 情況；環境

Rick always blames his misfortune on **circumstances** or other people.
瑞克總將自己的不幸歸咎於環境或他人。

precaution [prɪˋkɔʃən] 名 預防措施

Jeff reminded me to take special **precautions** to prevent fire.
傑夫提醒我要特別注意預防火災。

🦉 **拓展！單字充電站** Learn More!

reform 名 改革 動 改進	regulate 動 調整；調節
notify 動 通知；報告	admit 動 承認；容許進入
advice 名 忠告；勸告	advise 動 勸告；建議
compulsory 形 強制的	suggestion 名 建議
resolve 動 解決；決定 名 決心	preventive 形 預防的 名 預防措施

MP3 204

快讀單字 06 regime

[rɪ`ʒim] 名 政權；政體

字根解碼 reg 統治 + ime 狀態

A few new nations came out because of the collapse of Communist **regimes** in Eastern Europe.
由於東歐共產主義政權的垮臺，一些新的國家誕生了。

必備聯想字 Related Words

corrupt [kə`rʌpt] 形 腐敗的 動 使腐敗

People in this country stood up and protested against the **corrupt** government.
該國人民起身反抗腐敗的政府。

privilege [`prɪvɪlɪdʒ] 名 特權 動 給予特權

Special **privileges** for government officials ought to be abolished.
政府官員的特權應予以廢除。

revolutionary [ˌrɛvə`luʃənˌɛrɪ] 形 革命的 名 革命者

The new cancer drug is a **revolutionary** invention.
這種癌症新藥是革命性的發明。

sovereign [`sɑvrɪn] 形 擁有主權的 名 君主

Henry VIII was the **sovereign** of England then.
亨利八世當時是英格蘭的君主。

territory [`tɛrəˌtorɪ] 名 領土；版圖

The government didn't deny that some of the **territory** was under threat.
政府不否認部分領土受到威脅。

拓展！單字充電站 Learn More!

dynasty 名 王朝；朝代	empire 名 帝國
emperor 名 皇帝	imperial 形 帝國的
palace 名 宮殿；皇宮	noble 形 高貴的 名 貴族
colony 名 殖民地	colonial 形 殖民地的 名 殖民地居民
scandal 名 醜聞	bribe 名 賄賂 動 向…行賄
revolution 名 改革；革命	independent 形 獨立的

221

MP3 205

government
[`gʌvənmənt] 名 政府

字根解碼➜ govern 統治 + ment 動作

The **government** has announced a prohibition on eating on the MRT.
🔊 政府宣布在捷運上禁止飲食。

必備聯想字 Related Words

authority [ə`θɔrətɪ] 名 權威；管理機構
It is necessary to procure approval from the **authority** before taking into action.
採取行動前，必須先取得主管機關的同意。

committee [kə`mɪtɪ] 名 委員會
The **committee** will finish the review of all the applicants.
委員會將完成所有申請人的審查。

federal [`fɛdərəl] 形 聯邦（制）的
The well-known abbreviation FBI stands for **Federal** Bureau of Investigation.
眾所皆知的 FBI 代表聯邦調查局。

presidential [`prɛzədɛnʃəl] 形 總統的
Our **presidential** election will be held in January.
我們的總統大選將在一月舉行。

republican [rɪ`pʌblɪkən] 名 共和主義者 形 共和國的
What made Frank decide to become a **republican**?
是什麼讓法蘭克決定成為共和主義者？

拓展！單字充電站 Learn More!

political 形 政治的	politician 名 政治家
official 形 官方的 名 官員	president 名 總統
governor 名 州長；統治者	ministry 名 （政府的）部
minister 名 部長	capital 名 首都 形 首要的
adopt 動 挑選為候選人；採納	republic 名 共和國

MP3 206

快讀單字 08 parliament

[`pɑrləmənt] 名 議會;國會

字根解碼 parlia 講話 + ment 動作

The **parliament** held a session to discuss the proposed policies.

議會開會討論這些提案。

必備聯想字 Related Words

agenda [ə`dʒɛndə] 名 議程

Discussion of the water shortage will preempt the other topics on today's **agenda**.

缺水議題會優先於今天的其他主題,先做討論。

campaign [kæm`pen] 名 活動 動 從事活動

The **campaign** is mainly aimed at improving consumer rights.

這場活動的主要目標在改善消費者權益。

council [`kaʊnsḷ] 名 議會;會議

The **council** has lasted for six hours.

這場會議已持續六個小時了。

municipal [mju`nɪsəpḷ] 形 市政的;內政的

A diplomat should not interfere in the **municipal** affairs of other countries.

外交官不應該干涉其他國家的內政。

veto [`vito] 名 否決(權) 動 否決

The chairman had a **veto** over the investment in India.

針對印度投資案,主席擁有否決權。

拓展!單字充電站 Learn More!

politics 名 政治學	central 形 中央的
congress 名 國會	session 名 會議
congressman 名 眾議員	senator 名 參議員
represent 動 代表;象徵	faction 名 派系
mayor 名 市長	chief 形 主要的 名 首領

快讀單字 09 legislation

[ˌlɛdʒɪsˋleʃən] 名 立法

字根解碼➜ leg/legis 法律 + lat 帶來 + ion 名詞

MP3 207

This is an issue that calls for **legislation** to protect women's rights.

🔊 這個議題為請求立法保障女性權利。

🎯 必備聯想字 Related Words

constitutional [ˌkɑnstəˋtjuʃən] 形 憲法的 名 健身散步
⓪ Canada is a **constitutional** republic.
加拿大是一個立憲共和國。

counsel [ˋkaʊnsəl] 名 律師 動 商議
⓪ Mr. Smith is always **counseled** by rookies in his department.
史密斯先生在他的部門裡，是總被新人們詢問的對象。

enforcement [ɪnˋforsmənt] 名 施行
⓪ They want strict **enforcement** of the new law.
他們想要嚴格施行新的法條。

mediate [ˋmidɪˌet] 動 調解；斡旋
⓪ Ann is the one who **mediated** the dispute between the two countries.
安就是兩國間爭執的調停者。

patent [ˋpætənt] 名 專利權 形 專利的 動 取得專利權
⓪ The inventor has applied for a **patent** for his new invention.
這位發明家為他的新發明申請了專利。

🔋 拓展！單字充電站 Learn More!

constitution 名 憲法；構造	freedom 名 自由；自由權
legislative 形 立法的	legislator 名 立法者
consultation 名 諮詢	legitimate 形 合法的 動 使合法
lawmaker 名 立法者	lawful / legal 形 合法的
counselor 名 律師；顧問	prohibit 動 （以法令等）禁止
force 名 力量 動 強制	enforce 動 實施；強迫

快讀單字 10 **civic**

[ˋsɪvɪk] [形] 公民的；市民的

MP3 208

字根解碼 civ 公民 + ic 形容詞

He was not aware of the sense of civic pride until the accident.

直到發生這場意外，他才意識到身為公民的驕傲。

必備聯想字 Related Words

bureaucracy [bjʊˋrɑkrəsɪ] [名] 官僚體制

People usually complain about the bureaucracy.
民眾經常抱怨官僚體制。

civilian [səˋvɪljən] [形] 平民的 [名] 平民

No civilian can import weapons into the country.
一般大眾不得進口武器。

collective [kəˋlɛktɪv] [形] 集體的 [名] 企業集團

This is a collective problem, and no individual department should be totally responsible for it.
這是共同的問題，不該由任何一個部門獨自承擔所有責任。

identification [aɪˏdɛntəfəˋkeʃən] [名] 身分證明

Every citizen in our country should have a citizen identification card.
我們國家的每位公民都應有一張身分證。

obligation [ˏɑbləˋgeʃən] [名] 責任；義務

Soldiers should have a clear conception of their obligations.
士兵應該要清楚了解自己的義務。

拓展！單字充電站 Learn More!

citizen [名] 市民；公民	civil [形] 國民的；一般平民的
province [名] 省；州	district [名] 行政區；區域
executive [名] 行政官 [形] 執行的	autonomy [名] 自治；自治權
bureau [名] 局；事務處	community [名] 社區
strike [名] 罷工 [動] 打擊	compel [動] 迫使；強迫

11 discriminate

[dɪˋskrɪməˌnet] 動 差別對待

MP3 209

字根解碼 → discrimin 區別 **+** ate 動詞

Laura felt female workers have been **discriminated** against in the office.
◀)) 蘿拉覺得女性員工在辦公室裡受到了歧視。

必備聯想字　Related Words

condemn [kənˋdɛm] 動 譴責；責難

⑪ Any attempts to violate the contract should be **condemned**.
任何企圖違反合約的行為都應該被譴責。

immigration [ˌɪməˋgreʃən] 名 移居入境

⑪ The **immigration** officer asked me to show my passport.
移民署官員要求我出示護照。

injustice [ɪnˋdʒʌstɪs] 名 不公平

⑪ I have had enough! These **injustices** disgusted me.
我受夠了！這些不公平的事讓我厭惡極了。

oppress [əˋprɛs] 動 壓迫；壓制

⑪ The government should try harder to protect the weak and the **oppressed**.
政府應多加設法保護弱勢和被壓迫的族群。

reveal [rɪˋvil] 動 顯露出；揭露

⑪ The journalist decided to **reveal** the scandal.
那名記者決定揭發這件醜聞。

拓展！單字充電站　Learn More!

discrimination 名 歧視	bias 名 偏見 動 使存偏見
racial 形 種族的；人種的	racism 名 種族歧視
badly 副 非常；惡劣地	occurrence 名 發生；出現
pardon 名 動 寬恕；原諒	plea 名 藉口；懇求
just 副 正好 形 公平的	fair 形 公平的 名 集市 副 公平地

快讀單字 12 **criminal**
[`krɪmənḷ] 形 罪犯的 名 罪犯

字根解碼 crim/crimin 罪 + al 形容詞；名詞

MP3 210

The **criminal** was caught by the police without any resistance.
罪犯毫無抵抗地遭警方逮捕。

必備聯想字 Related Words

murderer [`mɝdərɚ] 名 兇手；謀殺犯
The **murderer** was sentenced to capital punishment.
那名謀殺犯被判處死刑。

notorious [no`torɪəs] 形 聲名狼藉的
The police launched a movement to search the **notorious** outlaws.
警方展開行動，搜捕惡名昭彰的逃犯。

outrage [`aʊt.redʒ] 名 暴行 動 激怒
We should not tolerate **outrage** in our campus.
我們不該容忍校園暴力。

robbery [`rɑbərɪ] 名 搶劫；搶劫案
There has been an increase in the number of **robberies** in the city.
城裡的搶案數量增加了。

scheme [skim] 名 計畫 動 密謀
You'd better clarify your reason if you oppose the **scheme**.
如果你反對這項計畫，最好清楚說明你的理由。

拓展！單字充電站 Learn More!

burglar 名 竊賊	gang 名 一群 動 結夥
gangster 名 歹徒	pickpocket 名 扒手
robber 名 強盜	villain 名 惡棍
outrageous 形 駭人的；無恥的	sneaky 形 鬼鬼祟祟的
victim 名 受害者	minor 形 次要的 名 未成年者

快讀單字 13 **intimidate**

[ɪn`tɪmə͵det] [動] 恐嚇

字根解碼➔ in 在裡面 + timid 害怕的 + ate 動詞

Paul intimidated Tracy to give up her idea.

保羅恐嚇崔西，要她放棄她的想法。

MP3 211

必備聯想字 Related Words

assassinate [ə`sæsn̩͵et] [動] 行刺；暗殺

The president was assassinated by a man in black.

總統被一位黑衣人暗殺。

gamble [`gæmbl̩] [名] [動] 賭博

Mr. Watson gambled heavily on the last race.

華森先生在最後一場比賽下了大賭注。

hostage [`hɑstɪdʒ] [名] 人質

The robber kept three hostages, including two men and a little girl.

強盜挾持了三名人質，包括兩名男子與一名女童。

suffocate [`sʌfə͵ket] [動] 使窒息

The carbon monoxide emission almost suffocated the man.

一氧化碳的外洩差點使那名男子窒息。

violence [`vaɪələns] [名] 暴力；猛烈

I strongly disagree with the depiction of violence on TV.

我非常不贊成在電視上描繪暴力。

拓展！單字充電站 Learn More!

intrude [動] 侵入；打擾	intruder [名] 侵入者
assault [名] [動] 攻擊	bully [名] [動] 霸凌；欺侮
kidnap [動] 綁架；劫持	captivity [名] 囚禁；關押
torture [名] [動] 折磨；拷打	manipulate [動] 竄改（帳目）
fraud [名] 詐騙；騙局	induce [動] 引誘；引起
harm / hurt [動] [名] 傷害	steal [動] 偷；竊取

14 accusation

[ˌækjə`zeʃən] 名 控告

字根解碼 → accus 控告 + ation 動作

MP3 212

The judge dismissed the **accusation** against Ms. Lee as groundless.

🔊 法官認為對李小姐的指控毫無根據而拒絕受理。

必備聯想字 Related Words

commit [kə`mɪt] 動 犯罪;承諾

🔊 I think Chris **committed** the crime, but I don't have any evidence.
我認為克里斯犯罪,但我沒有任何證據。

confess [kən`fɛs] 動 承認;坦白

🔊 Mr. Thompson has **confessed** to the murder of his wife.
湯普森先生坦承謀殺了他妻子。

conspiracy [kən`spɪrəsɪ] 名 陰謀

🔊 The police crushed a **conspiracy** to smuggle drugs into the country.
警方摧毀了一個走私毒品進入國內的陰謀。

mention [`mɛnʃən] 動 名 提起;提及

🔊 A detailed reimbursement policy is also **mentioned** in the letter of apology.
一份詳細的賠償方案也在道歉信內被提及。

punishment [`pʌnɪʃmənt] 名 處罰

🔊 Such a terrible crime deserves the severest **punishment**.
如此嚴重的罪行應受最嚴厲的處罰。

拓展!單字充電站 Learn More!

court 名 法院	supreme 形 至高無上的
trial 名 審判;試驗	accuse 動 控告
claim 名 動 聲稱;主張	punish 動 處罰
wicked 形 邪惡的	guilt 名 罪;內疚
justify 動 證明合法	liberate 動 使自由

15 appearance

[ə`pɪrəns] 名 出庭；出現

字根解碼→ ap 前往 + par/pear 出現 + ance 名詞

MP3 213

His **appearance** in court was welcomed by the audience.

他出庭時受到觀眾的歡迎。

必備聯想字　Related Words

guarantee [ˌgærən`ti] 動 擔保 名 保證（人）

Her father **guaranteed** the payment of her debts.
她父親擔保她會償還債務。

objection [əb`dʒɛkʃən] 名 反對；異議

Why did Billy raise no **objections** to the unfair treatment?
為何比利沒有對不公平的待遇表示抗議？

pledge [plɛdʒ] 名 誓言 動 發誓

I am willing to take a **pledge** if you want me to.
我願意發誓，如果你要我這麼做的話。

suspicious [sə`spɪʃəs] 形 有⋯之嫌的；可疑的

The police had marked the account on alert since there were **suspicious** dealings.
由於發現有可疑交易，警方已經將該帳戶列為警戒戶。

witness [`wɪtnɪs] 名 目擊者 動 目擊

We are looking forward to the **witness's** accurate statement.
我們期盼目擊證人提供準確的證詞。

拓展！單字充電站　Learn More!

guard 名 警衛 動 防衛	prisoner 名 囚犯
detain 動 使留下；拘留	jail 名 監獄 動 監禁
suspicion 名 懷疑	disgrace 名 不名譽 動 羞辱
deputy 名 代表；代理人	jury 名 陪審團
lawyer 名 律師	prove 動 證實；證明

230

快讀單字 16 investigate

[ɪnˋvɛstəˌget] **動** 調查；研究

字根解碼→ in 朝向 + vestig 殘跡 + ate 動詞

MP3 214

The police are **investigating** how the murder happened.
警方正在調查這起謀殺案是如何發生的。

必備聯想字 Related Words

incentive [ɪnˋsɛntɪv] **名** 誘因；激勵 **形** 刺激的

An **incentive** plan can be a fertilizer for development of the project.
獎勵計畫有助於這項專案的推動。

presume [prɪˋzum] **動** 認定；假設

According to the law, an accused man is **presumed** innocent until he is proved guilty.
根據法律，被告在證明有罪之前都必須假定是清白的。

suicide [ˋsuəˌsaɪd] **名** 自殺

Committing **suicide** is an irresponsible way to get rid of difficulties in life.
用自殺來擺脫生命中的困難是很不負責任的方式。

suspect [səˋspɛkt] / [ˋsʌspɛkt] **動** 懷疑 **名** 嫌疑犯 **形** 可疑的

The police **suspected** that he killed his wife.
警方懷疑是他殺了他的太太。

violation [ˌvaɪəˋleʃən] **名** 違反；侵害

The factory was shut down due to the **violation** of environmental rules.
工廠因違反環境法規而遭關閉。

拓展！單字充電站 Learn More!

clue **名** 線索；跡象	violate **動** 違反
inspection **名** 調查	inspector **名** 調查員
investigation **名** 調查	patrol **名 動** 巡邏
alert **形** 警覺的 **動** 使警覺 **名** 警報	arrest **名 動** 逮捕
ban **名** 禁止；禁令 **動** 禁止	mislead **動** 誤導
surface **名** 表面 **動** 浮出水面	trace **名** 蹤跡 **動** 追溯

17 judge
[dʒʌdʒ] 名 法官 動 裁決；審判
補充詞彙 adjourn 使終止；休會 / justice 正義
Judges must have high ethical standards.
法官必須擁有高道德標準。

MP3 215

 **必備聯想字** Related Words

compensation [ˌkɑmpən`seʃən] 名 賠償
This agent is in charge of matters of damage **compensation**.
這名仲介人負責損害賠償的相關事宜。

convict [kən`vɪkt] 動 判定有罪
According to law, every fraud is **convicted**.
根據法律，每一起詐騙都要被起訴。

innocent [`ɪnəsn̩t] 形 無罪的；天真的
Adam told the police he was **innocent**.
亞當告訴警方他是無辜的。

penalty [`pɛn̩ltɪ] 名 懲罰；刑罰
The maximum **penalty** is up to eight years imprisonment.
最高刑罰為八年有期徒刑。

prosecute [`prɑsɪˌkjut] 動 起訴；檢舉
She will not be **prosecuted** because the evidence is not strong enough.
因為證據不夠有力，所以她不會被起訴。

拓展！單字充電站 Learn More!

evidence / proof 名 證據	execute 動 實行；實施
execution 名 實行	judgment 名 判決；判斷力
warn 動 警告；提醒	fine 動 處以罰金 名 罰款 形 美好的
guilty 形 有罪的	innocence 名 無罪；純真
imprison 動 監禁；關押	perish 動 死去；消滅
exile 名 動 放逐；流亡	dilemma 名 兩難

快讀單字 18 discipline

[`dɪsəplɪn] 名 紀律 動 懲戒

字根解碼➔ disc/disci 教導 + ple 充滿 + ine 名詞

MP3 216

He punished several soldiers for lacking **discipline**.

🔊 他因為幾位士兵缺乏紀律而懲罰他們。

必備聯想字 Related Words

commander [kə`mændə] 名 指揮官

In Taiwan, the president is the **commander** in chief of all military forces.

在臺灣，總統是所有軍隊的總司令。

defense [dɪ`fɛns] 名 國防；防禦；保衛

Defense is crucial to the future of the realm.

國防對這個王國的未來至關重大。

installation [ˌɪnstə`leʃən] 名 就任；安裝

They held a ceremony for the **installation** of a new general.

他們為新將軍舉行了一場就職典禮。

lieutenant [lu`tɛnənt] 名 中尉；少尉

He ought to be promoted from **lieutenant** to captain.

他應該從中尉晉升為上尉。

procession [prə`sɛʃən] 名 行列；行進

There is a wedding **procession** in front of the church.

教堂前有一隊歡慶婚禮的行列。

拓展！單字充電站 Learn More!

troop 名 軍隊（常複數）	sergeant 名 士官；中士
soldier 名 士兵；軍人	squad 名 小隊；班
salute 名 敬禮 動 致敬	scout 名 偵察者 動 偵察
command 名 動 命令	disciplinary 形 紀律的
rebel 名 造反者 動 反叛	rebellion 名 叛亂
dominant 形 支配的	prestige 名 聲望

233

19 aggressive

[ə`grɛsɪv] 形 侵略的

字根解碼➔ ag 前往 + gress 走 + ive 形容詞

MP3 217

His **aggressive** comment was taken as an insult to the audience.

🔊 他具挑釁的評論被視為對觀眾的冒犯。

必備聯想字 Related Words

capture [`kæptʃɚ] 動 捕獲 名 俘獲；俘虜

⏺ The animals were **captured** in nets and were brought to the zoo.
動物被人用網捕捉，並被帶到動物園。

conquer [`kɑŋkɚ] 動 征服；攻克

⏺ The Nordics **conquered** the whole of England during 1490.
北歐人在西元一四九○年間征服整個英格蘭。

detect [dɪ`tɛkt] 動 發現；查出

⏺ The ultrasound technology was used to **detect** submarines.
超音波技術以前被用來偵察潛水艇。

expansion [ɪk`spænʃən] 名 擴張

⏺ The rapid **expansion** of this company has brought it many problems.
這家公司的快速擴張已帶來許多問題。

slaughter [`slɔtɚ] 名 動 屠宰；屠殺

⏺ They **slaughtered** these pigs to make money.
他們宰殺這些豬隻來賺錢。

拓展！單字充電站 Learn More!

expand 動 擴大；延伸	conquest 名 征服；攻克
frontier 名 邊境；國境	marginal 形 邊緣的
outnumber 動 數量上超過	crisis 名 危機；緊急關頭
panic 名 驚恐 動 使恐慌	radar 名 雷達
telegraph 名 電報 動 發電報	trigger 名 扳機 動 觸發
captive 形 被俘的 名 俘虜	slave 名 奴隸 動 做苦工

20 **strategy / tactic**
[`strætədʒɪ ] / [ `tæktɪk] 名 策略

MP3 218

補充詞彙 a marketing strategy 行銷策略

We should solve the problem through the innovation of our management **strategy**.

我們應透過管理策略的創新來解決這個問題。

必備聯想字 Related Words

battle [`bætḷ] 名 戰役 動 作戰

Paul's grandfather died in a **battle** during World War II.
保羅的爺爺死於第二次世界大戰的一場戰役。

evacuate [ɪ`vækjʊ‚et] 動 撤離

All the residents in this area must be **evacuated** to a safer place.
本區所有的居民必須疏散到較安全的地方。

explosion [ɪk`sploʒən] 名 爆炸

The **explosion** shook the foundations of the houses nearby.
爆炸動搖了附近房屋的地基。

invasion [ɪn`veʒən] 名 入侵；侵略

The **invasion** of Poland by Germany occurred in 1939.
德國侵略波蘭的事件發生於西元一九三九年。

sovereignty [`sɑvrɪntɪ] 名 主權

Both countries demanded **sovereignty** over the island.
兩個國家都要求擁有這個小島的主權。

拓展！單字充電站 Learn More!

provincial 形 省的 名 省民	independence 名 獨立
strategic 形 戰略的	march 名 動 行軍
shield 名 盾 動 掩護；遮蔽	explosive 形 爆炸的 名 爆炸物
fort 名 堡壘；要塞	fortify 動 強化工事
ditch 名 水溝 動 挖溝	instance 名 例子
invade 動 入侵；侵略	absurd 形 荒謬的

235

21 submarine

[ˋsʌbməˏrin] 名 潛水艇 形 海底的

MP3 219

字根解碼➜ sub 下面 + mar 海 + ine 名詞（物）

The **submarines** are designed to withstand the pressure of deep sea submergence.

🔊 潛水艇的設計能夠承受潛入深海的壓力。

必備聯想字　Related Words

defensible [dɪˋfɛnsəbḷ] 形 可防禦的

Ⓜ His offensive behavior toward that criminal is totally **defensible**.
他對於那名罪犯的攻擊行為完全是可以辯解的。

----

marine [məˋrin] 形 海洋的 名 海軍陸戰隊隊員

Ⓜ Tim hasn't been a **marine** for many years, but he still acts like one.
提姆已有好幾年不當海軍陸戰隊隊員，但他還是表現得煞有其事。

----

military [ˋmɪləˏtɛrɪ] 形 軍事的 名 軍方

Ⓜ Captain Wilson was in charge of the **military** breakout in Baghdad in 2002.
威爾森上校負責二〇〇二年的巴格達突圍行動。

----

mobilize [ˋmobḷˏaɪz] 動 動員；調動

Ⓜ We **mobilized** our armed forces in response to the ultimatum.
我們動員了我們的軍隊回應最後通牒。

----

retreat [rɪˋtrit] 名 撤退 動 撤退；使後退

Ⓜ The invading forces are now in **retreat**.
入侵的軍隊現正撤離中。

拓展！單字充電站　Learn More!

martial 形 軍事的	combat 名 動 戰鬥
fleet 名 船隊；艦隊	navy 名 海軍
admiral 名 海軍上將	morale 名 士氣
siege 名 包圍；圍攻	wreck 名 失事 動 遇難
undermine 動 破壞；削弱基礎	barrier 名 障礙；阻礙

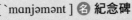

22 monument

[`mɑnjəmənt] 名 紀念碑

字根解碼→ monu 使想起 + ment 動作

Beside the entry to the chapel, you will see the **monument**.

你將會在小禮拜堂的入口旁邊看到紀念碑。

MP3 220

🎯 **必備聯想字** Related Words

accident [`æksədənt] 名 事故；偶發事件

Britain's ambassador to Moscow has refused to comment on the **accident**.

英國駐莫斯科大使拒絕對意外事故做評論。

cease [sis] 動 終止；停止 名 停息

The general commanded the troops to **cease** fire.

將軍命令軍隊停火。

overwhelm [,ovə`hwɛlm] 動 擊敗；壓倒

He **overwhelmed** his opponent with his superb technique.

他以高超的技術擊敗了對手。

surrender [sə`rɛndə] 動 名 投降

I won't **surrender** unless my commander in chief told me to.

除非接到總司令的指示，否則我絕不投降。

veteran [`vɛtərən] 名 老兵；老手

The government has decided to increase the pay of the **veterans**.

政府已決定增加那些老兵的薪資。

🔋 **拓展！單字充電站** Learn More!

duration 名 持續；持久	grim 形 嚴苛的；令人擔憂的
warrior 名 武士；戰士	liberation 名 解放
propel 動 推動；推進	further 副 形 更遠地（的） 動 促進
affirm 動 斷言；證實	ignore 動 忽略；不顧
restoration 名 恢復	restore 動 復位；修復
peaceful 形 和平的	accidental 形 偶然的

23 international

[ˌɪntəˈnæʃən!] 形 國際的

 MP3 221

字根解碼➜ inter 在…之間 + nation 國家 + al 形容詞

Only some of the leaders are allowed to attend that **international** meeting.

🔊 只有某些領袖能參加那場國際會議。

 **必備聯想字** Related Words

consequence [ˈkɑnsəˌkwɛns] 名 結果

His son died from brain cancer; he cannot accept this **consequence**.
他兒子死於腦癌，他無法接受這樣的結果。

eventual [ɪˈvɛntʃuəl] 形 最後的；結果的

The **eventual** outcome determines his death penalty.
最終的結果判定了他的死刑。

organization [ˌɔrgənəˈzeʃən] 名 機構

The human right **organization** bitterly opposed the death penalty.
人權組織極力反對死刑。

prospective [prəˈspɛktɪv] 形 將來的；預期的

Mr. Johnson just had an interview with a **prospective** employee.
強森先生剛對一名未來的員工進行了面試。

unite [juˈnaɪt] 動 合併；聯合

The **United** Kingdom used to be the top industrial nation of the world.
英國曾經是世界頂尖的工業化國家。

拓展！單字充電站 Learn More!

global 形 全球的	national 形 國家的
organize 動 組織	union 名 聯盟；結合
bilateral 形 雙方的；雙邊的	ally 名 同盟者 動 使結盟
rescue 名 動 救援	adjust 動 適應；調節
concede 動 承認	avoid 動 避免；避開
abrupt 形 突然的	nowadays 副 現在；當今

快讀單字 24 **diplomatic**

[ˌdɪpləˋmætɪk] 形 外交的

MP3 222

字根解碼 → diplomat 外交官 + ic 有關的

The special envoy is good at handling **diplomatic** affairs.
這位特使擅長處理外交事務。

必備聯想字 Related Words

acknowledge [əkˋnɑlɪdʒ] 動 承認

The headquarters had **acknowledged** David's resignation.
總部告知已收到大衛的辭呈。

ambassador [æmˋbæsədɚ] 名 大使

Mr. Anderson was appointed **ambassador** to Belize.
安德森先生被任命為駐貝里斯大使。

consensus [kənˋsɛnsəs] 名 一致；全體意見

After a five-hour meeting, the committee finally reached **consensus**.
在開了長達五小時的會議後，委員會終於達成共識。

neutral [ˋnjutrəl] 形 中立的 名 中立國

The authorities decided to remain **neutral** in the armed conflict between the two countries.
當局決定在這兩個國家的武裝衝突裡維持中立。

proceed [prəˋsid] 動 進行；著手

The police continued to **proceed** their investigation.
警方繼續進行調查。

拓展！單字充電站 Learn More!

diplomacy 名 外交	diplomat 名 外交官
embassy 名 大使館（常大寫）	delegate 名 使節 動 派遣
delegation 名 代表團	exchange 名 交易 動 交換
transition 名 變遷；過渡時期	agreement 名 同意
oath 名 誓約；宣示	cite 動 引用；舉出
clarify 動 澄清；闡明	reflective 形 反射的

25 convention
[kən`vɛnʃən] 名 會議

字根解碼 → con 共同 **+** ven 來 **+** tion 名詞

MP3 223

The annual **convention** is postponed to next month.
年度大會的開會時間延到下個月了。

必備聯想字 Related Words

announcement [ə`naʊnsmənt] 名 宣告

The minister made the **announcement** of his resignation right after the meeting.
就在這場會議之後，部長宣布了他的辭職。

authorize [`ɔθə,raɪz] 動 批准；授權；委任

He is not **authorized** to make major decisions.
他沒有下重大決定的權力。

membership [`mɛmbəʃɪp] 名 會員身分

The organization has a large **membership** of volunteers.
該機構擁有眾多志工會員。

tremendous [trɪ`mɛndəs] 形 巨大的；非常的

The **tremendous** explosion shocked everybody in the room.
巨大的爆炸聲驚嚇到房內所有人。

unanimous [jʊ`nænəməs] 形 全體一致的

She gave an impressive speech and was elected by a **unanimous** vote.
她發表了令人印象深刻的演說，並贏得全體一致的推選。

拓展！單字充電站 Learn More!

summon 動 召集	assembly 名 集會
member 名 會員	numerous 形 為數眾多的
utter 形 完全的 動 發言	clarity 名 透明；清楚
situation 名 情勢；情況	occur 動 發生；出現
substantial 形 實際的；重要的	vital 形 極其重要的
forbid 動 禁止；不許	inevitable 形 不可避免的

快讀單字 26 **boundary**
[`baʊndrɪ] 名 邊界

字根解碼▶ bond/bound 捆綁 + ary 名詞

MP3 224

The **boundary** between these two regions has not yet been clearly defined.

◀) 這兩個區域間的分界尚未清楚界定。

必備聯想字 Related Words

declaration [ˌdɛklə`reʃən] 名 宣告；聲明

The chairman issued a **declaration** of the date for the next meeting.
主席宣布下一次會議的日期。

permission [pɚ`mɪʃən] 名 允許；許可

The man cannot leave the country without the authorities' **permission**.
沒有官方允許，那名男子不能出國。

reconcile [`rɛkənsaɪl] 動 和解；調停

They **reconciled** the differences between each other and stopped fighting.
他們調和了彼此的差異並停止爭吵。

refuge [`rɛfjudʒ] 名 庇護；避難所

They established a **refuge** for those people.
他們替那群人創辦了一間收容所。

rid [rɪd] 形 擺脫的 動 擺脫

The politician couldn't get **rid** of the journalists.
那位政治人物甩不掉記者。

拓展！單字充電站 Learn More!

refugee 名 難民	demand 名 動 要求
permit 動 允許 名 許可證	declare 動 宣告；宣布
release 名 動 釋放；解放	spy 名 間諜 動 暗中監視
traitor 名 叛徒；叛國者	outlaw 名 逃犯 動 使成為非法
conform 動 遵照；使一致	precedent 名 前例

27 hijack
[`haɪdʒæk] 動 劫持 名 劫機

補充詞彙➔ take control of 控制

MP3 225

Five men **hijacked** a plane on a flight from Santiago to Las Vegas.
🔊 五個男人劫持了從聖地牙哥飛往拉斯維加斯的班機。

必備聯想字 Related Words

conviction [kən`vɪkʃən] 名 定罪
⑪ The man had a previous **conviction** for a similar offense before.
這名男性之前就犯過類似的罪行。

explode [ɪk`splod] 動 爆炸；爆破
⑪ Several passers-by ran away in terror when the time bomb **exploded**.
好幾位行人在定時炸彈爆炸時驚慌地跑開。

involvement [ɪn`vɑlvmənt] 名 捲入；連累
⑪ My **involvement** in this case was a huge mistake.
對我而言，被捲入這個案子中實在是個大錯誤。

outbreak [`aut.brek] 名 爆發
⑪ Most of the villagers moved away after the **outbreak** of the fatal flu.
致命的流感爆發後，大部分的村民都搬離村莊了。

revenge [rɪ`vɛndʒ] 名 動 報復；報仇
⑪ I will **revenge** what you've done to me.
我會報復你對我所做的一切。

拓展！單字充電站 Learn More!

burst 名 爆發；爆炸 動 爆炸	missing 形 失蹤的
involve 動 牽連；包括	murder 名 動 謀殺
riot 名 暴動 動 暴亂	smuggle 動 走私
revelation 名 揭發	strangle 動 絞死；勒死
prosecution 名 起訴；告發	frank 形 坦白的；直率的

快讀單字 28

resistance

[rɪˋzɪstəns] [名] 抵抗；抵制

字根解碼 resist 抵抗 + ance 動作

An atmosphere of sales **resistance** hinders the growth of sales.

抵制購買的風氣導致銷售量無法成長。

MP3 226

必備聯想字 Related Words

communist [ˋkɑmjʊnɪst] [形] 共產主義的 [名] 共產主義者

In the past, workers tended to become the **communists**.
在過去，工人們比較容易成為共產主義者。

democratic [ˏdɛməˋkrætɪk] [形] 民主的

Education is the basis of a **democratic** country.
教育是民主國家的基礎。

dominate [ˋdɑməˏnet] [動] 支配；統治

They work as a group--none of them is allowed to **dominate** others.
他們以一個團體運作——當中沒有人能控制其他人。

ethnic [ˋɛθnɪk] [形] 民族的；種族的

Each **ethnic** group has its unique lifestyle.
每個民族都有其獨特的生活方式。

resistant [rɪˋzɪstənt] [形] 抵抗的

Dr. Yang has the **resistant** attitude toward certain scholars.
楊博士總是反抗某幾位學者。

拓展！單字充電站 Learn More!

communism [名] 共產主義	democracy [名] 民主制度
democrat [名] 民主主義者	clash [名] [動] 衝突；猛撞
affair [名] 事件；事情	offend [動] 違反；冒犯
denial [名] 否認；否定	resist [動] 抵抗；抗拒
halt [名] 休止 [動] （使）停止	outcome [名] 結果；結局

29 stabilize
[`stebḷ‚aɪz] 動 保持穩定

字根解碼➜ stabil 固定不動的 + ize 使⋯化

MP3 227

The Central Bank has been **stabilizing** the currency for fear of fluctuations.

◁)) 中央銀行一直以來都穩定幣值，以免產生波動。

必備聯想字 Related Words

evident [`ɛvədənt] 形 明顯的；明白的

It is **evident** that smoking and drinking menace people's health.
吸菸及飲酒顯然威脅人們的健康。

---

exclusive [ɪk`sklusɪv] 形 唯一的；排外的

We had an **exclusive** interview with the president.
我們獨家採訪了總統。

---

impact [`ɪmpækt ] / [ ɪm`pækt] 名 動 影響；衝擊

The graduate student's report illuminated the **impact** of globalization.
這位研究生的報告闡明了全球化的衝擊。

---

predict [prɪ`dɪkt] 動 預測；預報

It is **predicted** that the typhoon may cause tremendous damage.
據預測，這個颱風可能會造成重大損失。

---

simultaneous [‚saɪm̩`tenɪəs] 形 同時發生的

The report has to be under **simultaneous** review with the Review Board.
這項報告必須同時經過審查委員會的審查。

拓展！單字充電站 Learn More!

stable 形 穩定的	stability 名 穩定
security 名 安全	risk 名 危險；風險 動 冒險
caution 名 謹慎 動 使小心	cautious 形 小心的
treaty 名 條約；協定	focus 名 焦點 動 使集中
rapid 形 迅速的；快的	prediction 名 預言
extensive 形 廣泛的	splendid 形 輝煌的

PART
10

In the Workplace

認識各行各業

從求職小萌新到成為各行各業的翹楚，
熟記這些單字，展現自己的社會力。

UNIT1 招募與應聘
UNIT2 企業、組織與管理
UNIT3 財經與財務
UNIT4 農業與工業
UNIT5 科技與技術發展

01 **applicant**

[`æplɪkənt] 名 應徵者；申請人

字根解碼→ applic 申請 + ant 人

MP3 228

Background check is essential for each **applicant** for this job.

這份工作的每位申請者都必須接受背景調查。

必備聯想字 Related Words

ambitious [æm`bɪʃəs] 形 有野心的

We are hiring an **ambitious** sales manager.

我們欲聘請有野心的銷售經理。

criterion [kraɪ`tɪrɪən] 名 標準；基準

Mandy wants to know the **criterion** for a raise.

曼蒂想知道加薪的條件是什麼。（複數形為 criteria）

diligent [`dɪlədʒənt] 形 勤勉的；勤奮的

Jane has been a very **diligent** worker and it made sense for her to win the bonus.

珍一直非常努力，她贏得獎金十分合理。

disadvantage [ˌdɪsəd`væntɪdʒ] 名 不利 動 使處於不利

I think Steven is at a **disadvantage** this time.

我認為這次史蒂芬處於不利的地位。

opportunity [ˌɑpə`tjunətɪ] / chance [tʃæns] 名 機會

This is certainly the best **opportunity** for Kevin to obtain a higher position.

這絕對是凱文獲得更高階職位的最佳機會。

拓展！單字充電站 Learn More!

interview 名 面談 動 會面	reception 名 接待處
resume 名 履歷表 動 重新開始	select 動 挑選 形 挑選出來的
request 名 動 要求；請求	desirable 形 令人嚮往的
ambition 名 企圖心；野心	diligence 名 勤勉；勤奮
attempt 名 動 嘗試；企圖	promising 形 有前途的

快讀單字 02 **competence**

[`kɑmpətəns] 名 能力；才能

字根解碼 → com 共同 + pet 尋求 + ence 名詞

MP3 229

Luke's **competence** as an editor had been approved by his supervisor.

◄)) 路克當編輯的能力已得到主管的認可。

必備聯想字 Related Words

amateur [`æmə,tʃʊr] 形 業餘的 名 業餘人士

⑪ You should ask help from a professional, not an **amateur**.
你應該尋求專家的協助，而不是業餘人士。

convince [kən`vɪns] 動 使確信；使信服

⑪ Mrs. Jones **convinced** her husband to retire by May this year.
瓊斯太太說服她的丈夫在今年五月退休。

efficiency [ɪ`fɪʃənsɪ] 名 效率；效能

⑪ The new supervisor wants to maximize work **efficiency** in the factory.
新的管理者想要將工廠的工作效率提升到最大。

expert [`ɛkspɝt ] / **specialist** [ `spɛʃəlɪst] 名 專家

⑪ In the facet of tax reduction legally, Ms. Brown is an **expert**.
在合法節稅方面，布朗小姐是專家。

license [`laɪsn̩s] 名 執照 動 許可

⑪ That accountant's **license** was about to be cancelled.
那位會計師的執照即將被取消。

拓展！單字充電站 Learn More!

professional 形 專業的 名 專家	specialize 動 專門從事
experience 名 經驗 動 體驗	advantage 名 優勢；利益
suitable 形 適合的	enable 動 使能夠
capable 形 有能力的	effective 形 有效果的
efficient 形 有效率的	achievement 名 完成；成就

03 occupation

[ˌɑkjəˈpeʃən] 名 職業

字根解碼→ occup 占據 + ation 動作

MP3 230

He categorized the **occupations** into six major groups.

🔊 他把職業分成六種主要類別。

必備聯想字 Related Words

assistant [əˈsɪstənt] 名 助理；助手

His **assistant** photocopied some documents before the meeting.
他的助理在開會前影印了一些資料。

---

career [kəˈrɪr] / **profession** [prəˈfɛʃən] 名 職業

This project will be very helpful in your future **career**.
這個計畫對你未來的職涯十分有幫助。

---

consultant [kənˈsʌltənt] / **adviser** [ədˈvaɪsə] 名 顧問

Where can we find a new **consultant** for exporting business?
我們能去哪裡找新的出口業務顧問？

---

detective [dɪˈtɛktɪv] 名 偵探 形 偵探的

Tom hired a private **detective** in an attempt to find his daughter.
湯姆僱用了一名私家偵探來找他的女兒。

---

interpreter [ɪnˈtɜprɪtə] 名 譯者；口譯員

We are looking for an **interpreter** with fluency in Spanish and Chinese.
我們正在尋找一名精通西班牙語和中文的口譯員。

拓展！單字充電站 Learn More!

accountant 名 會計師	secretary 名 祕書
designer 名 設計師	teller 名 敘述者；銀行出納員
apprentice 名 學徒	salesperson 名 業務人員
veterinarian / vet 名 獸醫	correspondent 名 特派員
fireman 名 消防員	butcher 名 屠夫；肉販 動 屠殺
porter 名 門房；搬運工	servant 名 僕人；傭人

04 welfare

[`wɛl,fɛr] 名 福利；福利事業

字根解碼 well/wel 好的 + fare 去

MP3 231

The purpose of **welfare** is to improve the life of the poor.

福利事業存在的目的在於改善貧寒人士的生活。

必備聯想字 Related Words

additional [ə`dɪʃənl] 形 額外的；附加的

We need to talk over the **additional** terms one by one.
我們需要逐條討論附加條款。

compromise [`kɑmprə,maɪz] 名 和解 動 妥協

The thief made a **compromise** by paying me USD 1,000.
小偷支付我一千元美金以示和解。

consent [kən`sɛnt] 名 動 同意；贊同

Linda can't sign the contract without her husband's **consent**.
未經丈夫同意，琳達不能簽署這份合約。

decent [`disn̩t] 形 正當的；還不錯的

My brother has got a **decent** job in a chemical factory.
我哥哥在一間化學工廠有份不錯的工作。

income [`ɪnkʌm] 名 收入；所得

The personal **income** tax declaration form has been simplified.
個人所得申報表已經簡化了。

拓展！單字充電站 Learn More!

salary 名 薪水	wage(s) 名 薪資；報酬
labor 名 動 勞動	raise 動 舉起 名 加薪
favor 名 動 贊成；幫助	accept 動 接受；同意
acceptable 形 可接受的	acceptance 名 接受
acquire 動 取得；獲得	pension 名 退休金 動 給退休金
conclusion 名 結論	concession 名 妥協；讓步

05 personnel
[ˌpɚsṇˋɛl] 名 人事

補充詞彙➜ director 主管 / employ 僱用

MP3 232

He planned to apply for the position of the **personnel** manager.

◀) 他打算應徵人事經理的職位。

🎯 **必備聯想字** Related Words

bulletin [ˋbʊlətɪn] 名 公告

⑩ You can refer to the newly announced rules on the **bulletin**.
你可以參考公告上最近宣布的規定。

dismiss [dɪsˋmɪs] 動 解僱；解散

⑩ The general manager **dismissed** workers who refuse to work.
總經理解僱了拒絕工作的工人。

evaluate [ɪˋvæljʊˌet] 動 評估；評價

⑩ Those who are **evaluated** A by their supervisors can win a vacation to Switzerland.
被主管評比為優等者，可獲得瑞士免費假期。

project [ˋprɑdʒɛkt] / [prəˋdʒɛkt] 名 專案計畫 動 發射；預計

⑩ Your spare money could be usefully spent on this **project**.
你的閒錢可有效運用在這項計劃上。

unemployment [ˌʌnɪmˋplɔɪmənt] 名 失業

⑩ The **unemployment** rate has tripled due to economic recession.
由於經濟衰退，失業率已成長三倍。

🦉 **拓展！單字充電站** Learn More!

employee 名 受僱者	employer 名 僱主
vacant 形 空著的	recruit 動 招募 名 新手
inform 動 通知；告知	admission 名 准許進入
resign 動 辭職	resignation 名 辭職
retire 動 退休；退役	retirement 名 退休

快讀單字 06 **corporation**
[ˌkɔrpəˈreʃən] 名 公司；企業

字根解碼 → corpor 使具體化 + ation 動作

MP3 233

Microsoft is certainly one of the most successful **corporations** in the world.
微軟肯定是世界上最成功的公司之一。

必備聯想字 Related Words

branch [bræntʃ] 名 分公司；樹枝 動 分岔

Mr. Watson has given Judy a shot to manage the **branch**.
華森先生給茱蒂一次管理分店的機會。

capitalist [ˈkæpətəlɪst] 名 資本家

Capitalists and workers are usually in opposing positions.
資本家和勞工常處於對立的局面。

establish [əsˈtæblɪʃ] 動 建立；創辦

She **established** a scholarship fund for gifted students.
她為資優生設立了獎學基金。

foundation [faʊnˈdeʃən] 名 基金會；基礎

The Gates **Foundation** is the largest **foundation** in the world.
蓋茲基金會是世界最大的基金會。

headquarters [ˈhɛdˈkwɔrtəz] 名 總部

The company has decided to locate their **headquarters** in New York.
公司已決定將總部設在紐約。

拓展！單字充電站 Learn More!

corporate 形 公司的	institute 名 學院 動 設立
institution 名 機構；團體	association 名 協會；聯盟
enterprise 名 企業	founder 名 創立者
extension 名 分機；延長	merge 動 （公司等）合併
fund 名 資金 動 提供資金	succeed 動 成功；實現目標
successful 形 成功的	ahead 副 在前方；預先

07 management
[`mænɪdʒmənt] 名 管理

MP3 234

字根解碼➜ manage 管理 + ment 動作

The company is facing financial deficit due to poor **management**.

🔊 由於經營不善，公司面臨財政赤字的危機。

 Related Words

administrative [əd`mɪnə,stretɪv] 形 管理上的

🔟 **Administrative** support is crucial to each department in the company.
行政支援對公司內的每個部門都很重要。

approval [ə`pruvl] 名 批准；同意

🔟 The manager nodded to signify the **approval** of Vicky's leave.
經理點頭同意薇琪休假。

confidential [,kɑnfə`dɛnʃəl] 形 機密的

🔟 He used a shredder to destroy the **confidential** document.
他用碎紙機銷毀了機密文件。

subordinate [sə`bɔrdənɪt] 形 隸屬的 名 部屬

🔟 Mr. Smith asked his **subordinate** engineers to hand in a weekly report.
史密斯先生要求手下的工程師每週繳交報告。

supervisor [,supə`vaɪzə] 名 指導者

🔟 My **supervisor** treats everyone fairly in the workplace.
我的指導者公平對待工作場合中的每一個人。

拓展！單字充電站 Learn More!

administrator 名 管理者	superior 形 上級的 名 長官
supervise 動 監督；管理	leadership 名 領導力
accountable 形 應負責的	evaluation 名 評估
approve 動 批准；認可	initiative 名 主動權 形 初步的
secondary 形 次要的	seal 名 印章 動 密封；蓋章

252

快讀單字 08 department

[dɪˋpɑrtmənt] 名 部門

MP3 235

補充詞彙➔ division 部門 / separate 個別的

Changes are being introduced to make the department operate more efficiently.

正在推行一連串改變，好讓該部門更有效率地運作。

必備聯想字 Related Words

absent [ˋæbsn̩t] / [æbˋsɛnt] 形 缺席的 動 缺勤；缺席

The reason why he was **absent** this morning was that he overslept.
他今天早上缺席的原因是他睡過頭了。

chairperson [ˋtʃɛrˏpɝsn̩] 名 主席

The **chairperson's** report obscured the intention of the meeting.
主席的報告模糊了這場會議的目的。

cooperation [koˏɑpəˋreʃən] 名 合作

His accomplishment was accredited to the **cooperation** of the unit.
他的成就要歸功於小組的合作。

presence [ˋprɛzn̩s] 名 出席；在場

Thank you for coming. Your **presence** is our honor.
謝謝您來，您的出席是我們的榮幸。

resolution [ˏrɛzəˋluʃən] 名 決議

We need to come out with a **resolution** by the end of this week.
我們在本週結束前必須想出解決方案。

拓展！單字充電站 Learn More!

crew 名 全體夥伴	colleague 名 同事
counter 名 櫃檯 動 反擊 形 反對的	assemble 動 集合
attendance 名 出席；參加	absence 名 缺席；不在
cooperate 動 合作	cooperative 形 合作的 名 合作企業
partnership 名 夥伴關係	coordinate 動 協調 名 座標 形 同等的
information 名 報告；消息	informative 形 情報的

09 respective
[rɪ`spɛktɪv] 形 個別的
字根解碼 respect 看向某個人 + ive 具備…性質
MP3 236
They waved goodbye and got on their **respective** buses.
他們揮手道別，然後搭上各自的公車。

必備聯想字 Related Words

appointment [ə`pɔɪntmənt] 名 約會；指定
The visitor arrived without making an **appointment** in advance.
那位訪客來之前沒有事先預約。

promotion [prə`moʃən] 名 升遷
Larry's bad relationship with his colleagues precluded his **promotion**.
賴瑞與同事間的惡劣關係阻礙了他的升遷機會。

qualification [ˌkwɑləfə`keʃən] 名 資格
The foreigner didn't satisfy the residential **qualifications** to get a work permit.
這位外國人不符合居住資格，無法拿到工作許可證。

remarkable [rɪ`mɑrkəbl] 形 卓越的
The research team had made **remarkable** headway in solar energy.
研究團隊已經在太陽能領域有相當的進展。

representative [rɛprɪ`zɛntətɪv] 形 代表（性）的 名 代表
The **representative** is smart in his dealings, so I respect him a lot.
這位代表在商業往來上十分精明，所以我很尊敬他。

拓展！單字充電站 Learn More!

task 名 任務 動 分派任務	errand 名 任務；差事
detach 動 派遣；分開	appoint 動 任命；約定
representation 名 代表（權）	proposal 名 提議
qualify 動 使合格	promote 動 晉升
fault 名 錯誤 動 弄錯	correct 形 正確的 動 改正
engage 動 使從事；使忙於	hasten 動 加快；趕緊（做）

快讀單字 10 **complaint**
[kəm`plent] 名 抱怨

字根解碼 com 共同 + plaint 悲嘆

MP3 237

He inquired into the **complaints** against public organizations.
他調查針對公家機關的抱怨。

必備聯想字 Related Words

behalf [bɪ`hæf] 名 代表；利益

He is the trade representative on **behalf** of the country.
他是這個國家的貿易代表。（on behalf of 為慣用語）

contrary [`kɑntrɛrɪ] 名 相反 形 反對的

Mr. Lee ignored the **contrary** advice and gave Lisa the loan.
李先生忽略反對意見，提供麗莎貸款。

occasional [ə`keʒənl] 形 偶爾的

Jerry paid an **occasional** visit to his client today.
傑瑞今天臨時去拜訪他的客戶。

overnight [`ovə`naɪt] 副 徹夜 形 徹夜的

To everyone's surprise, he went bankrupt **overnight**.
他一夕之間破產，讓所有人大為震驚。

rigid [`rɪdʒɪd ] / **rigorous** [ `rɪgərəs] 形 嚴格的

My parents are **rigid** about our manners.
我父母非常要求我們的規矩。

拓展！單字充電站 Learn More!

complain 動 抱怨；投訴	contend 動 抗爭；奮鬥
oppose 動 反對；反抗	opposition 名 反對；意見相反
allocate 動 分配；分派	pressure 名 壓力 動 施壓
fatigue 名 勞累 動 使疲勞	overwork 名 過勞 動 工作過度
trifle 名 瑣事 動 小看；輕視	brief 形 簡短的 名 動 簡報
manager 名 經理	occupy 動 占有；占據

255

11 financial

[faɪˈnænʃəl] 形 金融的；財政的

MP3 238

字根解碼➔ fin 結款 + ance 名詞 + ial 關於…的

Despite the **financial** difficulties, the committee finally approved the proposal.

即便財務吃緊，委員會最終還是通過了提案。

必備聯想字　Related Words

boom [bum] 名 繁榮 動 使興旺

An economic **boom** followed, especially in luxuries.
經濟繁榮隨之而來，尤其在奢侈品的消費方面。

currency [ˈkɝənsɪ] 名 貨幣

The dollar will remain the key reserve **currency** for the foreseeable future.
在可預知的未來，美元仍將是主流的儲備貨幣。

prosperous [ˈprɑspərəs] 形 繁榮的

We hope that our business will become more and more **prosperous**.
我們盼望我們的事業能越發興旺。

treasury [ˈtrɛʒərɪ] 名 國庫；金庫

The **treasury** is substantial enough to last over hundreds of years.
這座金庫很堅固，幾百年都不會壞。

summit [ˈsʌmɪt] 名 頂點；高峰

They signed on to a package of energy measures at the **summit**.
在高峰會上，他們簽署了一套能源措施方案。

拓展！單字充電站　Learn More!

finance 名 財務 動 提供資金	tax 名 稅金 動 課稅
export 名 出口 動 輸出	import 名 進口 動 輸入
freight 名 貨運 動 運輸	inventory 名 物品清單 動 列清單
variation 名 變動	prosper 動 興盛
prosperity 名 繁盛	enlarge 動 擴大
revive 動 復原；復甦	mortgage 名 抵押；抵押借款

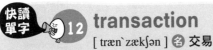

快讀單字 12 **transaction**

[trænˋzækʃən] 名 交易

字根解碼 trans 跨越 + act 行動 + ion 名詞

MP3 239

Please review each **transaction** carefully on your monthly report.

🔊 請仔細檢查月報中的每筆交易。

🎯 **必備聯想字** Related Words

associate [əˋsoʃɪɪt] / [əˋsoʃɪ͵et] 形 夥伴的 名 夥伴 動 聯合

📖 Mike is lucky that he has such great **associates** in this company.
麥克很幸運可以在這間公司擁有這麼棒的夥伴。

commission [kəˋmɪʃən] 名 佣金 動 委託

📖 We can get a 10% **commission** on each of our deals.
每筆交易我們都可以拿到百分之十的佣金。

contract [ˋkɑntrækt] / [kənˋtrækt] 名 合約 動 定契約

📖 If you agree with the **contract**, please sign here.
如果你同意本合約,請在這裡簽名。

monopoly [məˋnɑp͡lɪ] 名 壟斷;獨占

📖 In Taiwan, alcohol was once a government **monopoly**.
在臺灣,酒曾是政府的獨賣商品。

transfer [ˋtrænsfɝ] / [trænsˋfɝ] 名 動 轉帳;轉移

📖 All the payment should be via telegraphic **transfer** (T/T).
所有款項都需經由電匯方式處理。

🦉 **拓展!單字充電站** Learn More!

bond 名 契約;債券 動 抵押	compact 形 堅實的 名 契約 動 壓緊
agency 名 代理商;仲介	agent 名 代理人
client 名 客戶;委託人	negotiate 動 談判;協商
deposit 名 押金;存款 動 存入	bounce 動 跳票;彈跳 名 彈跳
trademark 名 商標;標記	venture 名 動 投機;冒險
retail 名 零售 形 副 零售的(地)	wholesale 形 副 批發的(地) 名 批發

13 profitable

[`prɑfɪtəbl] 形 可獲利的

字根解碼 ➜ profit 有利 + able 能夠

MP3 240

The investment plan is proved to be **profitable**.

🔊 這個投資計畫證明是可獲利的。

必備聯想字　Related Words

beneficial [ˌbɛnəˋfɪʃəl] 形 有益的；有幫助的

Extra bonus is definitely **beneficial** to boost the morale of team members.
額外的紅利對於提昇小組士氣絕對有幫助。

compensate [`kɑmpən‚set] 動 補償；賠償

The injuries will be **compensated** in due time.
這些損害將可在期限內獲得賠償。

millionaire [ˌmɪljənˋɛr] 名 百萬富翁

The **millionaire** bought a roadster for his grandson.
這個百萬富翁買了一輛敞篷跑車給孫子。

sufficient [səˋfɪʃənt] 形 足夠的

I don't have **sufficient** mileage to redeem an award.
我沒有足夠的里程數可兌換獎品。

surplus [`sɝpləs] 名 盈餘 形 過多的

The cell phone company has a trade **surplus** of 4 million dollars.
這家電信公司有四百萬元的貿易盈餘。

拓展！單字充電站　Learn More!

asset 名 資產；財產	revenue 名 收入
benefit 名 利益 動 有益於	profit 名 利潤 動 獲利
margin 名 利潤；邊緣	bonus 名 紅利；獎金
reward 名 報酬 動 酬賞	investment 名 投資
due 形 預定的 副 正對著 名 應付款	slight 形 輕微的 名 動 輕視

258

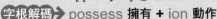

14 possession
[pə`zɛʃən] 名 擁有物

字根解碼➜ possess 擁有 + ion 動作

MP3 241

The abandoned bicycles have come into **possession** of the police.
🔊 這些棄置的腳踏車已經成為警方的所有物。

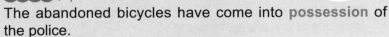

🎯 **必備聯想字** Related Words

accumulation [ə͵kjumjə`leʃən] 名 累積
🔟 **Accumulation** of wealth needs a lot of effort and a little luck.
財富的累積需要許多努力和一點運氣。

economical [͵ikə`nɑmɪk] 形 節約的
🔟 It is more **economical** to travel by coach than by plane.
搭巴士旅行比坐飛機要來得省錢。

loan [lon] 名 貸款 動 借貸
🔟 Sarah had asked to defer her **loan** to next November.
莎拉已經要求將她的貸款延期至明年十一月。

property [`prɑpətɪ] 名 財產；資產
🔟 The attic on top of the house is the **property** of the co-owner.
屋頂的閣樓為共同屋主所有。

stock [stɑk] 名 股票
🔟 His provident point of view on **stock** market made him rich.
對於股市的遠見令他致富。

 拓展！單字充電站 Learn More!

wealth 名 財富	wealthy 形 富裕的
possess 動 擁有	belongings 名 所有物
saving(s) 名 存款；拯救	account 名 帳目 動 視為
accumulate 動 累積	debt 名 債；借款
sustain 動 支持；支撐	favorite 形 最喜歡的 名 受寵的人
favorable 形 贊同的；有利的	success 名 成功；成就

259

 15 **bankrupt**
[`bæŋkrʌpt] 形 破產的 動 使破產

MP3 242

字根解碼 → bank 銀行 + rupt 破壞

The entrepreneur went **bankrupt** because of the debts.
🔊 那名企業家因為負債而宣告破產。

必備聯想字 Related Words

inflation [ɪn`fleʃən] 名 通貨膨脹
The **inflation** may influence the price of supplies.
通貨膨脹可能會影響供給品的價格。

oppression [ə`prɛʃən] 名 壓迫；壓制
Steven plans to fight the **oppression** from the top.
史蒂芬計畫反抗上層的壓迫。

shortage [`ʃɔrtɪdʒ] 名 短缺；不足
The vessel made a stop at Keelung Harbor due to a **shortage** of oil.
這艘船因油量不足而在基隆港停泊。

slump [slʌmp] 名 不景氣 動 下跌
The CEO's resignation led to the **slump** in the company's annual profits.
執行長的辭職造成公司年度營收下滑。

temporary [`tɛmpə,rɛrɪ] 形 暫時的
Tommy usually does **temporary** work when he is out of money.
當錢用光時，湯米通常會去做臨時工。

拓展！單字充電站 Learn More!

invest 動 投資	bid 名 投標價 動 投標
diminish 動 減少；縮小	recession 名 衰退期
slide 名 下滑 動 滑動	failure 名 失敗
disclose 動 揭發；公開	result 名 結果 動 導致
tentative 形 暫時性的	activist 名 激進主義份子
bankruptcy 名 破產	acquisition 名 獲得

快讀單字 16 **rural**

[`rʊrəl] 形 農村的；田園的

補充詞彙 ➔ agricultural 農業的 / country 鄉下

MP3 243

Such fine view can only be seen in the more **rural** areas.
這樣的美麗風光只能在比較鄉下的地區看到。

必備聯想字 Related Words

acre [`ekɚ] 名 英畝

Roy inherited his father's two-**acre** farm.
羅伊繼承了他父親兩英畝的農場。

flourish [flɝɪʃ] 動 繁盛；茁壯成長 名 誇耀

Many flowering plants **flourish** in the spring.
春天有許多種開花植物會盛開。

organic [ɔr`gænɪk] 形 有機的

The increasing popularity of natural products is encouraging for **organic** farmers.
天然產品逐漸普及，鼓舞著有機農夫。

wither [`wɪðɚ] 動 枯萎；衰弱

The flowers in Jack's office had **withered**.
傑克辦公室的花枯萎了。

yield [jild] 動 生產；讓出 名 產量

These apple trees **yield** two tons of apples every year.
這些蘋果樹每年生產兩噸的蘋果。

拓展！單字充電站 Learn More!

orchard 名 果園	seed 名 種子
pour 動 倒；灌注	weed 名 雜草 動 除雜草
random 形 隨機的	straw 名 稻草
saddle 名 馬鞍 動 套上馬鞍	trap 名 圈套 動 誘捕
pest 名 害蟲	worm 名 蟲 動 蠕行
width 名 寬度	widen 動 變寬；拓寬

261

17 factory

[`fæktərɪ] 名 工廠

字根解碼➜ fac/fact 製造 **+** ory 地點

MP3 244

John started his apprenticeship at an umbrella **factory** at age 10.

🔊 約翰十歲時開始在一家雨傘工廠當學徒。

必備聯想字 Related Words

equipment [ɪ`kwɪpmənt] 名 設備

The **equipment** is designed to withstand strong winds.
這個設備是為了抵擋強風而設計的。

facility [fə`sɪlətɪ] 名 設備；能力

The rest area has a bathroom and a shower **facility**.
休息區有一間浴室和淋浴設施。

implement [`ɪmplə͵mɛnt ] / [ `ɪmpləmənt] 動 施行 名 工具

Our team will **implement** the new project next month.
我們團隊下個月將施行新企劃。

industrial [ɪn`dʌstrɪəl] 形 工業的

Japan has advanced from an agricultural society to an **industrial** power.
日本從農業社會進步到工業強權。

mechanical [mə`kænɪkl̩] 形 機械的

He invented a small **mechanical** device that tells the time.
他發明了會報時的小型機械裝置。

拓展！單字充電站 Learn More!

machinery 名 機械	framework 名 架構；構造
industry 名 工業	industrialize 動 工業化
instruction 名 操作指南	filter 名 過濾器 動 過濾
hook 名 鉤子 動 鉤住	haul 動 名 拖；拉
strain 名 張力 動 拉緊	mend 動 修補；修改

 快讀單字 18 **warehouse**
[`wɛr,haʊs] 名 倉庫 動 放置於倉庫

MP3 245

字根解碼➜ ware 物品 + house 房屋

All data pertaining to the **warehouse** should be adequately maintained.
🔊 所有與倉儲有關的資料都應妥善保管。

必備聯想字 Related Words

bulky [`bʌlkɪ] 形 龐大的；體積大的
① This customer wanted to take a **bulky** order for leopard printed fabric.
這個客人要下豹紋布料的大單。

intact [ɪn`tækt] 形 原封不動的
① That box of chocolate is **intact**. It's brand new and sealed.
那盒巧克力原封不動，全新而且未拆封。

merchandise [`mɝtʃən,daɪz] 名 商品 動 買賣
① A group of consumers were polled about **merchandise** preferences.
一群消費者接受有關產品喜好的調查訪問。

string [strɪŋ] 名 繩子；（樂器等的）弦
① He instructed his team to pull every **string** to search for the ship in distress.
他指示小組成員去拉每一條繩子，以搜索遇難船隻。

tighten [`taɪtn̩] 動 使堅固；使變緊
① Some countries **tighten** monetary policy to avoid inflation.
部分國家緊縮貨幣政策，以避免通貨膨脹。

拓展！單字充電站 Learn More!

bundle 名 捆；大批；大量	heavy 形 重的；沉的
bulk 名 容量；體積	cardboard 名 硬紙板
rack 名 架子 動 折磨	ladder 名 梯子
holder 名 支架；支托物	handle 動 處理 名 把手
carton 名 紙盒	pile 名 一堆 動 堆積

19 **durable**
[`djʊrəbḷ] 形 耐用的
字根解碼 → dur 持久的 + able 形容詞
The furniture brand is renowned for its **durable** drawers.
🔊 這個傢俱品牌以其耐用的抽屜出名。

MP3 246

🎯 **必備聯想字** Related Words

comparison [kəm`pærəsṇ] 名 比較
Please make a **comparison** between the education system in Taiwan and in the United States.
請比較臺灣和美國的教育體制。

flexible [`flɛksəbḷ] 形 有彈性的
The schedule is **flexible**. You can change it after talking to Mr. Hill.
這個行程是有彈性的,您可在與希爾先生討論過後調整。

minimal [`mɪnɪmḷ] 形 最小的
Compared with other suppliers, our company can produce the **minimal** components.
與其他供應商相比,我們公司能生產出最小的零件。

plastic [`plæstɪk] 名 塑膠 形 塑膠的
I need to buy some **plastic** mats to be used for the garage.
我需要買一些車庫用的塑膠地墊。

production [prə`dʌkʃən] 名 製造;產量
Yesterday's power outage caused serious disruption to our **production** line.
昨日的停電導致我們的生產線一片混亂。

🔋 **拓展!單字充電站** Learn More!

product 名 產品	goods 名 商品;貨物
requirement 名 需要	mill 名 磨坊 動 研磨
refine 動 精煉	shrink 動 收縮;退縮
rubber 名 橡膠	steel 名 鋼鐵 動 鋼化
rough 形 副 粗糙的(地) 名 草圖	roughly 副 粗略地

20 distribution

[,dɪstrə`bjuʃən] 名 分配

MP3 247

字根解碼 → dis 分別地 + tribute 給予 + ion 名詞

Can you explain why the **distribution** was delayed?

◀) 你可以解釋寄送為何會延遲嗎？

必備聯想字 Related Words

convey [kən`ve] 動 傳達；運送

The first sentence of a paragraph usually **conveys** the main idea of the paragraph.
段落首句通常會傳達該段落的主旨。

decrease [dɪ`kris ] / [ `dikris] 動 名 減少

As the cold front approaches, the temperature **decreases**.
當冷鋒接近，氣溫會下降。

discharge [dɪs`tʃɑrdʒ] 名 排出 動 卸下

They spent a lot of time to **discharge** the goods at the dock.
他們在碼頭花了很長的時間卸貨。

inferior [ɪn`fɪrɪə] 形 次等的 名 屬下

Jews were thought of as the **inferior** group in Hitler's eye.
猶太人被希特勒視為次等族群。

vessel [`vɛsl] 名 船；艦；容器

There are **vessels** in the harbor waiting for unloading.
港口內有船隻在等待卸貨。

拓展！單字充電站 Learn More!

distribute 動 分配；分發	dispense 動 分配；分送
wharf 名 碼頭 動 停靠於碼頭	liner 名 定期輪船或班機
cargo 名 （船、車等裝載的）貨物	load 名 負擔 動 裝載
carrier 名 運送者	reinforce 動 增強
flaw 名 瑕疵 動 使破裂	shatter 動 粉碎；砸碎

265

[快讀單字] 21 **technology**

[tɛk`nɑlədʒɪ] [名] 科技

[字根解碼] techno 技術 + logy 學說

We had considerably advanced in **technology**.

我們在科技上已有相當大的進展。

MP3 248

必備聯想字 Related Words

considerable [kən`sɪdərəbl̩] [形] 相當多的

Using sunlight as a source of energy offers **considerable** advantages.
利用陽光作為能量來源有很多的好處。

facilitate [fə`sɪlə͵tet] [動] 促進；使容易

We should take several steps to **facilitate** the R&D of the product.
我們應該採取一些步驟，以利進行產品的研發。

fulfill [fʊl`fɪl] [動] 滿足；實現

Can you introduce a researcher who can **fulfill** my needs?
你能夠介紹我一個符合我要求的研究人員嗎？

generation [͵dʒɛnə`reʃən] [名] 世代

The younger **generation** is more up-to-date and not confined to tradition.
年輕一代比較時髦，也不會受傳統限制。

invention [ɪn`vɛnʃən] [名] 發明；創造

Thanks to the **invention** of cell phones, we can talk to our friends anytime we want.
由於手機的發明，任何時候我們都能與朋友交談。

拓展！單字充電站 Learn More!

develop [動] 發展；進步	development [名] 發展
invent [動] 發明；創造	inventor [名] 發明家
expertise [名] 專門知識	intervene [動] 干擾
tough [形] 困難的；棘手的	feasible [形] 可實行的
valid [形] 有效的；合法的	fulfillment [名] 實現
application [名] 應用；申請	milestone [名] 里程碑

快讀單字 22

produce

[prə`djus ] / [ `prɑdjus] [動] 生產 [名] 產品

MP3 249

字根解碼 pro 向前地 + duce 引導

Silkworms live on mulberries and **produce** silk.

蠶以桑葉為食並製造蠶絲。

必備聯想字 Related Words

capacity [kə`pæsətɪ] [名] 生產力；容量

The factory is valued for its monthly **capacity** of 1,000 cars.
這個工廠因每月能生產一千輛汽車而受到重視。

machine [mə`ʃin] [名] 機械 [動] 用機器做

We postdated the regular **machine** maintenance.
我們將機器定期保養的日子延後。

manufacture [ˌmænjə`fæktʃɚ] [名] [動] （大量）製造

That factory **manufactures** goods in large quantities by using machines.
那家工廠使用機器大量地製造物品。

manufacturer [ˌmænjə`fæktʃərɚ] [名] 製造商

Toyota is a Japanese multinational automobile **manufacturer**.
豐田汽車是一家日本的跨國汽車製造商。

productive [prə`dʌktɪv] [形] 多產的；生產的

Training makes the workers more **productive**.
培訓課程讓這些工人變得更多產。

拓展！單字充電站 Learn More!

output [名] 生產；產量 [動] 生產	productivity [名] 生產力
massive [形] 大量的	minimum [形] 最小的 [名] 最小量
batch [名] 一批生產量	stack [名] 一堆 [動] 堆疊
utilize [動] 利用	utility [名] 效用
lengthen [動] 使加長	bend [動] 使彎曲 [名] 彎曲

23 technical

[`tɛknɪkl] 形 技術上的

字根解碼→ technic 技術 + al 關於…的

MP3 250

Tony is responsible for the **technical** operation of this experiment.

🔊 東尼負責這項實驗的技術操作。

必備聯想字 Related Words

electric [ɪˋlɛktrɪk] 形 用電的；電動的

This machine is driven by an **electric** motor.
這臺機器由電動機驅動。

engineering [ˌɛndʒəˋnɪrɪŋ] 名 工程學

Mr. Anderson's achievements in **engineering** fields are highly admitted.
安德森先生在工程方面的成就受到高度認可。

mechanic [məˋkænɪk] 名 機械工；技工

The **mechanic** said that the vibrator of that massage chair was broken.
那位技工說按摩椅裡的振動器壞了。

strive [straɪv] 動 努力；苦幹

From an underclass family, Tim **strived** for success since very early age.
出身下層階級，提姆自幼便為了成功而努力奮鬥。

technological [ˌtɛknəˋlɑdʒɪkl] 形 技術（學）的

We look forward to **technological** advances and set several goals.
我們對於技術上的進展充滿期待，並且設定了幾項目標。

拓展！單字充電站 Learn More!

technique 名 技術；技巧	technician 名 技術人員
electrician 名 電工；電氣技師	electricity 名 電；電力
carpenter 名 木匠；木工	engineer 名 工程師
miner 名 礦工	pit 名 坑洞
electrical 形 與電有關的	robot 名 機器人

快讀單字 24 maintenance

[`mentənəns] 名 維修；保持

字根解碼 mainten 維持 + ance 動作

MP3 251

Careful **maintenance** will prolong the life of this computer.
細心的維護可延長這臺電腦的壽命。

必備聯想字 Related Words

cope [kop] 動 妥善處理；應付

Who will **cope** with Lauren's application for retirement?
誰來處理羅倫的退休申請？

interruption [ˌɪntə`rʌpʃən] 名 妨礙；中斷

Please make no **interruption** in the meeting.
請勿在會議中造成任何干擾。

obstacle [`ɑbstəkl] 名 妨礙；障礙物

William allows no **obstacle** blocking in his way to his goal.
威廉不容許在他達成目標的過程中有任何阻礙。

urgent [`ɝdʒənt] 形 緊急的；急迫的

It is **urgent**. Please come here immediately.
情況緊急，請立刻過來。

vain [ven] 形 徒勞無功的；無益的

If you give up now, all the effort you have paid would be in **vain**.
如果你現在放棄，你所付出的努力都將付諸流水。

拓展！單字充電站 Learn More!

quality 名 品質	quantity 名 數量
interrupt 動 干擾	urgency 名 迫切；急事
settlement 名 安排	tackle 動 著手處理
maintain 動 維持	repair 名 動 修理；修補
sturdy 形 強健的；穩固的	enhance 動 提高；增強
appliance 名 器具；設備	operator 名 操作者；接線生

269

快讀單字 25

astronaut

[ˋæstrə͵nɔt] [名] 太空人

字根解碼 astro 星星 + naut 水手

MP3 252

To be an **astronaut**, you must study hard from now on.
想成為一位太空人，你必須從現在開始努力用功。

必備聯想字 Related Words

aviation [͵evɪˋeʃən] [名] 航空；航空學

That old World War II airplane in the **aviation** museum has dual propeller engines.
航空博物館裡的那架舊式二戰飛機有雙重螺旋槳引擎。

launch [lɔntʃ] [動] 發射 [名] 發射；（船的）下水

The research institute plans to **launch** a satellite to study the moon.
這個研究所計劃發射衛星仔細觀察月球。

process [ˋprɑsɛs] [名] 過程 [動] 處理

A geologist is someone who studies the shaping **process** of the earth.
地質學家研究地球形成的過程。

satellite [ˋsætl̩͵aɪt] [名] 衛星

We receive international news via **satellite**.
我們透過衛星接收國際新聞。

supplement [ˋsʌpləmənt] / [ˋsʌplə͵mɛnt] [名] [動] 補充

The **supplement** of stationery is made regularly by our assistant.
文具的定期補給會由我們的助手處理。

拓展！單字充電站 Learn More!

spacecraft [名] 太空船	rocket [名] 火箭
sign [名] 記號 [動] 簽署	signal [名] 信號 [動] 打信號
mode [名] 模式；形式	procedure [名] 程序；步驟
device [名] 裝置；手段	supply [名] 供應品 [動] 供給
subtle [形] 微妙的；隱約的	spirit [名] 精神；心靈
ascend [動] 上升；升高	descend [動] 下降；走下

國家圖書館出版品預行編目資料

精準命中！學測英單，15級分速讀本／張翔 著. --初版
. --新北市:知識工場出版 采舍國際有限公司發行,
2021.10 面；公分· --（試在必得；01）
ISBN 978-986-271-906-0（平裝）

1.英語教學 2.詞彙 3.中等教育

524.38 110009306

知識工場 · 試在必得01

精準命中！學測英單，15級分速讀本

出 版 者／全球華文聯合出版平台‧知識工場
作　　者／張翔
出版總監／王寶玲　　　　　　　文字編輯／何牧蓉
總 編 輯／歐綾纖　　　　　　　美術設計／蔡瑪麗

台灣出版中心／新北市中和區中山路2段366巷10號10樓
電　　話／（02）2248-7896
傳　　真／（02）2248-7758
ISBN-13／978-986-271-906-0
出版日期／2021年10月初版

全球華文市場總代理／采舍國際
地　　址／新北市中和區中山路2段366巷10號3樓
電　　話／（02）8245-8786
傳　　真／（02）8245-8718

港澳地區總經銷／和平圖書
地　　址／香港柴灣嘉業街12號百樂門大廈17樓
電　　話／（852）2804-6687
傳　　真／（852）2804-6409

全系列書系特約展示
新絲路網路書店
地　　址／新北市中和區中山路2段366巷10號10樓
電　　話／（02）8245-9896
傳　　真／（02）8245-8819
網　　址／www.silkbook.com